Feminismo

Dados Internacionais de Catalogação na Publicação (CIP)
(Câmara Brasileira do Livro, SP, Brasil)

Bowden, Peta
  Feminismo / Peta Bowden, Jane Mummery ;
tradução Fábio Roberto Lucas. – Petrópolis, RJ : Vozes, 2020.

  Título original : Understanding feminism.
  Bibliografia.
  ISBN 978-85-326-6442-6

  1. Feminismo 2. Filosofia moderna
3. Mulheres – Aspectos sociais I. Mummery, Jean. II. Título.

20-32548   CDD-305.42

Índices para catálogo sistemático:
  1. Feminismo : Teoria : Sociologia   305.42

Iolanda Rodrigues Biode – Bibliotecária – CRB-8/10014

Peta Bowden
Jane Mummery

Feminismo

Tradução de Fábio Roberto Lucas

EDITORA
VOZES

Petrópolis

© 2009, Peta Bowden & Jane Mummery.
Tradução autorizada a partir da primeira edição em língua inglesa publicada pela Acumen e atualmente pela Routledge, membro do Grupo Taylor & Francis.

Título do original em inglês: *Understanding feminism*

Direitos de publicação em língua portuguesa – Brasil:
2020, Editora Vozes Ltda.
Rua Frei Luís, 100
25689-900 Petrópolis, RJ
www.vozes.com.br
Brasil

Todos os direitos reservados. Nenhuma parte desta obra poderá ser reproduzida ou transmitida por qualquer forma e/ou quaisquer meios (eletrônico ou mecânico, incluindo fotocópia e gravação) ou arquivada em qualquer sistema ou banco de dados sem permissão escrita da editora.

CONSELHO EDITORIAL

Diretor
Gilberto Gonçalves Garcia

Editores
Aline dos Santos Carneiro
Edrian Josué Pasini
Marilac Loraine Oleniki
Welder Lancieri Marchini

Conselheiros
Francisco Morás
Ludovico Garmus
Teobaldo Heidemann
Volney J. Berkenbrock

Secretário executivo
João Batista Kreuch

Editoração: Leonardo A.R.T. dos Santos
Diagramação: Sheilandre Desenv. Gráfico
Revisão gráfica: Nilton Braz da Rocha
Capa: Editora Vozes

ISBN 978-85-326-6442-6 (Brasil)
ISBN 978-1-84465-195-5 (Reino Unido)

Editado conforme o novo acordo ortográfico.

Este livro foi composto e impresso pela Editora Vozes Ltda.

Sumário

Agradecimentos **7**

Introdução **9**

1 Opressão **25**

2 Corporificação **71**

3 Sexualidade e desejo **113**

4 Diferenças entre as mulheres e dentro delas **152**

5 Atuação **186**

6 Responsabilidade **226**

Questões para discussão e revisão **263**

Leituras complementares **267**

Referências **277**

Índice analítico **291**

Agradecimentos

Este livro foi generosamente apoiado por meio de licenças de pesquisa, financiamento de viagens e assistência editorial concedidos pela University of Ballarat e pela Murdoch University. Também somos gratos aos seguintes colegas, estudantes e amigos, que leram capítulos e deram apoio moral durante o processo de escrita: Rose Bishop, Brodie Cooper, April Jane Fleming, Helena Grehan, Trish Harris, Niall Lucy, Nell Newman, Marnie Nolton, Dick Ounsworth, Jodi Peskett, Lorraine Sim, Sam Stevenson e Anne Surma. Kate Machin nos auxiliou muito com o preparo do manuscrito para a publicação. Os pareceristas anônimos da editora Acumen e sua equipe editorial, Jack Reynolds, Tristan Palmer e Kate Williams, deram-nos conselhos perspicazes e assistência profissional ao longo do processo de publicação.

Introdução

A história da luta das mulheres para mudar sua vida é longa. O termo "feminismo", que sublinha a opressão que elas sofrem especificamente em relação aos homens, porém, tem sido usado em inglês apenas desde as campanhas pelo voto das mulheres, ao longo da última década do século XIX. Mais recentemente, é o ressurgimento dos movimentos das mulheres no final da década de 1960 – a chamada "segunda onda" – que tem sido geralmente associado às aspirações das mulheres por direitos iguais e por libertação contra as restrições opressivas impostas ao sexo, à autoexpressão e à autonomia. A maior parte do trabalho teórico do feminismo moderno foi feita durante o período posterior a esse ressurgimento, e é este trabalho que é nosso foco em *Feminismo*.

Os feminismos da segunda onda emergiram no Ocidente em conjunto com as contestações sociais dos movimentos de protesto estudantil, dos movimentos antiguerra e, nos Estados Unidos, com a luta por direitos civis para os negros. Nesse ponto, tais feminismos ecoavam desafios anteriores contra a subordinação da mulher, que refletiram características de movimentos sociais de transformação mais amplos e os expandiram radicalmente. O livro *Women in Movement* [Mulheres em movimento] (1992), da socióloga britânica Sheila Rowbotham, traça alguns desses desenvolvimentos ao redor do mundo durante o período desde o

Iluminismo: das lutas das mulheres contra a identificação da razão e do progresso humano com a razão e o progresso dos homens durante as revoluções do século XVIII na América e na França – e a organização delas em favor dos direitos das mulheres durante o movimento para abolir a escravidão – até a mobilização em favor das mulheres nas reformas sociais do século XIX, a Revolução Russa, a busca pela autonomia da Índia e pelo comunismo chinês. Em todos esses casos, o ativismo e o pensamento específico das mulheres ganham proeminência na – e ainda vão além da – visão de outros movimentos sociais críticos de transformação. Imperativos práticos e políticos moldam e são moldados por concepções teóricas a respeito das possibilidades presentes na vida das mulheres.

Algumas fontes históricas

Uma das influências intelectuais mais importantes para as feministas da segunda onda foi a visão filosófica dos pensadores do Iluminismo do século XVIII na Europa, com seu foco na razão, direitos individuais e igualdade. Mulheres burguesas em países como Inglaterra e França estavam naquele momento perdendo sua oportunidade de participar da sociedade, uma vez que o trabalho assalariado era progressivamente colocado fora do lar e as atividades domésticas ficavam divorciadas da significação pública. A divisão entre negócios públicos e domésticos, em diversas formulações, tem uma história muito mais longa, mas no século XVIII ela deixou um grupo de mulheres de classe média sem nenhuma função produtiva na economia e com a oportunidade para desafiar sua alegada irrelevância e dependência aos homens com novas reivindicações a uma sociedade ordenada pela razão e não pelas hierarquias do privilégio. A obra de Mary Wollstonecraft, *Reivindicação dos direitos da mulher* (1792), é uma expressão decisiva dos direitos das mulheres inspirada pelos princípios do Iluminismo naquele tempo. Wollstonecraft acreditava que indivíduos possuíam direitos naturais à autodeterminação e que os argumentos com os quais o pensamento liberal iluminista se opunha aos direitos divinos dos reis e aristocratas deveria ser usado contra "o *direito divino dos maridos*" (1967, p. 78) e contra a obediência das mulheres aos homens. A alegada inferioridade das mulheres sobre a qual o domínio masculino sobre elas está fundado tinha de ser questionada, insistia Wollstonecraft, dando às mulheres uma educação racional que lhes permitiria ter a autonomia e independência para participar igualmente das oportunidades sociais. Setenta e três anos depois, o filósofo liberal John Stuart Mill reiterava esse tipo de perspectiva igualitária em seu ensaio *A sujeição das mulheres* (1869). Mill argumentava contra a ideia de inferioridade inata da mulher em relação ao homem e a favor do direito delas a educação, cargos públicos e participação política em paridade com seus colegas masculinos. "Em nenhum caso", Mill explica, exceto no caso das mulheres, "que abrangem metade da espécie humana, as funções sociais mais altas são interditadas a certas pessoas por uma fatalidade de nascimento que nenhum esforço, e nenhuma mudança de circunstâncias, pode superar" (2006, p. 195 [trad. de Leila de Souza Mendes]).

Mary Wollstonecraft (1759-1797)
Atacada em sua época por causa de suas visões não ortodoxas a respeito das necessidades e capacidades das mulheres, a escritora e filósofa anglo--irlandesa Mary Wollstonecraft é atualmente reconhecida como uma das mães do feminismo moderno. Sua obra mais conhecida, *A Vindication of the Rights of Woman* [Reivindicação dos direitos da mulher] (1792), escarnece da vida superficial das mulheres da sociedade e de sua frágil educação em ocupações triviais, destinadas simplesmente a bajular os desejos sensuais dos homens. Contra Jean-Jacques Rousseau, Wollstonecraft defendeu que as mulheres mereciam os mesmos direitos fundamentais dos homens, particularmente uma educação que lhes permitiria ter

> independência de espírito e contribuir ativamente com o progresso da sociedade, como educadoras de seus filhos e companheiras de seus esposos. Seu romance inacabado *Maria: or The Wrongs of Woman* [Maria: ou Os erros da mulher] (1798) emprega a ficção para criticar a exclusão e o abuso social das mulheres de todas as classes, bem como a sentimentalização que as próprias mulheres fazem de sua vida. Outros escritos incluem suas obras que educam as crianças na razão e na virtude, *Thoughts on the Education of Daughters* [Pensamentos sobre a educação de filhas] ([1787] CreateSpace, 2016) e *Original Stories From Real Life* [Histórias originais da vida real] (1788); a ofensiva que ela faz contra a aristocracia em resposta a Edmund Burke, *A Vindication of the Rights of Men* [Uma reivindicação dos direitos dos homens] (1790); e outro romance, *Mary: A Fiction* [Maria: uma ficção] (1788), sobre uma mulher que está presa em um casamento por causa de razões econômicas.

Essas opiniões – de que a dominação das mulheres pelos homens é uma questão de costume social e não de necessidade natural, e de que as mulheres têm capacidade para o mesmo tipo de engajamento autodeterminante e independente na vida social que é concedido aos homens – identificam-se fortemente, como veremos, com as reivindicações da segunda onda feminista por direitos iguais. Elas também preparam algumas tensões irresolvidas nas compreensões feministas de igualdade, que veremos surgir novamente (em configurações variáveis) nos problemas tratados pela segunda onda. Por exemplo, os termos razão e igualdade, articulados em nome da humanidade, mas desenvolvidos a partir dos interesses dos homens, tornam-se problemáticos quando se trata das funções distintivas das mulheres na família. Embora fossem fortemente críticos ao pressuposto de que as mulheres estão naturalmente subordinadas aos homens, nem Wollstonecraft nem Mill tinham alguma intenção de tirá-las de suas famílias. Em vez disso, eles afirmavam que mulheres educadas e autônomas se tornariam esposas e mães melhores. Mas como esses trabalhos deixavam as mulheres no que diz respeito à sua independência econômica (para com os homens) é algo que permanece um tanto misterioso. Apesar de protestos segundo os quais "O que hoje é chamado de natureza das mulheres é uma coisa eminentemente artificial – o resultado da opressão forçada em algumas direções e de estímulos antinaturais em outras" (MILL, 2006, p. 148), a natureza projeta uma grande sombra. Tanto Wollstonecraft quanto Mill associam as funções biológicas das mulheres na gestação às atividades sociais de criação dos filhos. Como resultado, a igualdade e a emancipação das mulheres ainda permanecem ilusórias.

Feministas posteriores agarraram-se ao emaranhado de temas mobilizado por esses pensadores do Iluminismo: os limites da igualdade universal; as diferenças entre mulheres e homens; os efeitos entrelaçados da natureza e da cultura. Especificamente, a questão das diferenças das mulheres em relação aos homens, que os pensadores iluministas podiam abordar apenas ambiguamente, continuam sendo especialmente perplexas para o pensamento feminista. Contra as oportunidades por meio de igual acesso à educação e à atuação pública oferecidas por afirmações da "semelhança" está a ideia de que as diferenças das mulheres, suas qualidades e virtudes especiais (bem como suas atividades domésticas), merecem um grau maior de poder político e social. Apesar da longa tradição de subordinação das mulheres baseada em noções a respeito de suas diferenças inatas em relação ao padrão masculino, a própria negação das diferenças arrisca ser pouco mais do que um suporte adicional para o monopólio do homem sobre o poder. Nos capítulos que se seguem, veremos as problemáticas vinculações duplas[1]

---

1. No original, *"double bind"*, expressão muito utilizada nos estudos desconstrucionistas e pós-coloniais, para se referir a situações aporéticas, necessariamente amarradas a duas ou mais exigências contraditórias ou heterogêneas, sem que uma possa ser hierarquizada sobre a outra. As soluções encontradas para traduzir *"double bind"* em português variam: "duplo nó", "duplo laço", "duplo elo", "duplo vínculo" etc. [N.T.].

entre as perspectivas de diferença e de semelhança ziguezaguearem através de diversos contextos do pensamento feminista.

Além disso, feministas posteriores questionaram os pressupostos da semelhança entre as mulheres, que partiam das perspectivas limitadas das classes médias brancas. Por exemplo, feministas socialistas – influenciadas pela percepção marxiana de que os princípios liberais da razão e dos direitos iguais tinham pouca consideração pelas desigualdades materiais entre as pessoas e pelo forte impacto de tais desigualdades sobre a habilidade delas em exercer seus direitos – sublinharam que mulheres brancas de classe média simplesmente não tinham as mesmas dificuldades que mulheres (e homens) pobres enfrentam em sua rotina diária de sobrevivência. E, como também veremos (de modo especialmente detalhado no cap. 4), feministas do Terceiro Mundo, antirracistas e pós-coloniais chamam a atenção para os limites raciais e culturais das perspectivas do Iluminismo e de suas versões no século XX.

Outro conjunto crucialmente importante de ideias para compreender o feminismo moderno vem de análises da sexualidade e do desenvolvimento psicossexual derivadas inicialmente da obra de Sigmund Freud no final do século XIX e início do XX. Embora Freud não fosse de modo nenhum um feminista, seu foco direto sobre as diferenças sexuais e suas percepções a respeito do processo pelo qual o desejo sexual é construído levam o pensamento feminista prontamente à ação relativa, por assim dizer, "ao que as mulheres desejam" (apesar de o próprio Freud admitir que não poderia responder a essa questão). Basicamente, o ponto de Freud é afirmar que o envolvimento humano com os impulsos sexuais molda a subjetividade, o complexo de Édipo e o inconsciente. Mais especificamente, ele argumenta que, embora cada "eu" (self) comece a se formar no quadro de uma sexualidade infantil indiferenciada (a criança como ser que busca prazer em envolvimento íntimo com o corpo da mãe), a subjetividade começa a se consolidar com a disrupção do complexo de Édipo. Aqui, segundo a teoria de Freud, o menino pequeno é levado a perceber que seu prazer e desejo contínuos pelo corpo da mãe são proibidos por seu pai (uma ameaça que o menino imagina ser reforçada pela "castração"); a menina pequena percebe que ela, com efeito, já está castrada (não possui um pênis). Essa percepção tardia a desvia de sua relação com a mãe e a leva a uma desejada sedução do pai (que, ele sim, possui um pênis), cuja falha ela volta a identificar com o complexo da mãe e da criança (essa última sendo um substituto do pênis). O complexo de Édipo é, portanto, uma efetuação de sujeitos diferentemente constituídos em seu gênero sexual: homens e mulheres. No andamento da aquisição da sexualidade adulta, meninas e meninos devem também se esforçar para reprimir desejos proibidos (incestuosos) (um processo que, defende Freud, resulta na produção do inconsciente).

A aparente ênfase de Freud nos determinantes biológicos da diferença de gênero ("anatomia é destino") e o fato de ele conceder ao desenvolvimento sexual feminino um caráter derivativo do masculino evocaram forte crítica feminista. Contudo, no geral, a obra freudiana, por explicar o modo como o "eu" se desenvolve por meio dessa operação das diferenças sexuais, tem tido uma enorme influência sobre as considerações feministas relativas à relevância do corpo e dos desejos conscientes e inconscientes para a opressão das mulheres.

O legado freudiano, com os desenvolvimentos e críticas posteriores da psicanálise, trouxe inspiração e recursos para o engajamento feminista em questões concernindo a natureza da diferença, as implicações sociais e políticas da sexualidade e do desejo, a relação entre símbolos culturais e processos materiais, e a reprodução inconsciente do patriarcado. A revisão da teoria freudiana do desenvolvimento psicossexual feita por Jacques Lacan foi particularmente fundamental para um amplo espectro de projetos feministas. A afirmação básica de Lacan é a de que o desenvolvimento da criança via complexo de Édipo é ao mesmo tempo desenvolvimento da capacidade de fazer sentido linguístico. Ele afirma que esses dois processos levam a subjetividade a perceber que toda identidade (inclusive a dela própria) é inseparável de suas relações de diferença e similaridade com qualquer outra identidade. A polêmica afirmação de Lacan, portanto, é a de que nenhuma identidade (nem mesmo a nossa própria) pode ser plenamente apreendida ou completa em si mesma. Com isso, a subjetividade se vê amarrada a um processo infinito de diferimento e substituição à medida que ela continuamente deseja (e carece de) aquilo que, segundo ela mesma acredita, a "completaria" (ex.: uma alma gêmea, um bebê, riqueza, celebridade, poder social ou político e assim por diante). Como veremos em *Feminismo*, a importância dessas percepções e abordagens psicanalíticas atravessam cada capítulo.

Por fim, nenhum relato sobre as origens dos feminismos da segunda onda pode omitir a filosofia e os escritos da existencialista francesa Simone de Beauvoir. Sua obra clássica de 1949, *O segundo sexo*, com seu famoso pronunciamento sobre a vida das mulheres – "Ninguém nasce mulher: torna-se mulher. Nenhum destino biológico, psíquico, econômico define a forma que a fêmea humana assume no seio da sociedade; é o conjunto da civilização que elabora esse produto [...] que qualificam de feminino" (1967, p. 9 [trad. de Sérgio Milliet]) – tornou-se um dos pontos de referência mais influentes para as compreensões subsequentes a respeito da opressão das mulheres. Ao rejeitar noções como natureza "feminina eterna" como determinante do destino das mulheres, Beauvoir afirma, por sua vez, que a subordinação das mulheres se deve ao fato de sua posição ter sido relegada a se tornar o Outro do homem, "o segundo sexo". A masculinidade é o padrão; homens não precisam escrever um livro sobre si mesmos como indivíduos de certo sexo, uma vez que eles são universais, o positivo e o neutro. A feminilidade, por contraste, é o negativo, aquilo que a masculinidade não é: Alteridade.

> **Simone de Beauvoir (1908-1986)**
> Intelectual, filósofa existencialista, romancista e escritora francesa, Simone de Beauvoir foi uma pioneira do feminismo moderno. Sua maior obra, *O segundo sexo* (1949), foi uma das primeiras análises sistemáticas da opressão das mulheres e foi originalmente recebido com hostilidade por aqueles que acharam sua crítica do sexismo e sua exposição da dominação masculina muito insolente. Embora Beauvoir não a tenha escrito como um texto feminista, a espantosa amplitude de sua pesquisa e de suas percepções profundas a respeito da situação das mulheres, de suas necessidades e desejos tornou-a um dos livros mais influentes para os feminismos contemporâneos. A outra das obras filosóficas mais significativas de Beauvoir, *Por uma moral da ambiguidade* (1947), é notável por seu foco em situações reais de indivíduos, suas responsabilidades uns com os outros e as restrições circunstanciais da possibilidade de viver uma existência autêntica. Sua ênfase nas condições concretas da existência fornece uma percepção singular sobre a luta por liberdade em situações de opressão. Beauvoir também escreveu diversos volumes de ficção explorando conflitos humanos com turbulências pessoais e políticas, inclusive o premiado *Os mandarins* (1954). Seus outros escritos incluem sua obra autobiográfica em quatro volumes, *Memórias de uma moça bem-comportada* (1958), *A força da idade* (1960), *A força das coisas* (1963) e *Balanço final* (1972), sua crítica ao tratamento dos idosos, *A velhice* (1970) e diversos livros de memórias.

Beauvoir fornece uma análise notável a respeito dos múltiplos fatores – biológicos, psicológicos, sócio-históricos, literários e antropológicos – que moldaram a feminilidade. No processo, ela aborda dimensões previamente não mencionáveis da vida das mulheres, examinando a educação feminina desde a infância, ao longo da puberdade, menstruação, iniciação sexual, lesbianismo e gestação, bem como o papel delas como mães, esposas e prostitutas. Porém, por seu compromisso existencialista com a liberdade fundamental do indivíduo, Beauvoir também insiste que as mulheres são, em certos sentidos, cúmplices de sua própria subjugação, em razão dos benefícios aparentes e da evasão de responsabilidade que tal situação oferece. Essa análise das complexidades e ambiguidades das contribuições corporais, sociais e psicológicas à opressão das mulheres, junto com seu foco nas dimensões concretas do engalfinhamento dos indivíduos com o sentido de suas vidas, permanece relevante para relatos feministas posteriores a respeito da construção da feminilidade e da condição da mulher.

Compreendendo o feminismo

Dada a diversidade dessas fontes históricas pode parecer razoável perguntar se há um projeto próprio ao feminismo. Quer dizer, podemos – e devemos – fazer distinções entre as muitas lutas e preocupações teóricas de mulheres específicas, considerando algumas como mais propriamente feministas do que outras? Sendo esse o caso, isso significaria que, tal como muitos outros domínios de práticas e teorias interligadas, há um cânone feminista? Além disso, haveria um critério para avaliar projetos, textos e pessoas como mais ou menos feministas? Essas questões são controversas e elas atingem o coração não apenas do projeto feminista (isso se houver esse tal projeto singular), mas também da essência deste livro. Com efeito, esta obra sobre a compreensão do feminismo é ela mesma uma tentativa de deslindar essas questões e de demonstrar que o projeto feminista – ou, como veremos, os projetos – longe de ser o feminismo popularmente compreendido, unificado e com um só objetivo, é um projeto em fluxo constante.

Essa abordagem se baseia em dois pontos-chave. Em primeiro lugar, o mundo não para, o que significa que as pensadoras feministas lidam constantemente com novas situações, novos problemas e novas experiências. Por exemplo, se Beauvoir estivesse escrevendo

O segundo sexo agora, ela se sentiria provavelmente compelida a também considerar questões como distúrbios alimentares, novas tecnologias de reprodução, barrigas de aluguel, cirurgias estéticas e talvez até mesmo bioengenharia. Em segundo lugar, os próprios princípios das análises feministas nunca ficam lançados de uma vez por todas. Como Judith Butler escreveu, "o que é incisivo e valioso na produção feminista é justamente o tipo de pensamento que coloca em questão os princípios estabelecidos de análise" (1994, p. 6)[2]. De fato, como demonstraremos nos próximos capítulos, apesar da determinação das feministas em focalizar as desigualdades, violências e opressões sofridas pelas mulheres simplesmente por serem mulheres, até mesmo o mais óbvio dos princípios feministas – o conceito de "mulher" – é fortemente contestado.

Essa condição instável da produção feminista é precisamente o que emoldura e impulsiona este livro. Por isso, em vez de seguir o caminho de muitas outras introduções ao feminismo e escrever um balanço das principais abordagens teóricas feministas (liberal, radical, socialista, antirracista, psicanalítica, pós-estruturalista, *queer* e pós-colonial, p. ex.) ou a história cronológica da segunda onda feminista, adotamos essa condição instável do feminismo como nosso ponto de partida. Em nossa opinião, portanto, o feminismo é mais bem compreendido como um movimento dinâmico, multifacetado e adaptativo, que evoluiu e se transformou em resposta a diferentes problemas práticos e teóricos enfrentados pelas mulheres. O feminismo, em outras palavras, é o que tem sido feito para combater tais problemas (o feminismo é aquilo que o feminismo faz). Sensíveis a questões práticas e teóricas que são, elas mesmas, fortemente contextuais, as teses feministas e, com

---

2. Todas as citações de obras estrangeiras são apresentadas em tradução própria, salvo quando mencionado em contrário.

efeito, as pessoas feministas não podem todas ser consideradas como portadoras de um mesmo código de barras.

Em acordo com essa compreensão assumidamente inquietante do feminismo, nosso propósito neste livro é mostrar como cada tentativa de enfrentar um problema específico suscita problemas complementares. Ademais, devido a essas estratégias de transformação desenvolvendo-se em resposta a circunstâncias mutáveis, e dado o entrelaçamento das lutas específicas das mulheres com outras hierarquias de poder, deveria ser evidente que o feminismo é mais bem compreendido como um projeto de múltiplos feminismos. Contudo, dito isso, também é importante observar que este livro de modo nenhum pretende fornecer um levantamento completo de todos os problemas e respostas que constituem todos os projetos feministas. Tal objetivo não apenas estaria para além das possibilidades de um único volume, mas também esqueceria que o feminismo mesmo não tem fronteiras próprias. Sendo um movimento receptivo e dinâmico, ele ainda está em curso, ainda está respondendo a novas circunstâncias e problemas. Como resultado, escolhemos abordar seis questões particulares ou territórios de provocação que consideramos capazes de demonstrar não apenas o que tipicamente se reconhece como gestos-chave do pensamento feminista da segunda onda, mas também parte da diversidade de estratégias de resposta abrangendo preocupações tanto socioeconômicas quanto simbólico-culturais. Ao mesmo tempo, esses problemas – opressão; importância da existência corporal; sexo, gênero e desejo; as diferenças entre e em meio às mulheres; a reavaliação da atuação; e as responsabilidades do pensamento feminista – não estão de modo nenhum separados, e um de nossos objetivos é trabalhar com eles para expor alguns dos modos pelos quais eles se interconectam e se comunicam.

Contando essa história

Isso nos leva finalmente a algumas questões pragmáticas. Primeiro, considerando que esta é uma história da segunda onda do feminismo, com suas origens no mundo ocidental, concentramo-nos essencialmente – embora não exclusivamente – no pensamento feminista tal como desenvolvido no Ocidente. Dado, porém, que tais formulações levam, por sua vez, a problemas e questionamentos suplementares, também identificamos contestações a esse foco ocidental-cêntrico, ali onde as estratégias de atuação feminista ou foram compelidas a abandonar esse foco ou se desenvolveram a partir de perspectivas não ocidentais. Segundo, como parte de uma série sobre os principais movimentos do pensamento moderno, nossa história se inclina mais na direção de investigações filosóficas e teóricas do que na direção de estudos empíricos. Situações práticas e empíricas são, claro, um grande impulso para todo pensamento feminista, e nosso objetivo em *Feminismo* é mostrar como teoria e prática estão mutuamente se comunicando, se estimulando e se moldando conforme situações sociais e percepções teóricas se alteram e se transformam. De fato, os limites entre o prático e o teórico, ou entre o popular e o acadêmico, nunca estão fixos. Contudo, no geral, os tipos de gestos que rastreamos estão integrados ao terreno da pesquisa crítica teórica e, nesse sentido, contribuem com os assuntos e preocupações tipicamente comuns nas compreensões acadêmicas dos projetos feministas. Por isso, essa história não procura abordar debates culturais sobre quem domina o feminismo, o que isso significa, se precisamos dele ou não, e onde ele errou ou acertou.

Em vez disso, nosso foco é introduzir as complexas vertentes do pensamento do feminismo por meio de uma análise de alguns dos problemas práticos e teóricos centrais que feministas buscaram abordar em suas tentativas múltiplas e, por vezes, conflitantes de compreender as formas e os mecanismos da subordinação das mulheres, de compreender como a resistência feminista é possível e como as mulheres podem levar uma vida que seja gratificante para elas. No capítulo 1, "Opressão", alinhamos uma rota por meio de algumas das respostas feministas às origens socioeconômicas e conceituais da opressão das mulheres. Mais especificamente, discutimos estratégias para lidar com restrições às oportunidades sociais das mulheres nas sociedades ocidentais, relativas à organização das atividades públicas e domésticas, bem como aos preconceitos conceituais nos ideais do saber e nas estruturas da linguagem. Os capítulos 2 e 3 se dedicam aos problemas multifacetados que rodeiam os aspectos mais visíveis das mulheres: seus corpos, seu sexo e seu desejo sexual. Tais problemas concernem particularmente à contestada conexão entre a diferença sexual biológica e as normais sociais e culturais da feminilidade e da masculinidade. No capítulo 2, "Corporificação", a questão que dá forma e sentido social às contradições e ambivalências da existência corporal feminina é considerada à luz das tendências da tradição ocidental de não apenas desconsiderar a importância da existência corporal humana, mas também desvalorizar as mulheres como sendo, de algum modo, mais corpóreas que os homens. O capítulo 3, "Sexualidade e desejo", explora as atenções feministas voltadas aos aspectos específicos da existência corporal relativos às diferenças sexuais, às normas de gênero e de sexo e às compreensões do desejo sexual, incluindo sua expressão em práticas como pornografia, prostituição e violência sexual. As abordagens ali discutidas abrangem perspectivas controversas a respeito das normas do comportamento sexual, em conjunto com a teoria *queer* e as percepções pós-estruturalistas sobre a pluralidade e a mobilidade das categorias de sexo e gênero.

O capítulo 4, "Diferenças entre as mulheres e dentro delas", focaliza uma problemática que levou a uma das mais impactantes transições no pensamento feminista: a mudança que vai da ênfase na opressão compartilhada pelas mulheres para a ênfase na diferença – de raça, classe, etnia, orientação sexual, capacitismo e idade. Essa mudança resultou em estratégias tais como o reconhecimento de opressões interseccionais e de identidades mutáveis, múltiplas e fragmentadas, bem como a reconsideração do âmbito da prática e da teoria feminista no sentido de incluir interesses e perspectivas de outros "Outros". Os dois capítulos finais reúnem problemas relativos à atuação e à responsabilidade feminista. No capítulo 5, "Atuação", investigamos os problemas que as noções tradicionais de subjetividade, agência e autonomia criaram para as mulheres, bem como as tentativas feministas de desenvolver compreensões alternativas – femininas e compatíveis com o feminismo – a respeito dessas noções. Por fim, o capítulo 6, "Responsabilidade", considera os problemas implicados em uma atuação feminista efetiva com respeito a questões mais amplas de responsabilidade e de emancipação, registrando que, tal como em suas raízes históricas, a ação e o pensamento feministas não podem se dar ao luxo de separar a si mesmos e as mulheres de lutas mais amplas contra a desigualdade e a marginalização.

À medida que um conjunto diferente de questões é discutido em cada capítulo, as estratégias de problematização e resposta que cada um explora também atravessam e se comunicam entre si. Quem lê pode assim esperar para ver as principais percepções, teorias e estratégias emergirem e reemergirem ao longo de diferentes contextos e capítulos, sendo elas delineadas cada vez um pouco mais, no intuito de expor diferentes aspectos e aplicações. Esse movimento espiralar é, com efeito, especialmente pertinente para o – e um reflexo do – pensamento feminista, dado o modo como ele ao mesmo tempo tem impulsionado e utilizado contribuições de uma vasta gama de disciplinas – sociologia, estudos culturais, história, filosofia, psicanálise, psicologia e antropologia, por exemplo – para uma ampla variedade de projetos. Não há, por exemplo, um único encaixe entre percepções pós-estruturalistas e feministas, nem uma única fonte para a importante ideia de essencialismo; em vez disso, elas se comunicam com múltiplos projetos em múltiplos contextos.

Com tudo isso dito, resta-nos reiterar que esta é apenas uma introdução a alguns dos multifacetados questionamentos e projetos das feministas. Há muitos outros projetos e pensadoras que poderiam ter sido incluídas, e a omissão delas de modo nenhum intenta sugerir que suas contribuições não são interessantes ou importantes. Com efeito, em razão tanto das limitações deste texto quanto das mudanças e desenvolvimentos contínuos do pensamento feminista, encorajamos quem lê a usar este livro como um ponto de partida e a continuar explorando detalhadamente partes da riqueza do pensamento feminista (no final do livro, fornecemos algumas sugestões para tal exploração). Nosso objetivo, portanto, é que este texto estimule mais explorações e reflexões, e que, ao jogar luz sobre alguns dos principais desenvolvimentos da obra feminista, ele mostre algo dos abundantes recursos e das influentes ideias que fazem das investigações do feminismo uma das maiores forças do pensamento contemporâneo progressista.

1
Opressão

"O problema que não tem nome"

Em 1963, a escritora americana Betty Friedan publicou um livro intitulado *Mística feminina*, que buscava destacar o que ela chamava "o problema que não tem nome". A esse livro viria a ser popularmente atribuído o lançamento da segunda onda do movimento feminista. O que era esse problema que impeliu mulheres e homens a novas percepções e ativismos sociais, e que gerou a nova onda de pensamento que se transformou no feminismo contemporâneo? Friedan – uma dona de casa branca, suburbana e com formação universitária – afirmava ter identificado um mal-estar profundo entre suas pares femininas, um problema que ela diagnosticou ser baseado na discrepância entre o sentimento das próprias mulheres em relação às suas necessidades e potenciais na vida e os papéis femininos de esposa e mãe que lhes eram atribuídos pela sociedade – maridos, doutores, especialistas, escolas, igrejas, políticas e profissões – na qual elas viviam. Sob o termo "mística feminina", Friedan afirmava, as mulheres estavam vivendo uma mentira, abraçando uma vida que limitava e distorcia seu pleno potencial. Pensadoras subsequentes nomearam os problemas no coração do feminismo de diferentes modos: opressão, exploração, subordinação, discriminação, desigualdade e exclusão, sexismo, misoginia, chauvinismo, patriarcado e falismo. Contudo, todos esses termos circulam ao redor de um terreno comum: o das restrições associadas às oportunidades sociais das mulheres. Algumas reflexões atribuem tais restrições a disposições e atitudes dominantes, outras a arranjos sociais; algumas sugerem que elas são resultado de limitações específicas, outras, de problemas mais sistemáticos. Talvez seja melhor compreender o "problema que não tem nome" como um conjunto de problemas com muitos nomes.

Neste capítulo, mapearemos alguns dos principais pontos de referência em compreensões feministas acerca da natureza e das origens do problema relativo às oportunidades sociais limitadas concedidas às mulheres. Isso não é fácil, pois requer considerar análises feministas relativas tanto às condições materiais da opressão da mulher nas esferas pública e privada quanto aos preconceitos presentes nas normas e ideais de saber, e nas práticas linguísticas em situações sociais envolvendo mulheres. Junto com essas análises críticas, traçaremos as principais estratégias feministas para questionar tais problemas, incluindo aquelas implicadas na luta das mulheres por reconhecimento e participação igualitária tanto na esfera pública quanto na privada, e também algumas revisões da compreensão feminista a respeito do saber e das estruturas linguísticas. Nesse processo, também introduziremos um elemento que será um tópico permanente da discussão feminista: as dificuldades produzidas por tendências que perseguem uma estratégia de resposta seja pela "igualdade", seja pela "diferença" (ou seja, assumindo que as mulheres ou têm as mesmas necessidades e preocupações básicas dos homens e devem ser reconhecidas como iguais a eles, ou que elas são essencialmente diferentes e devem ser reconhecidas como possuidoras de necessidades e preocupações diferentes). Como veremos, tanto aqui quanto em capítulos posteriores, a disputa entre essas estratégias não apenas moldou muito do trabalho da segunda onda feminista, mas também constitui ela mesma um problema que reflexões posteriores se esforçaram em superar ou desconstruir.

Combatendo a opressão social nas esferas pública e privada

Na introdução, conversamos sobre como a obra de pensadoras e pensadores do século XVIII e XIX, como Wollstonecraft e Mill, desafiavam, em suas respectivas épocas, algumas das restrições sociais impostas às mulheres ocidentais de classe média. A articulação que, no século XX, Friedan faz do "problema que não tem nome" ecoa preocupações semelhantes. Friedan e suas pares tinham mais oportunidades educacionais do que as mulheres de tempos passados (e talvez isso explique, ao menos em parte, o maior impacto dos escritos de Friedan) e a frustração delas com seus destinos de esposas suburbanas era diagnosticado a partir do fato de elas terem sido impedidas de desenvolver todo seu potencial participando de carreiras e de tomadas de decisão do mundo público hegemônico (dos homens). Em outras palavras, a sociedade deveria conceder às mulheres as oportunidades iguais e a independência de que os homens gozavam. Friedan também afirmava que o envolvimento das mulheres nas atividades da esfera pública – trabalho assalariado e política – as permitiria ver que a "mística feminina" – com suas exigências de passividade sexual, de submissão à dominação masculina e de realização nas tarefas do lar e na maternidade – era apenas um ardil gigantesco que as impedia de obter liberdade de escolha, autodeterminação e dignidade numa parceria igualitária com os homens.

Betty Friedan (1921-2006)
Com o nome de nascimento Betty Naomi Goldstein, a ativista e escritora americana Betty Friedan, por causa da publicação de *Mística feminina* (1963), foi considerada a instigadora do movimento da segunda onda feminista, e vista mais geralmente como fundamental para a remodelação

das atitudes relativas à vida e aos direitos das mulheres no Ocidente. Como uma das fundadoras da Organização Nacional em prol das Mulheres (NOW, National Organization for Women) nos Estados Unidos em 1966 e como sua primeira presidente entre 1966 e 1970, Friedan foi essencial para desenvolver e tornar o NOW uma organização influente e capaz de pressionar efetivamente por mudanças legislativas e sociais que dariam às mulheres direitos iguais – que hoje são tidos como naturais – no trabalho, educação, criação dos filhos, participação política e direito ao aborto. Friedan se opôs firmemente a posições feministas baseadas em análises estruturais de desigualdade entre os sexos, tais como as que questionavam a ruptura entre o público e o privado, considerando-as como instigadoras de tensões desnecessárias entre homens e mulheres. Em vez disso, ela adotou a visão de que a solução para o desempoderamento social das mulheres estava na sua participação plena nas atividades da esfera pública. Os escritos posteriores de Friedan incluem *It Changed My Life* (1976), *The Second Stage* (1981), *The Fountain of Age* (1983), *Beyond Gender* (1997) e sua autobiografia, *Life so Far* (2000). Embora seus livros tenham sido laminados por muitas feministas – bell hooks sendo um excelente exemplo – em razão de sua representação estreita sobre as mulheres (branca, classe média, heterossexual) e de suas limitações subsequentes a respeito da ação política, eles marcam uma tentativa pioneira de transformar as experiências pessoais das mulheres em questões políticas.

Uma visão como a de Friedan, porém, é seriamente prejudicada pelos limites da experiência das mulheres e dos homens da qual ela se vale. Como resultado, sua análise não considera a condição subalterna de todas aquelas mulheres da classe trabalhadora que já estão envolvidas com trabalhos árduos e muitas vezes desalentadoras na esfera pública; Friedan também não reconhece que a vida autodirigida tomada como ideal para as mulheres estava disponível apenas para um grupo seleto de homens, nem que existem diferenças raciais e culturais quando se trata de compreender as situações sociais das mulheres. Apesar disso, sua repercussão na classe social dominante, em uma época de questionamentos progressivos contra o *status quo* nas sociedades ocidentais, assegurou sua aceitação popular como exemplar do que realmente é o feminismo e a libertação das mulheres. Ao compreender o feminismo, é, portanto, importante perceber como essa versão particular da experiência feminista se desenvolveu e quais foram os problemas e respostas que ela gerou dentro de seus próprios termos (e dos termos da vertente dominante do feminismo) de classe média branca. Contudo, como veremos nos capítulos seguintes (esp. cap. 4), enquanto visões como a de Friedan influenciaram o crescimento da publicidade e da atenção dadas às ideias feministas, os problemas relativos à sua falha em reconhecer as diferenças nas diferentes situações sociais das mulheres forçaram feministas a repensar significativamente suas estratégias de análise e de resposta.

O diagnóstico de Friedan sobre a condição das mulheres e dos meios de transformá-la é uma versão do que é conhecido como "feminismo da igualdade". Ele demanda que as liberdades da vida dos homens estejam igualmente disponíveis para as mulheres, e que tanto homens quanto mulheres tenham direitos e responsabilidades iguais em todos os aspectos significativos da vida social. À primeira vista, isso parece eminentemente plausível, ao menos se é a vida de homens bem-sucedidos que se tem em mente. Para se libertarem da opressão e da exploração, as mulheres precisam apenas recusar as convenções da diferença feminina e lutar pelo direito de viver de acordo com os modelos forjados para os homens. Nessa visão, uma vida abarcando comprometimento com trabalho doméstico, casamento e maternidade é inerentemente uma escolha de segunda classe. Essa posição, de que as mulheres deveriam ter a oportunidade de realizar o ideal dominante para a vida masculina (tomando esse ideal como universal para todos os seres humanos) também é descrito como "feminismo liberal". Isso porque feministas comprometidas com essa concepção de igualdade tacitamente endossam a teoria política liberal, com seu foco em respeitar escolhas individuais e autodeterminação, sua aprovação da economia capitalista e da distinção sociopolítica entre vida pública e privada. O problema, contudo, é saber se esses feminismos igualitários ou liberais são, de fato, respostas efetivas para a opressão das mulheres. Para começar, além da falha em considerar as diferenças de classe e raça na oportunidade das pessoas (que já é algo importante, como observamos), um grande problema prontamente se torna evidente: quem faz o trabalho familiar enquanto as mulheres estão no mercado de trabalho? Afinal, a busca por uma carreira não se resume simplesmente a vestir um terno e sair pelas ruas; ela depende de alguém tomando conta tanto do lar quanto daqueles que estão pelas ruas. Em outras palavras, há um conflito entre participar da esfera pública e da vida familiar, conflito que se tornou óbvio para muitas mulheres que ouviram o conselho de Friedan e terminaram ou se contorcendo entre emprego assalariado e trabalho doméstico ou escolhendo um à custa do outro.

A reação de algumas feministas tem sido sondar os arredores desse conflito, encorajando as mulheres a encaixar seus empregos em períodos nos quais seus filhos estão na escola ou quando eles já deixaram o lar (claro, isso significa que as mulheres podem ter dificuldades para atender as demandas de algumas carreiras profissionais de tempo intensivo). Para as mulheres que não podem arcar com essa opção, e para quando as demandas de seu trabalho na esfera pública excedem a flexibilidade da vida familiar, as feministas reivindicam empregos de meio-período e de horário flexível, licença maternidade e controle reprodutivo, além da provisão de subsídios para cuidadores de criança e de idosos. Entretanto, quanto mais mulheres adentram a força de trabalho e a vida pública (seja pelo ímpeto do feminismo ou pela desagregação do pleno emprego masculino e da renda familiar), a natureza paliativa dessas reivindicações se torna mais aparente. O equilíbrio entre vida e trabalho, ou como conciliar as responsabilidades do emprego e da família, é uma das questões contemporâneas mais prementes para as mulheres.

Outras feministas responderam a esse conflito mais criticamente, notando que o acesso à vida pública não pôs fim à posição social desigual das mulheres. As experiências femininas em grupos socioeconômicos e raciais marginalizados forneceram poderosas evidências para isso. Como explica a feminista afro-americana bell hooks em *Feminist Theory* [Teoria feminista] (1984), muitas dessas mulheres sempre trabalharam, mas isso não reduziu sua desigualdade ou aumentou suas oportunidades para ter liberdade de escolha. Para as feministas de classe média no Ocidente, também, termos como "gueto rosa", "faixa da mamãe" e "teto de vidro"[3] mostram como a participação das mulheres na esfera pública ainda é largamente algo secundário. De acordo com essas análises, embora um número crescente de mulheres possa ter conquistado seus sonhos com educação e emprego, muitas estão confinadas aos degraus mais baixos do mercado de trabalho e às posições de "colarinho rosa" de cuidado e subserviência em relação às necessidades dos outros. Esse tipo de trabalho, afinal, traz a promessa de que pode ser mais facilmente cumprido junto

---

3. *"Pink ghetto"*, *"mummy track"* e *"glass ceiling"* são expressões conhecidas do debate anglófono sobre igualdade de gênero no trabalho. *"Pink ghetto"* se refere aos trabalhos tipicamente reservados às mulheres no mercado de trabalho, p. ex., professoras primárias. *"Mummy track"* se refere seja à escolha da mulher de se dedicar apenas à maternidade, seja ao momento em que uma mulher decide desacelerar sua vida profissional para se tornar mãe. Daí a metáfora: sair da faixa acelerada da vida profissional e pegar a *"mummy track"*, a faixa das mamães, que seria mais devagar. O termo surgiu por conta das dificuldades que muitas mulheres encontram para, depois do período de gestação, sair da *mummy track* e voltar para a competitiva e acelerada faixa de corrida da vida profissional. *"Glass ceiling"*, por sua vez, nesse debate, tem um sentido muito diferente daquele que conhecemos em português (pessoa com defeito que acusa nos outros). "Teto de vidro" indica aqui uma barreira invisível que limita a ascensão de certos grupos dentro da carreira profissional. A pressão para que a mulher permaneça numa das atividades do gueto rosa e a dificuldade que ela enfrenta para alternar entre a faixa veloz e a *mummy track* estariam relacionadas a esse teto de vidro que estruturalmente a impede de progredir [N.T.].

com as responsabilidades da família e do lar, ainda que, por outro lado, ele frequentemente tenha pouca ou nenhuma segurança de longo prazo. Para muitas mulheres, a participação no trabalho assalariado e na vida pública significou apenas a adição de um "segundo período" (cf. HOCHSCHILD, 1989), em que não há nenhuma redução nas responsabilidades domésticas para compensar por suas obrigações adicionais com os empregadores (cf. tb. SUMMERS, 2003). Além disso, o subemprego, a precarização crescente e a falta de serviços de assistência confiáveis também se somaram todos às dificuldades de um número cada vez maior de mulheres que lutam para sustentar a si mesmas e suas famílias.

Desafiando a estrutura da sociedade

Essas dificuldades sugerem que os problemas da igualdade de oportunidade e da liberdade de escolha são muito mais complexos do que consideravam as versões do feminismo da igualdade nos termos-dos-homens. Ainda que existam diversas respostas, muitas feministas liberais concordam que questionar a opressão material das mulheres depende de questionar a relação entre as esferas pública e privada. A teórica política Carole Pateman, em "Feminist Critiques of the Public/Private Dichotomy" [Críticas feministas da dicotomia público/privado] (1989), por exemplo, mostra como as duas esferas não distinguem simplesmente domínios de atividade diferentes, mas igualmente valorizados. Em vez disso, a localização diferencial dos homens e mulheres nessas duas esferas, aliada às ênfases comuns da teoria liberal, expressa "a realidade patriarcal de uma estrutura social de desigualdade e de dominação das mulheres pelos homens" (PATEMAN, 1989, p. 120). O argumento de Pateman é o de que a separação entre o público e o privado nas sociedades liberais é uma divisão hierárquica que considera o privado subordinado ao público, e, às vezes, até mesmo irrelevante para ele. A ideologia social dominante, o liberalismo, afirma que as atividades da esfera pública, domínio da produção econômica e das tomadas de decisão políticas, são mais significativas e valiosas do que aquelas da criação da família e da vida pessoal. A subsequente designação do mundo público como local dos homens e suas atividades, e do mundo privado como local das mulheres, consagra a dominação dos primeiros sobre a vida social.

É esse comando dos homens sobre as mulheres que Pateman descreve como "patriarcal". Embora, estritamente falando, esse termo se refira à autoridade dos pais sobre suas famílias, aqui ele simboliza o caráter distintivo de uma desigualdade sexual que "se baseia no apelo à natureza e à reivindicação de que a função natural das mulheres na gestação prescreve seu lugar doméstico e subordinado na ordem das coisas" (PATEMAN, 1989, p. 124). A partir daí, basta apenas um pequeno passo para afirmar a ideia de que a natureza também subscreve uma divisão do trabalho baseada no gênero (ao menos no interior da classe média branca). O trabalho de mãe e esposa – cuidar e nutrir os interesses de outros – é, então, trabalho das mulheres, um trabalho inferior, enquanto as atividades de produção econômica e de tomada de decisão política são trabalho dos homens, um trabalho superior. Junto com essas diferenças, claro, vêm aqueles ideais familiares de feminilidade (cuidado, vulnerabilidade, passividade, fraqueza) e de masculinidade (competitividade, invulnerabilidade, atividade, força) que são frequentemente usados para mensurar e valorizar mulheres e homens.

Em outras palavras, o argumento liberal feminista aqui é o de que compreensões atuais acerca das esferas pública e privada se baseiam em uma ideologia de gênero que naturaliza a dominação masculina e a opressão das mulheres. Ademais, as primeiras tentativas de mulheres de classe média feitas para atravessar a divisão mostram que as duas esferas estão funcionalmente inter-relacionadas. Tornou-se cada vez mais evidente que, longe de serem irrelevantes para o mundo público, as atividades domésticas feitas pelas mulheres são vitais para sustentar a operação da vida coletiva. Afinal, ninguém vem ao mundo pronto para participar da esfera pública e, para todos, a realização de seu potencial e independência plenas depende da provisão de cuidados e dedicação pessoais.

Análises posteriores exigem, portanto, "que se as mulheres devem participar da vida social plenamente, como iguais, então os homens devem compartilhar igualmente da criação dos filhos e de outras atividades domésticas. Enquanto as mulheres forem identificadas com esse trabalho 'privado', sua condição pública estará sempre prejudicada" (PATEMAN, 1989, p. 135). Isso, porém, necessariamente envolveria a reforma estrutural do ambiente tanto da família quanto do trabalho, de modo que as atividades em uma esfera se encaixem com as atividades da outra. Essa mudança também demandaria transformações culturais nas compreensões correntes acerca das possibilidades e responsabilidades da vida de mulheres e homens. Nessa linha, a feminista americana Susan Moller Okin argumentou que, no âmbito do que ela chama de "liberalismo humanista" (1989a), a igualdade pressupõe mudanças tanto para os homens quanto para as mulheres, incluindo a participação igualitária na esfera pública e a divisão igualitária na criação dos filhos, no cuidado para os vulneráveis e frágeis e nas tarefas domésticas. A esse respeito, como ela defende em outro texto, justiça e equidade na residência são cruciais, e abrangem a titularidade legal igualitária dos parceiros em todos os rendimentos do lar e o mesmo padrão de vida para ambos em lares pós-divórcio (1989b). Com efeito, é justo afirmar que, ao prescrever um modelo mais andrógino de vida para todos, Okin argumenta contra a relevância do gênero para as práticas e estruturas sociais.

É importante, porém, perceber que tais análises não negam a existência de, pelo menos, duas dimensões diferentes de engajamento social, nem o fato de as mulheres estarem naturalmente (biológicamente) ligadas à gestação de uma forma em que os homens não estão. O que elas de fato rejeitam é a divisão sexual do trabalho, a oposição hierárquica das atividades públicas e privadas, e a dominação dos machos sobre as fêmeas. Em suma, esse foco na inter-relação da vida nas esferas social e doméstica nos lembra que exigir simplesmente a participação das mulheres no mundo público não levará à igualdade, a não ser que ela ocorra de modo a desfazer algumas dessas hierarquias. Mudanças na organização e nas normas de ambas as esferas são necessárias para que a participação feminina no mundo público tenha algum impacto real na superação dos problemas da opressão e da exploração. Assim, enquanto as primeiras feministas liberais, como Friedan, sugeriam que as mulheres utilizassem as estruturais e padrões sociais existentes a respeito de oportunidade, respeito e liberdade de escolha (inicialmente desenvolvidos no interesse dos homens) em seus argumentos em favor da igualdade, feministas posteriores defenderam novas compreensões de igualdade baseadas em suas análises da dicotomia público-privado e da divisão de gênero nas relações trabalhistas, sexuais, classistas e raciais de dominação e subordinação.

Talvez homens e mulheres tenham valores e potenciais diferentes

Para algumas feministas, porém, a ênfase na igualdade subestimou seriamente a importância de valores, interesses e práticas muito diferentes, expressas pelas mulheres em suas responsabilidades e afeições na esfera privada. Afinal, enquanto a tradição capitalista liberal dominante nas sociedades ocidentais contemporâneas identifica e respeita a independência e a autodeterminação na participação da esfera pública, parece evidente que tais valores não são apropriados em todas as nossas atividades (p. ex., se é importante encorajar as mencionadas independência e autodeterminação em nossos filhos, valores de pertencimento, cuidado e preocupação pelos outros também são essenciais). Essas reflexões também sugerem que dar preferência aos valores do mundo público é não perceber as diferenças muito reais entre a vida dos homens e das mulheres, e a importância das virtudes e das atividades da esfera privada como local de realização e de construção comunitária. Além disso, tal preferência negligencia as aspirações daqueles para quem o trabalho assalariado é simplesmente o meio para sustentar a vida familiar e comunitária. De acordo com essa visão, a verdadeira fonte da opressão das mulheres não é sua exclusão do trabalho assalariado, mas a marginalização e desvalorização do trabalho familiar das mulheres em benefício das atividades e valores da esfera pública relativos ao trabalho instrumental, lucro, competitividade e agressividade.

Conhecidos como "feminismo da diferença" – ou às vezes como "ginocentrismo" ou "feminismo cultural" – tais respostas adquirem uma variedade de formas (muitas das quais serão mais exploradas nos capítulos subsequentes). Um argumento é o de que a socialização feminina nos papéis tradicionais do cuidado e cooperação da família engendra virtudes que podem ser a fonte de grande força para as mulheres. Outro, esmeradamente descrito pela filósofa política americana Iris Marion Young, é o de que "a opressão das mulheres consiste [...] na negação e desvalorização de virtudes e atividades especificamente femininas por uma cultura masculinista excessivamente instrumentalizada e autoritária" (1990, p. 79). Outras feministas argumentaram que a promoção desses valores centralizados nas mulheres é a chave para superar a cultura destrutiva (masculina) da violência, da guerra e do imperialismo social, econômico e ambiental, que muitos veem como ameaça contra a sobrevivência global. Entretanto, geralmente as feministas da diferença reconhecem que, para muitas mulheres – tal como a teórica do feminismo jurídico Joan Williams explica em *Unbending*

Gender [Gênero inflexível] (2000) – o trabalho familiar provê sentido e empoderamento para suas vidas; para outras, especialmente da classe trabalhadora e das minorias raciais, o emprego assalariado é simplesmente o labor fatigante necessário que as permite sustentar suas famílias. Até mesmo aquelas que aspiram a um trabalho enriquecedor na esfera pública, para quem as tarefas no lar acarretam marginalização, podem ver as responsabilidades da esfera privada como mais importantes do que exigências da carreira. Como resposta para essas mulheres – e contra a pressão do feminismo da igualdade para reestruturar a sociedade de modo a promover as ambições das carreiras historicamente associadas aos homens das classes altas e médias – as feministas da diferença afirmam que revalorizar e celebrar as forças e virtudes de ser mulher, da feminilidade, do trabalho feminino é fundamental para superar a opressão social e econômica das mulheres.

Proponentes mais radicais da diferença, porém, têm desdenhado de tais tentativas de adquirir maior sustentação social para as virtudes e atividades tradicionalmente associadas às mulheres. Embora também estejam preocupadas com a restauração da dignidade e do autorrespeito da cultura e das atividades femininas, elas também reivindicam mudanças profundas ou mesmo a eliminação das instituições políticas e sociais existentes. Uma das vozes mais famosas e intransigentes nesse movimento é a da feminista radical Mary Daly.

O livro de Daly *Gyn/Ecology* [Gin/ecologia] (1978), por exemplo, instiga as mulheres a se juntar e a exorcizar as normas patriarcais da feminilidade para fora de suas vidas, abrindo caminho para uma "reivindicação da energia feminina de amor à vida" (p. 355). Na sua visão, mulheres precisam se desvincular das seduções e truques de um mundo estruturado a partir de sua exploração. Por isso, Daly critica todas os movimentos por direitos iguais para as mulheres que não questionam o mundo masculinamente desenhado e os rejeita energicamente, considerando-os como "tokenismo"[4] que "desvia e curto-circuita" a energia e o poder feminino (p. 375).

> **Mary Daly (1928)**
> Filósofa e teóloga feminista americana, Mary Daly pode ser creditada como criadora de uma filosofia para o feminismo radical. Seus dois primeiros livros, *The Church and the Second Sex* [A Igreja e o segundo sexo] (1968) e *Beyond God the Father* [Além do Deus Pai] (1973) são ardentemente críticos do viés masculino na Igreja Católica e da linguagem fálica da religião ocidental. Em *Gyn/Ecology* [Gin/ecologia] (1978), talvez sua obra mais influente para o feminismo em termos mais gerais, ela acusa severamente os homens de misóginos necrófilos ginocidas, e instiga as mulheres a se livrar das noções socialmente construídas de feminilidade para desdobrar a "mulher selvagem" interior. *Pure Lust* [Pura luxúria] (1984), *Webster's First New Intergalactic Wickedary of the English Language* [Primeiro novo malvadário intergalático da língua inglesa da Webster] (com Jane Caputi e Sudi Rakusin, 1987), *Outercourse* [Sexo não penetrativo] (1992), *Quitessence* [Quintessência] (1998) e *Amazon Grace* [Graça da amazona] (2006) continuam esse projeto, defendendo uma nova metafísica e uma nova linguagem que permitirão às mulheres escapar dos laços do patriarcado. Os trabalhos de Daly são especialmente notáveis por seu uso impressionante e criativo da linguagem, que visa virar do avesso significados misóginos e prover uma linguagem "ginomórfica" que reflita a consciência, experiência e realidade identificadas com as mulheres.

Num caminho diferente, a feminista marxista americana Nancy Hartsock argumenta que as experiências corporais das mulheres relativas à menstruação, à gravidez e à amamentação, bem como seu cuidado pelos outros, dá-lhes uma compreensão especial da vida social, capaz de desenvolver um "ponto de vista feminista".

---

4. Neologismo que indica um gesto superficial ou meramente simbólico (*token*, em inglês, quer dizer signo ou sinal) em favor de demandas dos movimentos feministas, antirracistas, LGBT+ etc., sem lidar com os motivos reais da desigualdade que os oprimem [N.T.].

Hartsock afirma que, se as mulheres forem suficientemente reflexivas e críticas acerca de sua posição na divisão sexual do trabalho, esse ponto de vista feminista poderá expor os preconceitos e perversões das relações e instituições sociais masculinistas. Desse modo, Hartsock sugere, um ponto de vista feminista poderia ter o potencial de conduzir à "redefinição e à reestruturação da sociedade como um todo, baseadas na atividade das mulheres" (1983, p. 304).

Todas essas perspectivas da diferença apontam para a falácia de pensar nas possibilidades de todos os seres humanos sob os termos de uma única ideia universal. A proposta de mensurar todo mundo de acordo com padrões abstratos de igualdade e direitos, afirmam elas, é irrealista e opressiva porque nunca consegue levar em consideração todos os fatores socioeconômicos, raciais, corporais e de gênero, que afetam os diferentes valores, aspirações e oportunidades das pessoas. Em contraste, as afirmações da diferença podem levar uma perspectiva especificamente feminina a se conectar com a sociedade e com as mudanças necessárias para que as mulheres sejam aptas a realizar seu potencial.

Como temos visto, porém, nem todos os endossos à importância intrínseca do trabalho e dos valores das mulheres miram a derrubada das instituições existentes. Algumas pensadoras dos feminismos da diferença sublinham, em vez disso, as riquezas possíveis para as mulheres, e para a sociedade em geral, no caso de podermos superar nossa tendência a marginalizar o trabalho familiar. Para essa visão, a ideia é a de que deveríamos sustentar diferentes normas e práticas tanto na esfera pública quanto na privada. Como afirma a filósofa política americana Nancy Fraser, "a questão é imaginar um mundo social no qual a vida dos cidadãos integra ganho salarial, cuidados familiares, ativismo comunitário, participação política e envolvimento da vida associável da sociedade civil" (1997, p. 62). De acordo com essa visão, portanto, posições feministas que apostam na desvalorização do trabalho doméstico tacitamente afirmam sua marginalização contínua e sua percepção como um obstáculo para o emprego "apropriado".

Por sua vez, proponentes da igualdade contra-argumentam que tradições exploratórias da vida familiar e do cuidado oferecido pelas mulheres projetam uma sombra pesada sobre afirmações da diferença feminina. Com efeito, tais proposições afirmam ser impossível saber se as assim chamadas virtudes e práticas das mulheres não são nada mais que efeitos de um sistema social opressivo. Logo, como explica Okin:

> Enquanto a ambiguidade sobre as origens desses valores persistir, as forças conservadoras que visam manter as mulheres "no seu lugar" não poderão ter melhor munição do que ouvirem (esp. de feministas) que mulheres são "naturalmente" mais bem-adaptadas para cuidar dos outros, ou que a política é uma atividade "masculinista" (1998, p. 124).

Tudo isso significa, portanto, que as tentativas de revalorizar as diferenças femininas refletindo o estereótipo social acerca da vida das mulheres correm o mesmo perigoso risco de serem reapropriadas pela própria tradição danosa que elas buscam questionar.

O debate igualdade-diferença

Até aqui, observamos um pouco da complexidade do que é conhecido como o debate igualdade-diferença nas correntes principais do feminismo. Mais especificamente, de acordo com o modo como as respectivas reflexões questionam o problema da opressão das mulheres, observamos que tal debate oferece duas alternativas insatisfatórias: as mulheres podem ou ter a igualdade nos termos dos homens às custas dos valores e práticas da feminilidade convencional, ou podem afirmar sua diferença às custas do questionamento da subordinação e da marginalização. Essa dicotomia é, por certo, uma simplificação e tem sido problematizada por diversas reflexões, mas ela mostra efetivamente como os vários argumentos concernindo o acesso e a participação das mulheres nas atividades da esfera pública têm dificuldade e se esforçam para compreender não apenas o que a igualdade deveria significar, mas também as diferenças percebidas entre mulheres e homens, bem como suas relações com as esferas pública e privada. Apesar disso, o debate igualdade-diferença tem sido produtivo para a análise da opressão das mulheres. Por exemplo, a reivindicação de igualdade com os homens, por mais problemática, ajudou a descobrir as iniquidades embutidas no trabalho familiar e conduziu ao desenvolvimento do que poderia ser chamado de uma concepção humanista do trabalho, que estimula a partilha de oportunidades e de responsabilidades em ambas as esferas. Por outro lado, compreender a diferença de gênero, embora possam vir perseguidas por estereótipos perigosos, mostram como a abordagem igualitária tende a subestimar as variações na situação das mulheres e suas necessidades e aspirações substantivamente diferentes.

Contudo, é evidente para muitas pensadoras que estratégias feministas para superar a opressão e a exploração por meio da revisão da ruptura entre público e privado ficam presas entre, por um lado, a necessidade de se livrar do lugar subordinado das mulheres e, por outro, a necessidade de construir o significado político, social e econômico das atividades da mulher. Tais estratégias também se esforçam em reconhecer que conseguir a primeira é uma dimensão crucial da segunda. Com tudo isso em mente, portanto, é possível ver melhor como os muitos fenômenos de "gueto rosa", de "segundo período" e de "teto de vidro" refletem todos, de diferentes modos, as amarras desse conflito central por políticas sociais que visam atenuar a subordinação das mulheres. Assim, embora possa parecer, no mundo ocidental pelo menos, que as mulheres estão agora livres para acessar e cruzar as esferas pública e privada – afinal, mulheres podem ser primeiras-ministras, motoristas de caminhão, cirurgiãs e soldadas, mães e coveiras –, tal acesso e participação não necessariamente se traduziram no fim da opressão e da exploração. As mulheres ainda estão massivamente sub-representadas nos mais altos níveis de prosperidade e poder na política, nos negócios e na religião; seus ganhos de período integral médios ainda são menores do que dos homens; elas estão sobrerrepresentadas entre aqueles que vivem na pobreza; e, embora mais mulheres estejam trabalhando fora de suas casas, no geral elas ainda estão trabalhando em casa tão intensivamente quanto antes (cf. OKIN, 1998; INTERNATIONAL LABOUR OFFICE, 2000; SUMMERS, 2003).

A face epistemológica da opressão das mulheres

Tudo isso nos mostra, então, que, embora as desigualdades sociais e materiais possam ser a face externa do problema da opressão e da exploração das mulheres, também podem existir outras facetas desta questão. Nesse sentido, muitas feministas vieram a perceber que o problema da opressão das mulheres é, em seu nível mais fundamental, um caso de epistemologia ou de conhecimento (ou seja, de ideias e teorias relativas às origens do conhecimento e ao modo como ele é legitimado). Afinal, muitas dessas práticas que impediram as mulheres de realizar seu potencial são, em última instância, baseadas em visões enviesadas ou pretensos fatos sobre a vida e as aspirações das mulheres. Como mostram Beauvoir, em *O segundo sexo*, e Friedan, em *Mística feminina*, por exemplo, as opiniões de sociólogos, psicólogos e antropólogos culturais foram todas utilizadas para confirmar que é função "natural" da mulher (branca de classe média) levar uma vida de dependência e servidão na família. Embora esse suposto conhecimento seja falso, ele teve ainda assim um *status* de certeza que legitimou sua justificação das medidas sociais e políticas impedindo as mulheres de dar passos para fora dessa vida de dependência. Por exemplo, afirmações fisiológicas e psicológicas sobre a capacidade mental das mulheres deram ensejo a leis impondo que as mulheres não poderiam ter propriedades ou gerenciar suas próprias finanças ou mesmo votar. Com efeito, declarações sobre "os fatos reais" feitas por especialistas no campo foram e ainda são o modo mais básico de manter as práticas sociais que consolidaram as desigualdades de gênero. Em outras palavras, compreensões acerca do que é o saber e as teorias sobre o conhecimento que as justificam têm um papel vital na determinação das possibilidades da mulher. Como explica sucintamente a epistemóloga canadense Lorraine Code, "as epistemologias, em seus efeitos espalhados pelo mundo do cotidiano, cumprem uma função na sustentação das estruturas patriarcais e de outras hierarquias sociais" (1998, p. 176).

Há, em outras palavras, uma dimensão epistemológica na opressão, em que ideias sobre o conhecimento e sobre o que (ou quem) o justifica são não apenas essenciais para entender tal opressão, mas também alicerçam uma gama de tentativas feministas de enfrentá-la, na medida em que pressupostos e reivindicações sobre o conhecimento são, é claro, a base de toda ação política e de todas as mudanças de políticas sociais. Afinal, sem conhecimento confiável acerca de quem é marginalizado, quem possui a experiência que tem sido erroneamente interpretada, deixada de lado ou desconsiderada, e quem tem a experiência dominante e por quê, o desatamento da opressão é impossível. Desatar e desafiar a dimensão epistemológica dessa opressão das mulheres é, porém, extremamente difícil. Para começar, o problema é excessivamente abrangente, com afirmações de biologia, ciências biomédicas, história, antropologia, sociologia, economia, política, psicologia e filosofia – junto com suas consequências de longo alcance para os modos como os seres humanos se compreendem e se organizam – sendo todas implicadas.

Fundamentalmente, o problema não é apenas que tais disciplinas negligenciem, marginalizem ou deturpem as mulheres, ou que elas tradicionalmente as impeçam de participar delas, ainda que isso sempre tenha sido o caso (na década de 1950, p. ex., Daly teve de completar seis graduações antes de permitirem finalmente que ela estudasse filosofia; e, claro, o conhecido retrato que Virgínia Woolf faz em *A Room of One's Own* [Um quarto só seu] (1929) de algumas das humilhações e rejeições vividas por mulheres que, naquela época, buscavam participar de investigações intelectuais). Mais do que isso, em um nível mais profundo, análises feministas mostram que as próprias práticas científicas e outras atividades legitimadas de construção do conhecimento – incluindo suas metodologias, normas e ideais – são elas próprias centradas no masculino, androcêntricas. Por exemplo, em *The Man of Reason* [O homem da razão] (1984), a filósofa australiana Genevieve Lloyd mostra os elos entre racionalidade – um componente-chave da pesquisa por conhecimento – e características masculinas (brancas e europeias) presentes em alguns dos mais influentes textos de filosofia. Em um ponto que retomaremos em capítulos subsequentes (esp. cap. 2), Lloyd defende que compreensões acerca da razão e da investigação racional ficaram historicamente presas em normas de gênero disseminadas que codificam os pares ordenados razão-emoção, mente-corpo, objetividade-subjetividade e universal-particular de acordo com o binômio masculino-feminino. E é, continua ela, sobre a base dessas construções conceituais que ideais do conhecimento são estabelecidos, construções hostis aos traços associados com a feminilidade e com as mulheres, o que, por sua vez, torna o acesso à dimensão da razão altamente problemática para o gênero feminino.

Esse complexo de problemas relativos ao conteúdo do saber – quais fatos ou declarações de conhecimento deveriam ser considerados legítimos e por quê – ensejou uma gama de respostas feministas, muitas das quais focam no conceito de objetividade, uma vez que ele é geralmente visto como um símbolo do saber legitimado. Para tratar disso resumidamente, a afirmação de que o conhecimento é objetivo se refere convencionalmente à sua suposta imparcialidade, precisão e certeza. Ou seja, o conhecimento objetivo é livre de todo preconceito subjetivo e fornece uma descrição neutra do mundo. Com efeito, como a feminista americana Donna Haraway afirmou tão memoravelmente, a objetividade está associada com "o truque divino de ver tudo a partir de lugar nenhum" (1991b, p. 189). Isso, por sua vez, significa que quem possui conhecimento objetivo são supostamente indivíduos desprendidos e neutros cujas funções sociais e disposições pessoais não têm nenhum efeito sobre o saber. O que eles conhecem é o resultado de faculdades humanas incorruptas e fornece acesso independente ao mundo que eles descrevem com seus fatos.

É esse tipo de presunção que fez a dimensão epistemológica da opressão das mulheres tão difícil de questionar. Afinal, se há algo como um conhecimento objetivo, e se as alegações de conhecimento feitas por biólogos, psicólogos, sociólogos e assim por diante merecem esse *status*, então as críticas feministas contra aquelas alegações relativas ao lugar das mulheres no mundo seriam evidentemente infundadas e implausíveis. Isso, porém, é justamente o cerne do problema. Há realmente alegações e possuidores de conhecimento inquestionáveis? É possível questionar os pressupostos e metodologias do conhecimento objetivo? E se esse é o caso, com que base? Afinal, toda tentativa de questionar a objetividade do saber deve ela mesma ser realizada com base em uma visão alternativa: a de que tal objetividade é uma ilusão, uma concepção errada ou impossível, digamos. Mas por que alguém deveria acreditar nessa alternativa? O que a torna crível? Como chegaremos a ver, essas são as dificuldades que frequentemente atormentam as tentativas, feitas por reflexões feministas, de reexaminar as compreensões mais básicas que as mulheres têm de suas vidas.

Empirismo feminista

Os começos do trabalho feminista em epistemologia, porém, não estavam preocupados com as complexidades do questionamento à objetividade do conhecimento em geral. Inspiradas por trabalhos críticos nas ciências biológicas, médicas e sociais, essas primeiras respostas questionaram o caráter objetivo e a verdade de alegações de conhecimento específicas: alegações como as que concernem às bases biológicas da suposta inabilidade da mulher em usar raciocínio abstrato; ou de que as mulheres são naturalmente dotadas para trabalhos focados em cuidar dos outros; de que a clitorectomia é a "'cura' para histeria, ninfomania, lesbianismo e masturbação excessiva" (MEYERS, 2004, p. 206). (Feministas mais recentes fizeram questionamentos similares contra declarações de psicólogos evolucionistas sobre comportamentos sexuais humanos: por exemplo, a de que violência doméstica e estupro são posturas masculinas naturais, geneticamente determinadas; a de que as mulheres naturalmente emulam "timidez" no sexo, são mais avessas ao risco e menos competitivas do que os homens.) Simplesmente não há evidências fortes para sustentar tais alegações, afirmam as críticas feministas. Tal questionamento foi rotulado de "empirismo feminista", seguindo influente trabalho da filósofa americana Sandra Harding (1986; 1993), no qual "empirismo" indica posições que contam principalmente com evidências empíricas como fonte de conhecimento.

Para empiristas feministas, portanto, visões enviesadas e falsidades flagrantes, bem como o fato de serem excluídas da investigação as perspectivas, experiências e questões femininas, maculam a objetividade dos assim chamados fatos sobre diferenças sexuais. O conhecimento objetivamente verdadeiro, insistem elas, só poderia ser estabelecido por uma ampliação do escopo de investigação que inclua o universo feminino e seus interesses, e por um escrutínio muito mais cuidadoso das assim chamadas evidências empíricas.

Assim, de acordo com a explicação de Harding sobre o empirismo feminista, "sexismo e androcentrismo poderiam ser eliminados dos resultados da investigação se os cientistas simplesmente seguissem mais rigorosa e cuidadosamente os métodos e normas de pesquisa existentes – que, para os cientistas praticantes, são fundamentalmente os métodos e normas empíricas" (1993, p. 51). De acordo com essa visão, a ciência biomédica objetiva, por exemplo, deveria incluir ratos de espécimes tanto femininos quanto masculinos nos testes clínicos de remédios; a biologia objetiva deveria usar controles de estereótipos sexuais ao examinar efeitos hormonais no "comportamento da função de gênero" (p. ex. FAUSTO-STERLING, 1985); a história objetiva deveria incluir detalhes de mudanças na vida das mulheres e não apenas eventos e consequências das aspirações dos homens; e a economia objetiva deveria incluir a contribuição do trabalho familiar não assalariado das mulheres nos índices de produtividade (p. ex. WARING, 1990).

Essencialmente, porém, tais posições em geral mantêm o ideal de conhecimento objetivo intacto. Permanece inquestionada a noção de que dados "brutos", resultados de observações não enviesadas, implicam crer neles e de que o conhecimento é medido apenas com essa evidência. Com efeito, para as empiristas feministas, somente essa visão de objetividade é capaz de investir as posições feministas de autoridade para promover mudanças tanto na produção do conhecimento quanto, mais relevantemente, nas iniciativas políticas e sociais realizadas em seu nome. Ademais, dada a premissa da teoria feminista sobre o ponto de vista – segundo a qual cientistas mulheres têm mais chance do que os homens de detectar equívocos, abusos e omissões cometidas em áreas que têm sido tradicionalmente enclaves masculinos – as empiristas feministas também defendem a entrada de mais mulheres nos laboratórios, clínicas e academias produtoras de conhecimento.

Esse tipo de estratégia corretiva trouxe ganhos enormes no que diz respeito à inclusão da perspectiva e da experiência das mulheres em projetos de produção do conhecimento, mas, tal como as estratégias igualitaristas discutidas anteriormente, ela também contém as sementes de uma resposta mais radical. Na medida em que o termo "empirismo feminista" é um reconhecimento de que algumas qualidades contextuais e corporais de quem conhece são significativas para a objetividade, algumas reflexões argumentam que a compreensão ortodoxa de saber objetivo como neutro é ela mesma uma ilusão. (Apoiadores dessa visão tradicional acerca da objetividade afirmam, por outro lado, que, em razão de seu foco na diferença sexual, a epistemologia feminista é uma contradição nos seus próprios termos.) O que nos interessa aqui, entretanto, é a ideia empirista feminista de que o caminho para lidar com o conhecimento incompleto e parcial obtido das metodologias de pesquisa androcêntricas tradicionais é simplesmente acrescentar os componentes e perspectivas que estão faltando. Há dois problemas aí. O primeiro é saber se uma objetividade neutra seria talvez ainda possível caso as pesquisas pudessem simplesmente encontrar e acrescentar todos os componentes e perspectivas que faltam. Boa parte de intelectuais concordam que, mesmo se isso é, em princípio, possível, nós seres humanos certamente não conseguiríamos alcançar uma tal "perspectiva de olhar divino". O segundo é a ideia de que trazer perspectivas alternativas para concernir a investigação efetivamente questiona as molduras orientadoras que postulam padrões masculinos como norma e horizontes masculinos como medida de importância.

Um claro exemplo dessa última ideia pode ser encontrado na análise que Haraway (1991a) faz do campo da primatologia, na qual ela demonstra como cientistas mulheres, ao começar a estudar o comportamento de primatas, desafiam a moldura dentro da qual as observações e interpretações científicas foram levadas a cabo. Por exemplo, antes da entrada de mulheres no campo, os primatologistas explicavam as características da coesão de grupo entre os primatas em termos de hierarquias de dominação modeladas em estruturas de poder do tipo "homem-o-caçador" (e raciais europeias). Focando, em vez disso, nos relacionamentos entre fêmeas e filhotes, as primatologistas mulheres questionaram a importância dessa moldura explicativa. O argumento de Haraway, portanto, não visa promover uma moldura particular, mas, sim, mostrar como o contexto sociopolítico dos cientistas de fato moldam diretamente seus assim chamados achados objetivos relativos ao mundo primata.

Reconcebendo a objetividade

Como vimos na primeira parte deste capítulo, quando a estratégia de inclusão das mulheres (ou de suas perspectiva) nos sistemas que foram tradicionalmente vistos como universais mostra que tais sistemas são, de fato, tendenciosos em favor dos homens, um gesto feminista óbvio tem sido defender ideais alternativos baseados nas diferenças das mulheres em relação aos homens. Na área da epistemologia feminista, porém, a noção de que as mulheres têm modos específicos de conhecer que podem substituir – ou se utilizar dentro de – paradigmas dominantes é considerada problemática. A crítica principal é a seguinte: ou a alternativa se relaciona com os termos existentes da subordinação feminina ("sempre soubemos que as mulheres pensam diferente e/ou irracionalmente") ou ela cria um enclave que não consegue desafiar a tradição dominante ("o pensamento feminino é tão diferente que ele é incapaz de ser compreendido ou usado por mais ninguém").

Antes de aceitarmos essa vinculação dupla, contudo, há uma terceira possibilidade, embora muitas feministas a tenham achado igualmente insatisfatória. Nesse caso, o conhecimento da mulher pode ser reconhecido como válido em seu próprio direito, mas sem ser capaz de prover algum padrão para avaliar ou questionar a validade de outras posições. Nessa visão, quando diferentes afirmações sobre as coisas de fato são contrapostas umas às outras (p. ex., a afirmação segundo a qual a coesão do grupo primata é mais bem-explicada com respeito às atividades de caça do macho sendo questionada pela afirmação de que as relações fêmea-filhote são fatores mais importantes para compreensão da dinâmica de coesão do grupo), a ambas pode-se atribuir igual autoridade. Isso se deve a um pensamento que sugere não poder serem erradas as afirmações de um grupo ou indivíduo particular, contanto que suas visões sejam expressas em boa-fé; tais afirmações são simplesmente verdadeiras em relação a essa perspectiva. Ou seja, não há espaço ou perspectiva neutra e objetiva que as pessoas possam usar para avaliar afirmações variadas de uma vez por todas. Claro que isso é um tipo de relativismo ou subjetivismo epistemológico. Para muitas filosofias, entretanto, ainda que essa forma de "vale-tudo" relativista possa permitir às pessoas reconhecer e celebrar perspectivas diferentes, ela é inócua para a realização de mudanças sociopolíticas. Afinal, se atitudes sexistas e não sexistas estão igualmente certas, como visões de grupos diferentes, como alguém pode fornecer um argumento válido para políticas que favoreçam especificamente as atitudes não sexistas?

    O problema para as feministas envolvidas com essas questões mais amplas de produção de conhecimento é, assim, descobrir uma resposta que reconheça tanto a masculinidade da objetividade supostamente neutra quanto o fato de declarações de conhecimento poderem estar erradas. O título do artigo de Code, "Taking Subjectivity into Account" [Levando a subjetividade em consideração] (1993) resume impecavelmente o que é requerido. Segundo sua visão, epistemólogas feministas precisam de uma concepção operacional de objetividade, que também considere a subjetividade de quem conhece. Não podemos descartar a objetividade, no fim das contas, porque é certamente óbvio que alguns aspectos de nossa realidade são independentes dos humanos cognoscentes: "terremotos, árvores, doença, atitudes e arranjos sociais estão *aí*" (p.

21). Ao mesmo tempo, as perspectivas humanas moldam muito do mundo no qual vivemos e, portanto, declarações de conhecimento deveriam refletir esse perspectivismo. Por exemplo, para alguns tipos de conhecimento (saber se a terra é plana ou redonda, digamos), o contexto humano é tão amplamente compartilhado que sugere serem tais fatos universais e conformes à objetividade neutra. Em muitos casos, porém, especialmente os que concernem às pessoas (saber se as mulheres são exploradas com relação ao trabalho familiar, p. ex.), a particularidade de quem conhece, sua posição social e sua perspectiva têm todos um papel significativo a ser cumprido na construção do conhecimento. Trata-se, assim, de um projeto que visa ampliar as concepções de objetividade de modo que elas possam efetivamente "levar a subjetividade em consideração". E, embora não possa gerar verdades fixas, universais e certas, ele pode evitar os perigos gêmeos que são se esconder atrás de uma ilusão de imparcialidade e independência ou afirmar o "vale-tudo" do relativismo radical. No geral, pensadoras como Code aceitam o fato de o conhecimento inevitavelmente carregar as marcas de seus criadores humanos e de seu contexto sociopolítico, ao mesmo tempo que defendem ser ele também pressionado pela existência de uma realidade independente.

Uma das contribuições mais influentes feitas para o projeto de reconceber a objetividade é a epistemologia da perspectiva feminista de Harding, na qual ela desenvolve um conceito de "objetividade forte" (1993). Nesse ponto, Harding parte do trabalho de Hartsock, afirmando que a perspectiva dos oprimidos pode fornecer um acesso especial à tarefa de reexaminar a objetividade. Resumidamente, como mencionado anteriormente, a ideia da teoria perspectivista é a de que funções e atividades de quem está nas classes dominantes limita o que elas podem compreender sobre si mesmas e sobre o mundo. Em contraste, a experiência dos marginalizados pode lhes dar uma vantagem epistêmica, dado que sua vida desperta linhas de investigação que são invisíveis para as pessoas nos estratos de cima. Segundo tal estratégia, a assim chamada objetividade neutra – ou "objetivismo", como Harding a chama (1993) –, malgrado seu *status* como fundação "própria" para o conhecimento crível, é incapaz de detectar os enviesamentos sociais e as presunções androcêntricas tipicamente inscritas em seus projetos de produção do conhecimento. Por outro lado, a perspectiva da objetividade forte des-vincula o objetivo do imparcial, ao incluir um escrutínio dos interesses e valores dos produtores do saber. Com respeito à luta feminista contra a opressão, o importante é enquadrar o conhecimento em termos de valores que são inclusivos e democráticos.

> **Sandra Harding (1935)**
> Filósofa americana e teórica pós-colonial, Sandra Harding é uma das fundadoras do campo da epistemologia feminista e do campo da filosofia da ciência. Sua coleção co-organizada (com Merrill Hintikka) *Discovering Reality* [Descobrindo a realidade] (1983) é creditada por trazer análises feministas da construção do conhecimento para o palco principal da teoria feminista; *The Science Question in Feminism* [A questão da ciência no feminismo] (1986), por sua vez, provê definições de várias abordagens feministas à filosofia da ciência e à epistemologia que vieram a ser consideradas, ainda que controversamente, como definidoras de paradigmas para o campo. A articulação que Harding faz da teoria da perspectiva feminista e da "objetividade forte" tem sido também muito importante como metodologia de investigação nas ciências sociais, por suprir instrumentos filosóficos para quem se preocupa com os enviesamentos androcêntricos das molduras de pesquisa. *Whose Science? Whose Knowledge* [Ciência de quem? Conhecimento de quem?] (1991) continua esse trabalho de desmascarar os efeitos políticos em projetos epistemológicos. Os últimos livros de Harding, incluindo *Is Science Multicultural?* [A ciência é multicultural?] (1998) e *Sciences from Below* [Ciências de baixo] (2008) incorporam análises antirracistas e anti-imperialistas na objetividade forte, visando conceitualizar uma compreensão mais inclusiva e democrática sobre a produção do conhecimento.

Todavia, como toda estratégia na dinâmica questionadora que constitui o pensamento feminista, essa levantou ainda mais dúvidas. Uma vez mais, alguns críticos temem que um discurso sobre a subjetividade inerente do conhecimento prejudique a capacidade feminista de discursar cientificamente enquanto tal. Com efeito, um argumento comum é o de que qualquer tomada de distância em relação aos ideais estritos de objetividade atrai a epistemologia feminista para o irracionalismo e/ou para o relativismo. Por isso, algumas feministas defendem que nossa habilidade de criar descrições do mundo social que sejam melhores que todas as versões concorrentes sexistas (ou classistas, racistas, heterossexistas etc.) depende, de fato, de livrar o conhecimento da subjetividade (cf., p. ex., ANTONY & WITT, 1993). Apesar disso, contra essas críticas, proponentes de conceitos mais amplos de objetividade continuam ainda a desvendar os muitos lugares da construção do conhecimento em que o ideal de objetividade neutra é contaminado por enviesamentos. Tais esforços assumem que o escrutínio e exposição de todo viés sociopolítico do conhecimento, junto com o reconhecimento das situações sociopolíticas de quem produz o saber, pode produzir um conhecimento mais confiável e responsável. Outras respostas feministas à opressão epistemológica, porém, são mais indiferentes a tentativas de revigorar a objetividade.

Para além da objetividade: céticas e pós-modernas

Para essas feministas, o conceito de objetividade, tal como a ordem sociopolítica dominante, está entrelaçado muito profundamente com os ideais masculinos (brancos e europeus) para que valha ser recuperada. Afinal, a objetividade é não apenas um símbolo de imparcialidade e neutralidade; é uma marca de credibilidade e de autoridade. Ela dá autoridade para conhecer, e frequentemente quem tem autoridade é creditado como conhecedor objetivo.

Isso significa que tentativas de reconceber a objetividade (como a proposta de uma objetividade forte feita por Harding) estão condenadas em uma ou outra de duas considerações. Primeiro, uma vez que grupos não possuidores de autoridade epistemológica realizem essa reconcepção, eles se tornarão incapazes de questionar efetivamente as afirmações daqueles que efetivamente têm tal autoridade. Segundo, e paradoxalmente, se tais grupos de fato adquirem *status*, uma dinâmica de dominação e subordinação nova, mas não menos socialmente contingente, dissipa sua autoridade. Esse efeito pode ser observado, por exemplo, no modo como o poder social adquirido pelas feministas que defendiam o conhecimento de muitas mulheres oprimidas na vida como donas de casa veio às custas de excluir todas as mulheres para quem a vida familiar é um refúgio de condições terríveis de emprego. A percepção hoje familiar de que toda declaração de conhecimento está limitada a um contexto social e histórico contingente (simplesmente porque o saber será sempre uma construção humana) é então radicalizado para descartar mesmo os mais bem-intencionados esforços de fazer o ideal de objetividade tão inclusivo quanto possível. Esse tipo de visão relativista – muitas vezes associada com o movimento intelectual do pós-modernismo (que consideraremos com mais detalhe em capítulos subsequentes) – é assumida de diferentes maneiras por diversas epistemologias.

Por exemplo, o influente artigo de Haraway "Situated Knowledges" [Saberes localizados] (1991b) expõe a tensão entre "empirismos críticos feministas" (nos quais ela inclui a teoria de Harding acerca da perspectiva) e "construtivismo radical" (referindo-se à posição que aceita a contingência social radical de todas as declarações de conhecimento). Segundo Haraway, é preciso uma estratégia que habilite as pessoas a fazer afirmações objetivas de conhecimento enquanto, ao mesmo tempo, acomoda-se a exigência esboçada acima. Sua resposta é a articulação de "saberes localizados": "parciais, localizáveis, críticos, que sustentem a possibilidade de redes de conexões chamadas de solidariedade na política e de conversas partilhadas na epistemologia" (HARAWAY, 1991b, p. 191). De acordo com essa visão, a objetividade não está alocada em uma única perspectiva, mas em uma prática aberta, móvel e crítica de posicionamento, contestação, desconstrução, interpretação, conexão parcial e conversação sensível ao poder.

Essa posição parece ser uma transição entre a objetividade forte de Harding e as visões mais céticas que desdenham o conceito de objetividade por completo. Por exemplo, tanto a teoria do ponto de vista quanto a dos saberes localizados defendem a proposta de rastrear a natureza subjetiva e perspectivista de declarações de conhecimento, bem como as relações múltiplas de dominação e de subordinação que as permeiam. Neste aspecto, elas ecoam as críticas (pós-modernas) da possibilidade de alcançar algum ponto de vista universal ou fechado, mas são cautelosas quanto ao ceticismo radical e ao relativismo associados com aceitações da subjetividade do saber. Contudo, a ênfase de Haraway em conhecimentos locais e parciais também está próxima de posições que descartam toda aspiração à objetividade em favor de investigações acerca dos diferentes posicionamentos de cognoscentes. Afinal, Haraway, com suas histórias de pesquisa em primatologia, não busca decidir entre as molduras do "homem caçador" ou de "relações fêmea-filhote". Ela visa, em vez disso, lançar luz na complexidade e na contingência dos saberes nesse campo.

Essa abordagem cética em relação à objetividade decorre da afirmação de que molduras de pensamento e linguagem que estão elas mesmas enredadas nas situações contingentes de seus criadores e participantes medeiam todo nosso conhecimento da realidade. Dada a impossibilidade de pôr os pés fora dessas molduras, tudo que pode existir são conhecimentos múltiplos e contraditórios sempre incapazes de ter a coerência implicada nas concepções tradicionais de compreensão objetiva. Porém, a partir dessa posição, é difícil determinar o que exatamente um conhecimento crível deve ser. Consequentemente, em vez de focar em metodologias de investigação que produzam um saber mais inclusivo, essas respostas tendem a se concentrar em desenterrar os efeitos excludentes e opressivos de declarações de autoridade. Em outras palavras, o problema da opressão epistemológica é revertido em um mapeamento dos efeitos da opressão sociopolítica em contextos específicos de declarações de conhecimento, com o objetivo de trazer à luz aspectos da vida das pessoas que são invisíveis para as abordagens convencionais do saber, recusando-se, ao mesmo tempo, a afirmar que a descrição desses aspectos forneçam uma compreensão objetiva.

Isso nos leva ainda a outro domínio problemático: o modo como as visões contemporâneas do mundo, os saberes contemporâneos, são afetados pela linguagem na qual são expressos. De fato, desde o começo da segunda onda, feministas se preocuparam com o papel das práticas linguísticas em influenciar as possibilidades de compreensão e com o modo como os enviesamentos na linguagem contribuíram para a opressão das mulheres. Nas seções finais deste capítulo, então, exploramos as estratégias feministas que visam questionar o trabalho da linguagem na expressão simbólica, discursiva e cultural da subordinação sexual.

Linguagem e opressão

Embora o relacionamento entre a realidade e sua representação linguística seja extremamente complexo, é claro que a linguagem codifica o que é importante para as pessoas e provê meios para que elas articulem sua compreensão do que é significativo. Também é óbvio, porém, que as categorias linguísticas usadas por elas para realizar esse trabalho tanto refletem quanto são refletidas por suas posições sociais. A linguagem, portanto, é normativa e, por isso, uma arena de luta política. De fato, como muitas feministas diagnosticaram, ela é uma das formas primárias de manutenção da opressão e exploração da mulher. Não é, assim, surpresa nenhuma que o "ataque feminista às palavras" partilhe o palco com os questionamentos feministas às organizações sociais, sendo outra das mais óbvias e controversas expressões do movimento contemporâneo (abastecendo a reação adversa contra o "politicamente correto" e a denúncia da "polícia da linguagem").

Uma vez mais, entretanto, compreensões contestadas de igualdade e diferença emolduram os questionamentos feministas dos aspectos simbólicos e linguísticos da opressão das mulheres. As discussões iniciais sobre sexismo em inglês, por exemplo, enfatizavam a supressão e o apagamento das mulheres da linguagem por meio do uso do pronome genérico masculino (*he, him* [ele, o]) e dos substantivos masculinos (*man[kind], forefathers, fellows*[5]) para se referir tanto a homens quanto a mulheres. Não só as últimas se tornam invisíveis nesse sistema, mas tal "linguagem do ele/homem" veicula a noção de que ser integralmente humano é ser do sexo masculino. As feministas também chamaram atenção para o modo como o uso de pares de palavras para machos e fêmeas – homem-mulher, senhor-senhora, marido-esposa, solteiro-solteira ou solteirona[6] – sistematicamente codificam a inferioridade feminina.

---

5. Os termos significam respectivamente *humanidade, antepassados, companheiros*, tendo, assim, sentidos genéricos. Porém, todos são de gênero masculino e carregam, morfológica ou historicamente, marcas especificamente masculinas: em *mankind*, o morfema *man*, homem; em *forefathers*, o morfema *father*, pai; já *fellow* é um vocábulo historicamente associado a pessoas do sexo *masculino*, que ocupam posições ou desenvolvem atividades similares [N.T.].

6. Em "senhor/senhora" (*mister/mistress*), o segundo termo também carrega um sentido considerado como negativo, o de amante ou adúltera. Em "solteiro/solteira" (*bachelor/spinster*), enquanto o primeiro termo também carrega sentido positivo, o de bacharel, o segundo tende a se referir depreciativamente à mulher solteira que, segundo os hábitos de uma sociedade patriarcal, provavelmente permaneceria solteira por não ser mais jovem [N.T.].

Feminismo 57

Mais especificamente, enquanto os termos masculinos implicam poder, controle e independência, os termos femininos veiculam fraqueza, subserviência, dependência e, no caso de "solteirona", fracasso (NYE, 1988, p. 174). Essa fundação androcêntrica que coloca o homem como norma é também evidente nas assimetrias codificadas por meio das implicações diminutivas dos sufixos femininos de palavras como *"actress"* [atriz] e *"waitress"* [garçonete], e por meio do uso de títulos para mulheres (*Mrs* [sra.], *Miss* [srta.]) que distinguem casadas (sexualmente indisponíveis) e não casadas (CAMERON, 1992, esp. cap. 6; NYE, 1988, p. 176).

Além disso, as mulheres lutaram para exprimir o que é importante para elas. Já vimos, por exemplo, como Friedan recorria à frase "o problema que não tem nome" para descrever a condição social das mulheres, e como a palavra "trabalho" implicitamente carrega o sentido de emprego assalariado, com isso desconsiderando efetivamente o valor das atividades não pagas das mulheres na esfera privada. Ademais, termos como "assédio sexual" e "estupro de conhecido"[7] só agora nomeiam fenômenos que são importantes para mulheres, mas que eram inarticuláveis antes das análises feministas. Por certo, as palavras "assédio" e "estupro" são suficientemente familiares, mas a experiência específica das mulheres com avanços sexuais intimidadores, humilhantes e indesejados, ou a ideia de que uma relação sexual com um conhecido pode ter sido forçada e sem consentimento careciam de reconhecimento específico na falta de termos apropriados.

As práticas sociais da fala e da escrita indicaram outras dificuldades para feministas. Pesquisas sociolinguísticas sobre diferenças

---

7. *"Acquaintance rape"* é uma expressão que designa um estupro cometido por alguém que a vítima conhece: colega de trabalho, namorado, marido etc. Diferentemente do *"stranger rape"* – o estupro cometido por um desconhecido –, esse tipo de crime fica muitas vezes velado na esfera privada, sendo mais difícil de ser detectado e combatido [N.T.].

sexuais (p. ex. THORNE & HENLEY, 1975; THORNE et al., 1983) mostraram que o estilo oratório das mulheres é menos agressivo, menos competitivo, mais vacilante, mais suscetível de se interromper e mais prudente do que o dos homens. Embora a interpretação dessa pesquisa possa sempre ser contestada, como observado na discussão anterior sobre epistemologia feminista, a evidência mostrando que homens monopolizam o discurso público em igrejas, parlamentos e cortes, e de que as mulheres predominam globalmente nas fileiras dos iletrados (um problema suficientemente abrangente para que as Nações Unidas tenham diversas diretivas visando explicitamente a promoção do letramento entre as mulheres) confirma o elo íntimo entre efeitos sociais e linguísticos.

A "grande batalha ele/ela"

Podemos ver algumas respostas feministas iniciais para esses problemas, portanto, como um gesto na direção da conquista de igualdade para as mulheres na linguagem. A "grande batalha ele/ela", como a teórica literária americana Jane Hedley (1992) diz (tomando o termo de Alleen Pace Nilsen, [1984]), "é por 'oportunidades iguais', com uma ênfase nos modos como o uso padrão interfere nos esforços femininos para se sustentar na vida pública e no mundo do trabalho" (HEDLEY, 1992, p. 40). O objetivo era, assim, superar as desigualdades do "ele genérico" e dos substantivos supostamente neutros que codificavam a masculinidade como normativa para a humanidade, e reinstalar uma simetria que livraria a linguagem de seu sexismo. No geral, a ideia era a de que a criação de um novo discurso andrógino permitiria às mulheres ser igualmente representadas e efetuaria maior precisão no uso da linguagem (MILLER & SWIFT, 1980, p. 8). (Como veremos no cap. 3, ativistas intersexuados também clamaram pela revisão da linguagem – esp. dos pronomes – para que ela melhor represente sua experiência do mundo.)

Feministas mais radicais, porém, afirmaram que tais estratégias são muito superficiais para lidar com a natureza sistemática dos enviesamentos na linguagem, que elas subestimam o trabalho profundo da linguagem sexista em prescrever estereótipos de diferença sexual e limitar a autoexpressão das mulheres. A tentativa de substituir termos sexistas por não sexistas, dizem elas, falha por não compreender que a linguagem não reflete e não pode refletir diretamente o mundo que descreve. (Como o conhecimento, a linguagem é repleta de subjetividade. Descrições estão longe de ser objetivas, em vez disso, exprimem visões profundamente defendidas e presunções contextuais.) Para essa visão, todo o sistema linguístico está enviesado contra as mulheres, como pode ser visto, por exemplo, nas amarras que tornam tanto os termos femininos quanto os não femininos pejorativos para as mulheres: "doce", "bonita" e "gentil" afirmam a feminilidade, mas também confirmam fraqueza e complacência; "ambiciosa", "ousada" e "vigorosa" podem projetar mulheres como fortes e autônomas, mas também as condenam como não femininas e anômalas.

O título dramático do livro da acadêmica australiana Dale Spender, *Man Made Language* [O homem fez a linguagem] (1980), anuncia sua percepção de que "a língua inglesa foi literalmente feita por homens e de que ela ainda está primariamente sob controle masculino" (p. 12), construindo e legitimando a supremacia masculina. A ideia geral de Spender é a de que mulheres e homens geram diferentes sentidos, "de que há mais do que uma ordem perceptiva, mas apenas as 'percepções' do grupo dominante [homens], com sua natureza inerentemente parcial, são codificadas e transmitidas" (p. 77). Como resultado, a voz das mulheres e de seu mundo é emudecida. Sem a habilidade para exprimir sua experiência na linguagem masculina, elas ou internalizam a realidade dos homens ou são silenciadas.

Tal visão levanta muitas questões (algumas das quais abordaremos em capítulos posteriores), inclusive sobre o modo como os homens "literalmente" fazem a linguagem e sobre o modo como um sentido de uma realidade diferente estaria ou não disponível sob tais condições de controle. Mas a afirmação de que, diante da opressão linguística, as respostas em favor de "oportunidades iguais" falhariam em exprimir a especificidade da experiência da mulher repercutiu por muitas feministas influentes, resultando numa luta para resgatar uma linguagem feminina autêntica e diferente. Tanto Daly quanto Adrienne Rich, por exemplo, rejeitaram o uso de palavras como "humanismo" e "androginia", por considerá-las excessivamente flexionadas por significados masculinos para que pudessem capturar a autenticidade da vida feminina (cf. HEDLEY, 1992). Com efeito, Daly defendeu que algumas das palavras "neutras" são mais perigosas do que o sexismo ostensivo, pois obscurecem a existência da mulher e mascaram as condições da opressão (1979, p. 24). Ademais, embora suas abordagens difiram, Rich e Daly partilham uma busca por uma nova linguagem que permitirá às mulheres compreender e exprimir suas personalidades ginocêntricas. Daly, por exemplo, em *Gin/Ecology* [Gin/ecologia] (1978) e no *Webster's First New Intergalactic Wickedary of the English Language* [Primeiro novo malvadário intergalático da língua inglesa da Webster] (com Jane Caputi e Sudi Rakusin, 1987), desenvolve e promove uma pletora de metáforas surpreendentes, trocadilhos, reconstruções e revitalizações de antigos significados: "bruaca", "harpias", "bruxas", "solteironas", "*a-mazing amazons*" [amazonas maravilhosas], "*unwooed women*" [mulheres descortejadas], por exemplo, são suas heroínas, e elas "tecem" uma "bruacracia" "*crone* [bruxa]-logicamente" em resistência à "*stag* [noivo]-nação"[8].

---

8. Citam-se aqui alguns trocadilhos feitos por Daly: "*stag-nation*" ressoa "*stagnation*" (estagnação), sendo composto pelos morfemas "*stag*" (que nesse contexto se refere ao noivo durante sua festa de despedida de solteiro) e "*nation*", nação

Para Daly, esses termos desestabilizam estereótipos destrutivos, e podem revigorar e empoderar as mulheres em sua jornada para além das fronteiras do patriarcado:

> O objetivo é [...] liberar a Primavera do s-er [*be-ing*]. Para os habitantes de Babel essa nascente do discursivo vivo será ininteligível... Tanto melhor para o Coral das Bruxas [*Crone's Chorus*]. Quando não perturbadas, somos livres para encontrar nossa própria concordância, ouvir nossa própria harmonia, a harmonia das esferas (1978, p. 22).

Contudo, as estratégias linguísticas que convocam a diferença das mulheres dessa maneira correm muitos dos riscos encontrados pelas feministas da diferença tanto na esfera sociopolítica quanto na epistemológica. As críticas receiam particularmente que essa resposta do tipo "reversão de hierarquia" deixe o paradigma dominante intacto (cf. GATENS, 1991, p. 79-84), que ela não faça mais do que reforçar o lugar especial e *subordinado* já alocado para as mulheres na linguagem. Ou seja, embora a linguística da diferença afirme a força e o valor da realidade alternativa feminina, a reivindicação da diferença – sob o peso de compreensões tradicionais a respeito da mulher – reverte diretamente para as visões tradicionalistas e antifeministas. Tal cooptação é ainda mais provável quando algumas das características mais específicas reivindicadas pela linguagem feminina ecoam aquelas já atribuídas às mulheres pela tradição. Por exemplo, a ideia de Daly de que tal linguagem feminina exprime a afinidade especial das mulheres com a natureza e o envolvimento intenso que elas têm com as capacidades da paixão e da imaginação pode parecer irracional

---

dos noivos. "*Crone-logically*" ressoa "cronologicamente", sendo composto pelos morfemas "*crone*" (bruxa) e "*logically*", a lógica das bruxas. "*A-mazing amazons*" e "*unwooed women*" jogam com as semelhanças fonéticas das palavras, tendo talvez a primeira expressão também um jogo com "*maze*" (labirinto), marcado pelo hífen [N.T.].

e incompreensível para usuários da linguagem masculinamente identificados (como as citações acima talvez confirmem). Além disso, como algumas críticas notaram (LORDE, 1984b; MORRIS, 1982), esse projeto de liberação deixa de lado as mulheres que não se veem nas "solteironas" e "amazonas" de Daly, junto com mulheres de outras raças e culturas.

Uma vez mais, "presa por ter cão, presa por não ter cão". A dupla amarra da igualdade e da diferença pode ser vista perseguindo as respostas feministas à opressão linguística. As mulheres podem escolher entre uma rasura superficial das palavras ofensivas que falha em capturar a extensão do problema ou uma declaração politicamente problemática de sua especificidade. Essa afirmação, porém, também simplifica demais as complexidades. Afinal, o protesto contra a invenção de novos nomes e contra a reivindicação de sentidos arcaicos sugere que esse tipo de mudança é efetivamente disruptivo, e muitas feministas deram boas-vindas ao potencial libertador de participação nas possibilidades abertas da construção de sentido. Ainda assim, mesmo se as mulheres conseguissem realizar o projeto de desenvolver uma linguagem nova, não opressiva e feminina, de um ponto de vista prático, a separação do discurso publicamente reconhecido parece ser derrotada por si mesma. Se o "Coral das Bruxas" deve continuar "ininteligivelmente" por si mesmo, ele certamente será incapaz de questionar efetivamente a opressão das mulheres. Para que mudanças significativas se efetuem é necessário envolver-se inteligivelmente com o discurso dominante, não simplesmente recusá-lo.

Além da igualdade e da diferença

Outra resposta feminista influente ao problema da língua parte de uma análise alternativa do modo como a linguagem codifica a diferença sexual. Questionando as ideias iniciais do "senso comum" de que o sentido é atribuível a uma relação conhecida entre palavra e coisa ou ideia, os linguistas estruturalistas, seguindo o trabalho de Ferdinand de Saussure (1966), afirmam que a ligação entre linguagem e realidade não é um espelhamento simples implícito no tipo de visão articulada por Spender em *Man Made Language*, quando ela argumenta que diferentes realidades de diferentes grupos geram diferentes linguagens. Em vez disso, a linguagem estabelece sentido e identidade das coisas e das pessoas por meio de sua rede de diferenciações e equivalências. (A relação opositiva entre as palavras "mulher" e "homem", p. ex., é intrínseca aos seus significados.) Assim, enquanto uma visão de senso comum humanista compreende que falantes individuais convocam a realidade prévia do mundo e de suas identidades ao falar – um tipo de presunção subjacente às respostas à opressão linguística das mulheres pautadas tanto na igualdade quanto na diferença – a visão estruturalista compreende a conexão entre linguagem e realidade quase que no sentido inverso: são as (relações entre) palavras que convocam a realidade para a significação. Tais pensadores, assim, defenderam que, embora itens separados no vocabulário de uma língua possam ser passíveis de mudança, é impossível alterar a estrutura profunda das relações opositivas que determinam, por exemplo, que uma "mulher" é um "não homem".

Essa é uma ideia difícil de apreender, mas o próximo exemplo pode ajudar a iluminá-la. A adoção da abreviatura *"Ms"* para as mulheres, em vez de *"Miss"* [srta.] ou *"Mrs"* [sra.] foi promovida para que elas, tal como os homens, não fossem obrigadas a revelar seu estado civil (e disponibilidade sexual) por meio desse título, de modo que esse aspecto da identidade delas não ficasse no centro das atenções. Porém, ao considerar como a rede de associações e expectativas produzidas pelas conexões entre as palavras afeta o sentido delas, a análise estruturalista mostra que tal modificação é inútil. Se a mudança simples de alterar o título de *"Miss"* para

"Ms" esconde superficialmente o estado civil de uma mulher, ela falha por não afetar a miríade das outras relações sociais e linguísticas que mantêm a significação do estado civil feminino em vigor. Com isso, a importância da condição matrimonial para a identidade da mulher permanece intacta e, pelo contrário, o novo título *"Ms"* traz consigo outro conjunto adicional de associações que o vinculam, por exemplo, com a imagem de feministas irritantes e grandiloquentes. Como resultado, as mulheres que usam *"Ms"* em vez de *"Miss"* não anulam o interesse em seu estado civil e provocam desdém por um gesto politicamente correto obsoleto.

Quais são as implicações de tais concepções para a luta feminista contra a opressão das mulheres? Primeiro, embora a compreensão estruturalista acerca do modo como a língua opera possa enfraquecer a noção de que a linguagem consiga porventura representar diretamente quem os indivíduos são, ela também parece sugerir que mudanças radicais são impossíveis. Ou seja, embora a identidade das pessoas seja dependente de sua posição dentro da rede de ligações linguísticas e seja, neste aspecto, cambiável, a hierarquia relacional abrangente homem-mulher – junto com binômios associados, tais como forte-fraco, cultura-natureza, mente-corpo – que constrói a segunda como o oposto (falta ou ausência) do primeiro parece muito complexa para ser alterada. Isso soa como uma notícia deprimente para feministas. Contudo, algumas teóricas que aceitam argumentos estruturalistas, mais notavelmente as pensadoras francesas Julia Kristeva, Hélène Cixous e Luce Irigaray, rejeitam essa conclusão. Em vez disso, como consideraremos novamente no capítulo 2, elas fomentam (de diferentes modos) o potencial estratégico de uma prática linguística feminil ou feminina que perturbe as fundações desse binômio onipresente que sustenta a opressão das mulheres.

Tais respostas se fiam num corpo complexo de teorias psicanalíticas e pós-estruturalistas que lidam com o fenômeno complicado da aquisição e uso da linguagem, e com os mistérios da relação entre o processo inconsciente e consciente. Está além do nosso escopo adentrar nesse trabalho de modo detalhado aqui, embora falaremos mais sobre tais desenvolvimentos nos capítulos 2 e 3, que abordam os problemas levantados pela existência corporal, pela sexualidade e pelo desejo. O cerne do gesto delas, porém, reside na visão de que as teorias subestimaram o potencial que o inconsciente e os processos reprimidos trazem para a aquisição e uso da linguagem na consciência articulada. Em consequência disso, elas – embora concordem que um sistema masculinamente enviesado define os valores positivos por contraste com suas alteridades negativas, e estrutura linguagem e pensamento – focam sua atenção em aspectos linguísticos que normalmente passam despercebidos. Por exemplo, Kristeva (1982; 1997) destaca elementos do ritmo, entonação, fluxo e lapsos na racionalidade, que perturbam a lógica binária, junto com o fraseado, padrões de pausas e usos de jargão e obscenidades na criação do amor e do ódio, sentimentos de rejeição e de inclusão. Cixous (1981; 1986) e Irigaray (1985b), por sua vez, focam nas elisões, omissões e ambiguidades da escrita, os espaços entre palavras, aquilo que não é dito e as múltiplas possibilidades de interpretação. A ideia é a de que, embora o viés masculino não possa ser simplesmente refutado em nome das mulheres – proposta defendida pelas feministas da diferença –, uma "escritura feminina" alternativa pode não apenas dar destaque à dimensão inconsciente, não dualística e reprimida da expressão, mas também desestabilizar todo o modelo do pensamento opositivo assimétrico. Dessa perspectiva, o rótulo "escritura feminina" – *"écriture féminine"*, como Cixous a chama ou, seguindo Irigaray, *"écriture de la femme"* – é usado não para designar uma linguagem que representa a voz diferente ou autêntica da mulher, mas sim uma possibilidade diferente de posicionar indivíduos (sejam eles masculinos, femininos ou hermafroditas) em relação à linguagem.

> **Hélène Cixous (1937)**
> Uma escritora imensamente prolífica e autora de bem mais de setenta obras – incluindo trabalhos teóricos, romances, peças, ensaios e artigos –, Hélène Cixous é conhecida como uma das "feministas francesas" (apesar de ter nascido e crescido na Argélia). Ela foi fundadora da Universidade Experimental de Paris VIII em Vincennes em 1968, bem como do Centro de Pesquisas em Estudos Femininos (o primeiro centro desse tipo na Europa) em 1974. Junto com Luce Irigaray e Julia Kristeva, a Cixous é creditado o desenvolvimento de uma teoria pós-estruturalista feminista inspirada por uma psicanálise que focaliza a questão da diferença sexual na linguagem. Nesta linha, a escritora é particularmente conhecida por seu conceito de *écriture féminine*, escritura feminina, que ela vê como propiciadora de uma representação positiva do feminino (inclusive do corpo e sexualidade da mulher) e, portanto, como uma subversão da linguagem simbólica masculina. Tal possibilidade é exposta em seu célebre ensaio "Le Rire de la Medusa" [O riso da Medusa] (1976), onde ela desenvolve uma sintaxe erótica fluida e novas imagens e chistes, de modo a celebrar as diferenças da mulher e liberar seu corpo e sexualidade da ordem masculina. Embora, como discutiremos, tais visões pareçam margear o essencialismo, a própria Cixous sublinhava que tanto homens quanto mulheres podem acessar a *écriture féminine* (ela defende que a obra de Jean Genet, p. ex., seria um caso exemplar de *écriture féminine*). Outras obras traduzidas para o inglês e que foram importantes para a teoria feminista incluem *La Jeune Née* [A jovem nascida] (com Catherine Clement, 1986), *Stigmata* (1998) e a seleção do volume *The Hélène Cixous Reader* [Ler Hélène Cixous] (1994).

Esse tipo de resposta ao problema da opressão – que visa desfazer seus efeitos sobre a vida das mulheres enfrentando suas origens nas estruturas profundas e frequentemente inconscientes do desejo, do pensamento e da linguagem –, embora certamente abale algumas das dificuldades presentes nas perspectivas da igualdade e da diferença, não deixa de ter seus próprios problemas. Algumas das críticas que ela atrai espelham aquelas salientadas na estratégia da "linguagem feminina" mencionada anteriormente e, com efeito, as diferenças entre essas duas abordagens são muitas vezes omitidas (cf. YOUNG, 1990). Ou seja, embora as teóricas em questão insistam ser o "feminino" simplesmente uma metáfora para o que é reprimido, a escritura feminina ainda parece evocar algumas das mesmas qualidades feminis de sua antecessora – por exemplo, diferença radical na lógica, proximidade com a natureza e com a existência corporal – que confortavelmente permitem continuar a racionalizar a marginalização das mulheres. Outras críticas se inquietam com as dimensões românticas e utópicas de uma resposta tão radical: sua criação de um mundo substituto para escapar do desconforto e da ambiguidade na vida das mulheres (MOI, 1985; NYE, 1988). Contudo, a crítica talvez mais importante seria a de que a eficácia sociopolítica dessa estratégia é grandemente limitada pelo caráter complexo e abstrato das teorias nas quais ela se fia, e por sua dependência de análises de aspectos profundamente submersos e desconhecidos da vida das mulheres.

Dilemas adicionais

Isso aponta para uma questão fundamental nos esforços feministas de enfrentar "o problema que não tem nome". Especificamente, quando tentativas superficiais de reforma produzem efeitos contrários ou não são suficientemente abrangentes, uma reação óbvia tem sido buscar por estruturas mais amplas de desigualdade. (Esse padrão foi aplicado no questionamento à opressão das mulheres realizado não apenas no domínio social, mas no nível das estruturas profundas da compreensão tanto do conhecimento quanto da linguagem.) No caso linguístico, porém, o gesto de examinar sua lógica opressiva no âmbito do desenvolvimento psicossocial teve a tendência tanto de se afastar do seu contexto prático imediato quanto de se envolver com complexidades que dificultam se reconectar com ele. Apesar da necessidade de desenvolver novos modos de escrever, falar e pensar para que se questione a ordem masculina dominante, o questionamento radical das estruturas globais da linguagem e da consciência pode ser um projeto muito distante, de prazo muito longo ou muito revolucionário diante dos danos urgentes de desigualdades sociais mais concretas (YOUNG, 1990). Além disso, a complexidade de tal projeto pode ser contraproducente, uma vez que ele se torna ininteligível para as mulheres às quais dedica seu desenvolvimento (CAMERON, 1992).

Como resultado, a filosofia feminista pode parecer estar vagueando nos cumes acadêmicos mais altos, que têm pouco impacto na tarefa prática de reformar as condições sociais opressivas que sobrecarregam a vida das mulheres. Uma réplica para essa crítica, porém, é a de que nenhuma estratégia de resposta "é jamais adequada para si mesma" (COLEBROOK, 1999, p. 139). Abordagens radicais podem passar dos limites, mas mudanças paulatinas não repensam os fundamentos da opressão, e isso nos lembra que questionar tais fundamentos no caso da opressão das mulheres implica manter as possibilidades de liberação bem abertas. Compreender o feminismo requer, em outras palavras, compreender os limites e oportunidades de diferentes respostas estratégicas, uma percepção que veremos ser demonstrada muitas e muitas vezes nos próximos capítulos, conforme desdobrarmos de algumas das dimensões suplementares da opressão das mulheres e da crítica feminista.

Resumo dos pontos-chave

- O debate igualdade-diferença subjaz a muitas reflexões feministas sobre a opressão social e material. Feministas da igualdade questionam a dicotomia público-privado e a divisão sexual do trabalho, demandando direitos e responsabilidades iguais em todos os aspectos da vida social para mulheres e homens. Contudo, a "igualdade" é frequentemente definida em termos masculinos.

• Em contraste, feministas da diferença reivindicam uma reavaliação dos valores, interesses e práticas da mulher, vendo-os como tão válidos quanto os do homem. Uma crítica a essa abordagem é a de que ela afirma a diferença feminina às custas de questionar adequadamente a subordinação e marginalização das mulheres.

• Outro foco da reflexão feminista sobre a opressão tem sido o enviesamento masculino do conhecimento sobre a situação das mulheres e do mundo de modo mais geral. Algumas feministas reivindicaram uma reformulação do conceito de conhecimento objetivo que levasse em conta a experiência e as percepções da mulher, enquanto outras sugeriram que tais enviesamentos sempre prejudicam as pretensões daquelas que pleiteiam uma suposta objetividade. Essas defendem uma noção de conhecimento que assuma que a objetividade é contextual e mediada pelas molduras do pensamento e da linguagem.

• Desse modo, as feministas examinaram como a linguagem tem contribuído com a opressão das mulheres por meio do uso de modelos binários, o "ele" genérico e os substantivos e adjetivos supostamente neutros que afirmam a masculinidade como norma. Abordagens mais radicais lidaram com o sentido atribuído às palavras, bem como com a relação estrutural entre elas. Outras ainda reivindicaram uma "escritura feminina" como um modo diferente de posicionar os indivíduos nos termos da linguagem.

2
Corporificação

O problema do corpo

Depois de passarmos o capítulo 1 desdobrando algumas das estruturas profundas em vigor na opressão das mulheres e considerando como as feministas tentaram lidar com elas, é hora agora de discutir o impacto que essas estruturas têm tido em mulheres concretamente corporificadas. Logo, embora "o problema que não tem nome" deva permanecer multifacetado, é evidente que ele afeta diretamente os corpos femininos, ainda que de formas diversas. Possuir um corpo de mulher tem significado, por exemplo, não possuir o direito ou a capacidade de controlar tudo que acontece ou se espera que aconteça com tal corpo. Corpos femininos são, afinal, como a vida delas, afetados por todos os lados e pelas variadas formas explícitas e implícitas de controle social, político, jurídico, simbólico e discursivo. As mulheres não podem contar, por exemplo, com o direito de decidir se começam, continuam ou terminam uma gravidez, ou mesmo se fazem sexo ou não. Elas também têm dificuldade para evitar que sejam avaliadas e/ou objetificadas com base em sua aparência física e no modo como tal aparência satisfaz as normas e os ideais culturais predominantes – e talvez mesmo inatingíveis –, inclusive os baseados na cor e na raça. (O fenômeno boneca Barbie e os estereótipos de mamãe ou de Jezebel, como muitas pessoas dizem, têm muito pelo que responder.) Por fim, a especificidade da corporificação das mulheres (em todas as suas diversas formas) não foi sempre reconhecida pelas instituições sociais, políticas e jurídicas, seja em relação, digamos, a questões de emprego ou de representação legal em problemas de assédio sexual ou discriminação, bem como nos casos em que a gravidez acaba sendo considerada uma doença que requer "licença médica" em vez de algum outro tipo de consideração especial, ou ainda quando a violência contra a mulher negra é de alguma forma mitigada com a desculpa de que elas são parte de uma cultura diferente.

Este capítulo visa assim suscitar alguns dos principais modos pelos quais o corpo se tornou problemático para o pensamento feminista. Entretanto, de modo a sublinhar a relevância que a corporificação tem para o feminismo, para começar, esboçaremos brevemente a longeva tendência do pensamento ocidental na direção do apagamento da importância concreta da existência corporal, apagamento que se efetivou por meio de uma mistura de teorias dualistas e de práticas disciplinares resultantes. Em seguida avançaremos para explorar o modo como essas teorias e práticas funcionaram social e culturalmente para categorizar e desvalorizar efetivamente o corpo das mulheres. Focaremos particularmente as representações culturais da feminilidade, da reprodução e da maternidade, e o modo como certos ideais de natureza humana e de beleza (ideais que também alimentaram as práticas discriminatórias endereçadas àqueles percebidos como corporalmente anormais, deficientes ou envelhecidos) as afetaram. Essas questões nos levam, por sua vez, a considerar algumas reavaliações feministas do corpo, inspiradas por ideais psicanalíticos e pós-estruturalistas, junto com uma consideração da forma como discursos jurídicos e socioculturais descreveram o corpo feminino.

O impulso para transcender a existência corporal

O que filósofos ocidentais têm a dizer sobre o corpo ou sobre a experiência de corporificação tem sido surpreendentemente pouco, dado que todos experimentam o mundo como seres corporificados. Com efeito, para muitos pensadores do cânone filosófico, o estado corporal é apenas uma condição infelizmente necessária. Quando chega a ser mencionado, o corpo é geralmente descrito como algo que precisa ser superado ou transcendido, algo que atrapalha o caminho das pessoas em direção à sua autorrealização como seres propriamente humanos. Longe de defenderem que a corporificação é necessária para que os indivíduos se autoidentifiquem com seus corpos, o cânone ocidental predominantemente defendeu que as pessoas se compreenderiam melhor nos termos de uma distinção ou dualismo entre alma-corpo ou mente-corpo, e, além disso, afirmou que elas então deveriam se identificar com – ou que a parte mais integral para levá-las a construir sua personalidade seria – a alma ou mente. Afinal, como afirmam muitos filósofos, sem a centelha revigorante e informativa da alma ou da mente, uma pessoa seria apenas um corpo essencialmente passivo incapaz de qualquer coisa além de ocupar simplesmente o espaço ou de satisfazer desejos instintivos. Por isso, apesar de mudanças ocasionais, a história do corpo nesse cânone descreve primordialmente uma alienação e/ou uma transcendência cada vez mais profunda do humano pleno em relação ao corpóreo. De acordo com essa filosofia, é a mente ou alma que realmente conta, uma afirmação que o antigo filósofo grego Platão fez Sócrates sublinhar: "[Passei] todo meu tempo andando por aí e tentando persuadi-los, jovens e velhos, a fazer com que sua primeira preocupação não seja com seus corpos ou com suas posses, mas com a maior riqueza de suas almas" (1997a, 30a-b).

No geral, portanto, essa tradição dualista trabalhou para escalonar hierarquicamente mentes e corpos, e sustentou, com poucas exceções, que o corpo é fonte de prazeres e realizações inferiores ou uma distração ou mesmo algo irrelevante. Porém, o fato de essa tradição explicitar certa desconfiança na corporificação não implica necessariamente um problema para o pensamento feminista e sua luta contra a opressão das mulheres. Algumas reflexões afirmam que se, por um lado, o foco da tradição dualista na alma ou na mente não auxilia a causa feminista contra a subordinação da mulher, por outro, também não a prejudica. Afinal, se seres humanos devem se conceber como essencialmente mentais ou anímicos, então certamente a natureza precisa do corpo que hospeda essa alma é tão irrelevante quanto o próprio corpo. Seja masculino ou feminino, negro ou branco, com alguma deficiência ou não, as pessoas precisam transcender seus corpos.

Infelizmente, contudo, a situação não é tão simples, uma vez que as teorias do dualismo corpo-mente usualmente são acompanhadas de algum argumento afirmando que certos tipos de corpo efetivamente atrapalhariam mais do que outros a realização do nível mais alto de humanidade. Por exemplo, Platão, que, por um lado, defende em diversos diálogos – particularmente na *República* e no *Mênon* – que a única diferença real entre homens e mulheres é o fato de as últimas possuírem corpos mais frágeis, mas por outro, sugere também que esse corpo mais frágil, com seu envolvimento no parto e na criação dos filhos, indica que as mulheres têm mais dificuldade para superar seu foco corporal. Consequentemente, diz ele, o pior modelo possível para um jovem que visa melhor refinar sua alma e sua razão seria "uma mulher, jovem ou idosa ou se queixando com seu marido, desafiando os céus, vangloriando-se ruidosamente, afortunada segundo sua própria vaidade, ou envolvida em infortúnios ou possuída pelo luto e lamentação – menos ainda uma mulher que está doente, apaixonada ou em trabalho de parto" (1997b, 395d-e). Por que tal mulher é o pior modelo possível? Porque as mulheres são – como resultado de sua corporificação específica como mulheres – inevitavelmente mais desafiadas do que os homens pela disciplina necessária para focar no refinamento de suas almas e de sua razão. Como tal, elas são consideradas, em razão dessa corporificação, possuidoras de todas as características que Platão deseja que ninguém tenha. Por certo, isso não significa que nenhuma mulher poderia refinar sua alma e razão da maneira requerida. Platão, de fato, declara explicitamente na *República* que as mulheres podem, com efeito, transcender seu foco corporal, mas admite que, para isso ser possível, seria necessário retirá-las de seus deveres domésticos (460d). Embora o filósofo seja visto aqui culpar não tanto as próprias mulheres por seu foco corporal, mas sim suas condições, pensadores posteriores defenderam que a corporificação feminina de fato implicaria a inabilidade das mulheres em desenvolver tranquila ou apropriadamente suas almas ou mentes. Ou seja, a mulher era pensada como possuidora não apenas de um corpo mais frágil, mas – em virtude de ser mulher – também de uma vontade mais frágil e de um sentimento mais forte de seu corpo.

Ceifando os efeitos do dualismo

Isso marca a cena de uma questão central nessa problemática. A tradição dualista não apenas denigre o corpo, mas, o que é mais importante para o feminismo, geralmente descreve as mulheres (e certos grupos de homens) como mais intimamente permeados e influenciados pelo corpo do que pela mente. Com isso, ela afirma que as mulheres são incapazes de exercer e refinar suas mentes, de ser pessoas plenas, do mesmo modo como os homens supostamente conseguem. Com efeito, como Susan Bordo, filósofa americana, escreve, as "espontaneidades corporais – fome, sexualidade, emoções – vistas como carentes de contenção e controle, foram culturalmente construídas e codificadas como femininas" (1993, p. 205-206). Essa associação das mulheres com o corpo e suas "espontaneidades" foi o suficiente para descrever a mulher, no pior dos casos, como desprovida de razão ou, no melhor dos casos, como possuidora de uma forma apenas limitada ou complementar, domesticamente orientada. Essa última opinião é abertamente expressa pelo filósofo francês Jean-Jacques Rousseau (o alvo da crítica de Wollstonecraft) no seu tratado pedagógico de 1762, *Emílio*: "Um homem perfeito e uma mulher perfeita não devem ser mais parecidos em mente do que no rosto" (1911, p. 321-322); e "A busca por verdades abstratas e especulativas, por princípios e axiomas na ciência, por tudo que tende a generalizações abrangentes, está além do alcance da mulher" (ROUSSEAU, 1911, p. 349).

Apesar dos questionamentos de Wollstonecraft, e de reflexões posteriores, esse tipo de posição durou bastante até o século XX, com um leque de teóricos sustentando que as mulheres eram biologicamente incapazes do mesmo desenvolvimento mental e racional dos homens, e que mulheres negras eram ainda menos capazes de tal desenvolvimento do que as mulheres brancas. Boa parte da justificativa dessa opinião está centrada na sexualidade feminina e no seu papel reprodutivo, com a menstruação, gravidez, lactação sugerindo um corpo fora de controle e incapaz de ser subjugado pela razão. Por exemplo, mesmo no século XX, culturas ocidentais vincularam o útero (*hystera* em grego) com a histeria. Entretanto, não só o corpo das mulheres é percebido como mais corporal do que o dos homens – e a mente deles consequentemente mais frágil – mas também a qualidade incontrolável, bagunçada e indiscreta de seus corpos desvalorizados também foi uma fonte de medo e ansiedade, um possível risco para a individualidade e, em alguns casos, para a sobrevivência global (considerem-se, p. ex., todas as proibições rituais das quais as mulheres menstruadas foram alvo ou o controle de natalidade imposto às mulheres no Terceiro Mundo, para que um crescimento populacional "insustentável" seja detido; cf., p. ex., HARTMANN, 1987; CONNELLY, 2008). Assim, embora não pareça que a corporificação em si mesma leve à opressão das mulheres – os homens, afinal, também têm corpo – as presunções correspondentes relativas à posse de um corpo feminino o fizeram.

O pensamento feminista enfrenta, portanto, desafios variados e abrangentes oriundos desses pressupostos e teorias. Para começar, de algum modo tais filosofias vieram a ser compreendidas como ratificadoras de todo um complexo de binômios hierárquicos no qual o masculino está para o feminino assim como a mente – ou a razão – está para o corpo, e assim por diante. Segundo esse complexo, um pequeno gesto basta para ver a racionalidade concebida não só como uma superação do corpo, mas também como "uma transcendência do feminino" (LLOYD, 1984, p. 104). Isso nos leva para uma situação onde a mente e a razão – sendo os traços e normas mais importantes da humanidade – são tradicionalmente associadas com a masculinidade (branca), ao passo que a corporificação é associada com a feminilidade, uma dinâmica que desvaloriza tanto o corporal quanto o feminino. Cixous resume essa oposição hierárquica nitidamente no seu ensaio decisivo *"Sorties"* (Saídas):

> Pai/mãe
>
> Cabeça/coração
>
> *Logos/pathos*
>
> Forma, convexo, passos, avanço, sêmen, progresso.
> Matéria, côncavo, chão – sobre o qual se apoiam os passos, receptáculo.
>
> Homem
> ―――
> Mulher
>
> Sempre a mesma metáfora: nós a seguimos, ela nos carrega, sob todas suas figuras, onde quer que o dis-

curso se organize. O mesmo fio, ou trança dupla, nos conduz, se lemos ou falamos, através da literatura, da filosofia, da crítica, dos séculos de representação, de reflexão (1986, p. 63).

Não apenas esse complexo está profundamente arraigado – ao ponto de algumas feministas terem afirmado que ele é uma parte integrante do próprio pensamento ocidental – mas parece ser, à primeira vista, quase impossível mudá-lo. Afinal, não queremos manter a razão como uma de nossas características mais definidoras e desejadas? Não é a capacidade de usar a razão o que significa ser propriamente humano? Assim, o primeiro problema para o pensamento feminista é como questionar a maneira pela qual o foco feminino na percepção do corpo as categorizou e "inferiorizou". O segundo questionamento associado ao primeiro concerne à desvalorização sistemática da experiência corporal de modo mais geral. Ou seja, o pensamento feminista pleiteou modos de dar forma e sentido social às contradições e ambivalências da existência corporal. Esse último questionamento se tornou ainda mais importante conforme se percebeu que a corporificação feminina é apenas um aspecto da questão, e que outros indicadores corporais, como raça, também foram hierarquicamente concebidos. Como aponta a feminista afro-americana Hill Collins, "opressão de raça e gênero podem ambos girar em torno do mesmo eixo de desdém pelo corpo" (1990, p. 171). Ademais, o capacitismo disseminado (privilégio injustificado de não deficientes contra os deficientes) tanto entre feministas quanto entre não feministas evidencia as dificuldades de lidar com corpos que são percebidos como mais corporais do que outros.

Como notamos na introdução, *O segundo sexo*, de Beauvoir, delineia uma análise extensa e detalhada da concepção de mulher como corpo usada para classificar e desvalorizar as mulheres. Ali, como vimos, Beauvoir baseava sua leitura geral daquilo que diagnosticou como um problema fundamental: o modo como as mulheres foram historicamente descritas como o Outro paradigmático, como aquilo em oposição a qual o sujeito masculino orientado pela mente e pela razão definia a si mesmo. Entretanto, algumas feministas argumentaram (embora haja discordância aqui) que, em vez de tentar repensar o corpo feminino em uma luz mais positiva, Beauvoir acabou defendendo sua transcendência. Nessa visão, as mulheres querem (ou deveriam querer) tomar o caminho masculino de celebrar a mente às custas do corpo. Como vimos antes, intelectuais liberais, que remontam ao século XVIII, inclusive Wollstonecraft e Mill, também propuseram, de variadas maneiras, estratégias similares. As mulheres, de acordo com tais intelectuais, só demonstram esse foco corporal acentuado porque careceram da – ou tiveram negada a – oportunidade adequada de cultivar suas mentes, sua razão e sua humanidade. Tal oportunidade, eles concordam, é a base para todas as virtudes e a dignidade propriamente humanas (note-se que tais intelectuais do começo do liberalismo não estão defendendo a igualdade entre homens e mulheres como tal, mas sim que essas podem ser esposas e mães melhores se transcenderem, ao menos em parte, o seu foco corporal). Essa visão, porém, não desestabiliza o dualismo hierárquico mente-corpo. Em vez disso, quando adentram transformações mais recentes do clamor liberal por igualdade, ela assume que corpos diferentemente sexuados não têm relevância real em relação a quem as pessoas fundamentalmente são, isso a ponto de considerar que mulheres e homens são essencialmente o mesmo. A questão é saber se tais pressupostos de fato se sustentam. Em outras palavras, o corpo está sendo desvalorizado? Ora, mais uma vez, nessa problemática da corporificação, ergue-se para as mulheres a mesma dificuldade estratégica discutida no capítulo 1: as feministas deveriam defender que as mulheres são essencialmente similares aos homens, consequentemente aderindo a concepções que falham em levar a particularidade corporal feminina a sério? Ou deveriam questionar a desvalorização do corpo, arriscando acabar fortalecendo a marginalização das mulheres ao dar ênfase em um aspecto desvalorizado da existência?

Apesar da longa história da desvalorização da mulher em razão das percepções acerca de sua natureza corporal, uma resposta feminista primeva a essa problemática foi um sim retumbante à ideia de que o corpo foi inapropriadamente subestimado. Não apenas homens e mulheres o subestimaram igualmente, mas um enfoque corporal mais forte e positivo pode ser capaz de fornecer os recursos para questionar a celebração da mente às expensas do corpo, que é tão hegemônica no pensamento ocidental, e, com isso, desenvolver talvez modos alternativos de ser e de conhecer. Especificamente, foi apenas no final dos anos de 1960 e início dos de 1970, todavia, que feministas radicalizaram o clamor do feminismo liberal por igualdade, mencionando a necessidade de enfatizar as diferenças (corporais e psicológicas) entre homens e mulheres. Tais feministas – que, como observamos no capítulo 1, foram geralmente designadas como feministas da diferença, ginocêntricas, femininocêntricas ou culturais – deslocaram sua atenção para compreender o corpo como lócus da diferença e da opressão das mulheres, desenvolvendo sobre essa base uma vasta gama de projetos estratégicos que visaram repensar a divisão mente-corpo convencional. Em termos gerais, todos esses projetos questionaram o tradicional descaso conceitual pelo corpóreo. Eles trabalharam para reinstaurar e revalorizar o corpo (feminino), defendendo que abstrações teóricas como mentes descorporificadas são um obstáculo para a libertação das mulheres. As feministas, dizia-se, precisavam lidar com indivíduos corporificados e sexuados em toda sua especificidade (algo que consideraremos detalhadamente no cap. 3):

> [O] medo e o ódio de nossos corpos frequentemente paralisaram nossos cérebros. Algumas das mulheres

mais brilhantes de nosso tempo ainda estão tentando pensar de algum lugar fora de seus corpos femininos – logo, ainda estão apenas reproduzindo velhas formas de intelecção. Há uma conexão inexorável de cada aspecto do ser de uma mulher e todos os outros; a leitura acadêmica nega, por sua conta e risco, o sangue no absorvente; a mãe beneficiária de assistência social aceita, por sua conta e risco, a derrogação de sua inteligência (RICH, 1977, p. 285)[9].

Esse tipo de percepção marca um chamado para revalorizar a experiência corporal (feminina): "Devemos começar, como mulheres, a reivindicar nossa terra, e o lugar mais concreto para começar é a nossa própria carne" (MORGAN, 1993, p. 77). Em outras palavras, a estratégia-chave da resposta feminista aqui requer que as mulheres aprendam a ver seu corpo e a si mesmas diferentemente. Como veremos, tal estratégia tomou uma miríade de diferentes formas.

Revalorizando o corpo feminino

O passo dado por feministas radicais da diferença, como a americana Adrienne Rich (e Mary Daly), está tanto em endossar as diferenças entre mulheres e homens quanto em transformar e revalorizar o sentido de termos como "mulher" e "feminino". Invertendo a valoração tradicional mente-corpo, feministas como Rich celebraram o corpo feminino como um local de força, poder, resistência e criatividade, particularmente no que diz respeito à

---

9. No contexto da citação deste livro de Rich há uma comparação sublinhando contrastes e afinidades entre o que a autora chama de *"welfare mother"* (a mãe pobre, geralmente negra, listada nos programas de assistência social do Estado americano) e a *"woman scholar"* (a mulher acadêmica, geralmente branca e de classe média, envolvida nesse meio tradicionalmente masculino que são as atividades intelectuais) [N.T.].

sua sexualidade e capacidade para a maternidade. Como Rich nos adverte, essa celebração tem um pré-requisito de "controle de nossos corpos" (1977, p. 39) e, como ela notou em seu importante ensaio "Compulsory Heterosexuality and Lesbian Existence" [Heterossexualidade compulsória e existência lésbica] (1984), tal controle foi e ainda é contestado. O poder masculino, diz ela, que está tipicamente preocupado com o controle da reprodução, do casamento e da maternidade, negou historicamente às mulheres o controle de seus corpos por meio de uma ampla variedade de medidas, incluindo

> [...] clitorectomia e infibulação; cintos de castidade; punição, inclusive morte, para o adultério feminino; punição, inclusive morte, para a sexualidade lésbica; negação psicanalítica do clítoris; restrições contra a masturbação; negação da sexualidade maternal e pós-menopausa; histerectomia desnecessária (1984, p. 218).

Embora Rich tenha escrito aproximadamente vinte e cinco anos atrás e as medidas específicas que ela menciona sejam na maioria algo do passado, pelo menos no Ocidente, é importante reconhecer o ponto mais geral que ela está levantando, que é o fato de as mulheres, historicamente e em diversas culturas, não terem tido pleno controle de seus corpos. E, mesmo sendo evidente para uma importante intervenção feminista que algumas mulheres ocidentais podem agora ter garantida a escolha pela posse de corpos confortáveis e saudáveis, muitas mulheres ocidentais ainda sofrem restrições sociais – a pressão pelo corpo em forma, por exemplo – em razão de sua relação ideológica com a corporificação, algo que consideraremos em detalhe mais à frente neste capítulo (retomaremos essa questão também em capítulos posteriores, particularmente no sexto, onde trataremos de restrições de culturas não ocidentais sobre o corpo feminino, no contexto das responsabilidades políticas das feministas ocidentais). Ao mesmo tempo, o desejo das mulheres pelo controle de seus próprios corpos é apenas o primeiro passo para tentar recuperar o corpo (feminino). Nas palavras de Rich, precisamos "tocar a unidade e a ressonância de nossa fisicalidade [...] a fundação corpórea de nossa inteligência" (1977, p. 39).

> **Adrienne Rich (1929)**
> Poeta e teórica feminista lésbica, Adrienne Rich é talvez mais célebre por seu ensaio "Compulsory Heterosexuality and Lesbian Existence" [Heterossexualidade compulsória e existência lésbica] (1984), em que defende não só a resistência feminista contra as presunções patriarcais referentes às normas heterossexuais, mas também a recuperação dos relacionamentos constituintes de um "*continuum* lésbico". Esse argumento, embora tenha sido influente, é, todavia, problemático, na medida em que expande o conceito de lesbianismo muito além de qualquer expectativa de erotismo no mesmo sexo. Com esse texto, mais *Of Woman Born* [Nascido de mulher] (1977) e *On Lies, Secrets, and Silence* [Sobre mentiras, segredos e silêncio] (1980), Rich desenvolve uma teoria feminista que visa conectar a cultura da mulher com suas realidades do passado e do presente, dar voz aos aspectos da cultura feminina até agora silenciados e reexaminar as presunções patriarcais. Ao aprofundar esse projeto, seu trabalho mistura pesquisas analíticas com relatos pessoais. Outras obras em prosa incluem *Blood, Bread, and Poetry* [Sangue, pão e poesia] (1987) e *What Is Found There* [O que se encontra lá] (1993), e sua poesia, *The Dream of a Common Language* [O sonho de uma linguagem comum] (1978), *A Wild Patience Has Taken Me This Far* [Uma paciência selvagem me trouxe até aqui] (1981), *An Atlas of the Difficult World* [Um atlas do mundo difícil] (1991) e *Dark Fields of the Republic* [Campos sombrios da república] (1995). Rich também emergiu como uma porta-voz do feminismo judeu, ajudando a fundar, em 1990, *Bridges: A Journal for Jewish Feminists and Our Friends* [Pontes: uma revista para as feministas judias e nossos amigos].

Tais ideias também alicerçaram uma série de objetivos práticos. Como exemplo, o desejo das mulheres pelo controle de seu corpo instilou projetos como o da publicação *Our Bodies, Ourselves*

[Nossos corpos, nós mesmas], feita pelo Boston Women's Health Book Collective [Coletivo do Livro sobre Saúde das Mulheres de Boston], em 1973, no qual se viam as mulheres lutando contra a opinião arraigada dos institutos médicos de que elas saberiam muito pouco sobre as operações do seu próprio corpo. Outros projetos também criticaram a intrusão de tecnologias médicas em mais e mais aspectos da reprodução. Tais iniciativas objetivavam reexaminar os pressupostos e práticas do campo da saúde da mulher, utilizando os relatos das próprias mulheres acerca de sua experiência, isso para empoderá-las em tomadas de decisão sobre sua saúde. Também reiteram esses objetivos as críticas feministas contemporâneas a respeito de avanços da biotecnologia que parecem considerar a mulher como pouco mais do que úteros com potencial para fertilização.

Outras tentativas de recuperação do corpo feminino emergiram de celebrações da maternidade feitas por feministas da diferença. Nesse ponto, intelectuais se basearam do papel feminino singular na procriação e defenderam que a possibilidade e/ou experiência da gravidez e da provisão de cuidados pode alicerçar reivindicações por não violência, pacifismo, sustentabilidade ecológica e pelo desenvolvimento de um mundo melhor (considerem-se, p. ex., as Mães da Plaza de Mayo, um grupo de mulheres – mães – que, com seus protestos pacíficos relativos à abdução de seus filhos pelo então governo militar da Argentina durante o que ficou conhecido como Guerra Suja [1976-1983], estimularam o movimento pela democracia; cf., p. ex., FEMENIA, 1987; BOUVARD, 1984). O pensamento maternal, em outras palavras, pode sugerir uma revalorização tanto do corpo feminino quanto de sua importância para o bem comum (argumentos relacionados, embora não assumam que "ser mãe" seja uma atividade estritamente feminina, defendem que "a prática materna é um 'recurso natural' para a política da paz" [RUDDICK, 1989, p. 157]). Note-se, porém, que tal recuperação é problemática, na medida em que corre o risco de reafirmar concepções de mulher que têm sido usadas para oprimir as mulheres. Ou seja, ela ignora o fato de que muitas imagens da maternidade – as que são comuns em comunidades afro-americanas, por exemplo, como as matriarcas, as mamas, a mamãe sensual e assim por diante – podem ser tão repressoras quanto motivadoras. Além desses projetos, o propósito de revalorizar o corpo feminino e a existência corporal feminina também inspiraram uma gama suplementar de respostas feministas, inclusive reavaliações do corpo inspiradas pela psicanálise e pelo pós-estruturalismo, junto com críticas feministas e releituras do *status* jurídico e social do corpo.

Reavaliações do corpo inspiradas pela psicanálise e pelo pós-estruturalismo

Como mencionado na introdução, uma contribuição importante e influente para o pensamento feminista se desenvolveu sob a égide da psicanálise, embora se trate de uma psicanálise amplamente repensada se a comparamos com a primeira, que Sigmund Freud trouxe à tona. Seu ponto de partida, porém, é freudiano, expressamente a afirmação freudiana de que a compreensão de uma pessoa a respeito de si mesma está inevitavelmente emaranhada com sua corporificação. Ou seja, Freud argumenta que o Ego – o Eu – é produzido justamente por meio da divisão e diferenciação gradual de uma pessoa como um corpo separado tanto de seu cuidador primário – tipicamente sua mãe – quanto do mundo externo. Mais especificamente, o Eu ou Ego, insiste Freud, é um resultado da progressiva percepção do indivíduo acerca dos contornos corporais e de como corpos separados podem estar em relação uns com os outros. Assim, apesar de o psicanalista tratar aqui de um problema muito diferente daquele tratado por muitos dualistas mente-corpo, tal análise parece delinear uma compreensão do Eu que não desvaloriza, mas sublinha a importância das experiências corporais.

Ao mesmo tempo, Freud ainda elabora uma descrição hierárquica da diferença entre mulheres e homens, à medida que, para ele, tal diferença reside no fato de a pessoa se tornar consciente da falta, ou da posse, de um pênis. Descrita em termos da operação do complexo de Édipo (como resumido na introdução), para Freud, essa consciência emergente da diferença corporal – desdobrada conforme a criança estabelece sua similaridade ou diferença em relação à mãe – é o que consequentemente produz sujeitos femininos e masculinos (Freud também declara que esses sujeitos femininos e masculinos diferem de acordo com suas diferentes soluções para o complexo de Édipo. Mais especificamente, ele afirma que as mulheres, uma vez conscientes de sua falta, permanecem não apenas com inveja do pênis e são, portanto, menos ajustadas, mas também ficam presas e reativas às suas relações com outros particulares – pai, homens, criança(s) – na família, tornando-se, com isso, menos capazes de usar a razão imparcialmente). Essas percepções foram – obviamente – controversas para muitas pensadoras feministas. Em especial, a ideia de que as mulheres são definidas por serem desprovidas de algo e não por uma concepção positiva da diferença corporal bastou para que muitas intelectuais feministas rejeitassem a psicanálise como inerentemente patriarcal. Entretanto, outras feministas encontraram no trabalho psicanalítico uma rica fonte para refletir sobre a importância do corpo da mulher. Como Jane Flax afirma, "apesar de todas as suas deficiências, a psicanálise apresenta as melhores e mais promissoras teorias a respeito de como uma pessoa, que é simultaneamente corporificada, social 'ficcional e real', existe e se transforma" (FLAX, 1990, p. 16).

Algumas das sugestões de Freud sobre o desenvolvimento psicossocial deram a pensadoras feministas uma base para descrever em termos positivos as diferenças da mulher em relação ao homem.

A obra da teórica americana Nancy Chodorow *The Reproduction of Mothering* [A reprodução da maternidade] (1978) é um importante exemplo disso, tal como o livro da psicóloga do desenvolvimento Carol Gilligan *In a Different Voice* [Em uma voz diferente] (1982). Para as duas autoras, o fato de as meninas resolverem o complexo de Édipo diferentemente dos meninos (Freud pensava que elas resolviam incompletamente e desenvolviam um "senso menor de justiça") não é, de modo nenhum, um problema. (A teoria afirma que, ao solucionar o complexo de Édipo, sujeitos masculinos se tornam independentes, ativos e direcionados para si, enquanto sujeitos femininos são tipicamente mais relacionais e direcionados para outros, até mesmo passivos.) Com efeito, nos termos de Chodorow, essa diferença é uma coisa positiva. Diferentemente dos garotos, por exemplo, as garotas desenvolvem "uma base mais sólida para viver as necessidades e sentimentos dos outros como se fossem próprios (ou para pensar que está assim vivendo as necessidades e sentimentos do outro)" (1978, p. 167). Isso, diz ela, significa que as mulheres possuem "uma base para 'empatia'" que foi "constituída na [sua] definição primária de personalidade" (p. 167). Gilligan defende similarmente que, em razão de seu desenvolvimento psicossexual diferente, a mulher tem uma "orientação maior" do que o homem "em direção a relacionamentos e interdependência" (1982, p. 22). Essa capacidade construída de empatia e de interdependência consciente – tanto Chodorow e Gilligan concordam – é uma capacidade produtiva, muito mais do que o modo de ser abstraído e agressivamente autônomo com o qual os homens foram socializados. Elas propõem que, desse modo, sugere-se outra maneira de compreender a condição humana, uma que é tão "real" e potencialmente transformadora do mundo quanto aquela baseada em noções como independência e autonomia. Nas palavras de Nancy Hartsock:

> A construção feminina de sua personalidade em relação a outros conduz [...] à oposição contra os dualismos de todo tipo, [à] valorização da vida concreta e cotidiana, [e ao] sentimento da variedade de conexões e continuidades tanto com outras pessoas quanto com o mundo natural (1983, p. 298).

Tal experiência corporificada, interdependente e relacionalmente orientada é, portanto, descrita por Hartsock como um ponto de partida para um modo de vida muito melhor do que o encontrado na "masculinidade abstrata" (HARTSOCK, 1983, p. 298). Corpos e relacionamentos corporificados, em outras palavras, contam. Eles são fundamentais, produzem a base para um mundo social mais saudável e menos desconectado, repensado em termos relacionais, um mundo que não denigre a vida cotidiana corporificada (voltaremos a esses pontos no cap. 5).

Há, porém, outras revalorizações feministas da corporificação feminina oriundas da descrição psicanalítica do desenvolvimento humano. Uma das mais influentes é aquela elaborada por Hélène Cixous e Luce Irigaray, que foram introduzidas no capítulo 1. Ambas foram influenciadas pela releitura de Freud feita pelo psicanalista Jacques Lacan via estruturalismo, em conjunto com percepções pós-estruturalistas de outro teórico francês, Jacques Derrida. Em resumo, tanto Derrida quanto Lacan nos apresentam – expressamente de modos e com propósitos muito diferentes – o papel da linguagem e do discurso simbólico na produção (e, claro, na disrupção) tanto do sentido quanto da subjetividade, uma questão que começamos a considerar no capítulo 1 e que será um tópico contínuo nos capítulos subsequentes.

Luce Irigaray (1932)

Mais uma feminista francesa (embora tenha, de fato, nascido na Bélgica) e linguista, filósofa e psicanalista, Irigaray vê a diferença sexual como uma das questões fundamentais que as pessoas precisam enfrentar e repensar. Ela se ocupou principalmente de dois projetos interligados: primeiro, mostrar e desfazer a exclusão ou supressão do feminino no cânone tanto filosófico quanto psicanalítico, que foi ocasionada pela concepção da feminilidade como o outro ou o negativo do masculino; segundo, exprimir o feminino, em seus próprios termos positivos, como uma possibilidade substancialmente diferente daquela arraigada na tradição hierarquizada pelo enviesamento masculino, uma possibilidade que permite à masculinidade e à feminilidade serem pares genuínos. Esses objetivos orientam e instigam trabalhos como *Speculum de l'autre femme* [*Speculum* da outra mulher] (1974), *Ce sexe qui n'en est pas un* [Esse sexo que não é só um sexo] (1978) e *Éthique de la différence sexuelle* [Ética da diferença sexual] (1984), junto com uma variedade de outros ensaios e livros. Uma vez que muito de seu enfoque está em reconceber e exprimir uma realidade corpórea feminina que, defende ela, nenhuma cultura representou em seus próprios termos positivos, a obra de Irigaray desenvolve, por necessidade, modos novos e diferentes de falar, discursos novos e diferentes. Questionando os estilos tradicionais de escrita filosófica, sua obra é intensamente ambígua, elíptica, fragmentada e poética, visando, com efeito, emperrar a maquinaria teórica do cânone.

A partir dessas teorias expressamente densas, feministas francesas afirmaram que a função típica da linguagem e da cultura foi produzir e celebrar os sujeitos masculinos e a corporificação masculina em detrimento das formas femininas. A resposta elaborada por elas foi promover a subversão dessa prática linguística e defender o desenvolvimento e o fomento de uma linguagem que seja capaz de expressar a especificidade do feminino, inclusive a da corporificação feminina. (Como já discutimos no cap. 1, porém, não se trata do desenvolvimento de uma linguagem de alguma forma capaz de exprimir uma voz "autêntica" exclusiva das mulheres.) Afinal, como Irigaray observa em "Women's Exile" [Exílio das mulheres]:

> A questão da linguagem está intimamente aliada à da sexualidade feminina. Pois não penso que a primeira seja universal ou neutra com relação à diferença entre os sexos. Diante da linguagem, construída ou mantida apenas pelos homens, levanto a questão da especificidade de uma linguagem feminina: uma que seria adequada para o corpo, o sexo e o imaginário da mulher. Aquela linguagem que se apresenta como universal e que é, de fato, produzida apenas por homens – não é ela que mantém a alienação e a exploração das mulheres na e pela sociedade? (1977, p. 62).

Tal linguagem precisaria, portanto, ser capaz de exprimir as múltiplas formas da corporificação feminina e a especificidade sexuada da corporeidade. É nesse sentido que Irigaray contrasta os dois lábios que se tocam na morfologia feminina com o pênis unitário, defendendo que, para as mulheres, uma linguagem exprimindo sua morfologia dupla seria mais capaz de se relacionar com as condições de excesso, fluidez e alteridade do que qualquer linguagem que reforçasse a unidade.

Entretanto, a produção dessa linguagem que permanece continuamente desestabilizando as codificações fixas de papéis assimétricos não é, de forma nenhuma, algo simples. Apesar das dificuldades, a *écriture féminine* esteve na linha de frente dos feminismos franceses pós-freudianos, e sua construção se baseou em escrever a experiência corporal convencionalmente excluída da sexualidade feminina, uma experiência resumida por tais intelectuais, bem como por Kristeva, como *jouissance* (êxtase sensorial, prazer orgástico). *Jouissance* indica uma energia e experiência corporal especificamente feminina, que excede – e, portanto, problematiza – seu posicionamento negativo convencional nos binômios homem-mulher, masculino-feminino e mente-corpo.

Para Cixous, Irigaray e Kristeva, o objetivo de escrever e falar *jouissance* sustenta todo o projeto de *écriture féminine*, e representa a possibilidade da escrita tanto de uma sexualidade feminina quanto de um imaginário feminino corporificados positivamente. E isso, como Irigaray conclui em "Women's Exile", é precisamente aquilo de que as mulheres precisam "para ser reconhecidas como corpos com atributos sexuais, desejantes e pronunciantes, e para que os homens redescubram a materialidade de seus próprios corpos. Não deve haver mais tal separação: sexo/linguagem, de um lado; corpo/matéria, de outro" (p. 76).

Logo, como vimos, a *écriture féminine* visa revalorizar o corpo e as experiências corporais femininas como exemplares de um fundamento possível para a subversão do discurso convencional e para o desenvolvimento de um discurso feminino. Apesar disso, o corpo descrito nas páginas anteriores foi compreendido inicialmente por essas teorias nos termos da pressuposição psicanalítica de que há, de fato, uma diferença sexual básica que é capaz de produzir sujeitos femininos ou masculinos. Contudo, essa pressuposição está, ela mesma, aberta para questionamentos. Ademais, se as feministas da diferença procurassem questionar o propósito do feminismo liberal de ter mulheres se juntando aos homens na sua busca por transcender o corpo e apresentassem concepções alternativas de mulheres que efetivamente valorizam e celebram os corpos e as experiências corporais femininas, então essas concepções alternativas pareceriam estar vulneráveis a acusações de essencialismo. ("Essencialismo" é um conceito importante no pensamento feminista e discutiremos as acusações de – e os debates sobre – essa ideia, com mais detalhes, no cap. 4. Nesse ponto, porém, basta notar que o termo é usado para se referir a posições que se fundamentam na crença de que há características comuns – metafísicas, biológicas ou sociais – que universalmente definem e são partilhadas por todas as mulheres.) A *écriture féminine* e sua celebração do corpo da mulher parece depender dessa crença (essencialista) de que há uma natureza especificamente feminina compartilhada por todas as mulheres, uma natureza implicada pela simples posse de um corpo de mulher. Em outras palavras, a acusação de essencialismo nesse caso é a acusação de um tipo de reducionismo biológico: um corpo feminino implica uma natureza feminina. Tal imputação é particularmente problemática, pois sugere que os argumentos do feminismo baseado na diferença terminam restabelecendo o mesmo determinismo biológico que tem sido historicamente a justificação central da opressão das mulheres.

Assim, o questionamento dessas concepções baseadas na diferença está em saber se pode mesmo existir alguma coisa expressamente masculina ou feminina e, ademais, se essa coisa masculina ou feminina é o traço corporal mais importante para uma pessoa. Ou seja, será que o sexo é realmente mais significativo do que a raça ou o capacitismo, por exemplo? Além disso, tais concepções foram questionadas no tocante à possibilidade ou não (apesar das compreensões do senso comum) de haver algum fato corporal dado de qualquer tipo, como, por exemplo, o da diferença sexual. Ou seja, existe mesmo algo como uma mulher ou, nesse sentido, um homem? Existe mesmo algo como um corpo de mulher ou uma sexualidade de mulher? Mais ainda, tais posições projetam uma versão da família nuclear ocidental a respeito do desenvolvimento psicossexual como condição universal para a corporificação feminina e masculina? Essas questões vêm (pelo menos) de duas frentes. A primeira é levantada por mulheres negras afirmando que o sexo está longe de ser o único marco significativo na compreensão do corpo; que, em vez disso, ele se intersecciona com outro, tão significativo quanto o primeiro, relativo à raça, à etnia e assim por diante. Em tal visão, qualquer tentativa de sublinhar apenas o sexo do corpo é, nela mesma, uma redução injustificável, injusta e impossível de uma situação muito mais complexa.

Também há questionamentos feitos por feministas inspirados pelo antiessencialismo do pensamento pós-estruturalista, que reiteram as afirmações centrais de Derrida (e de Lacan) segundo as quais toda identidade – seja feminina ou masculina – é nada mais do que um efeito precário e temporário da diferença, e que a diferença mesma não deixa, de modo nenhum, de ser problemática. Com efeito, Derrida faz grande esforço em sua obra para mostrar que as assim chamadas diferenças binárias absolutas, tais como mente-corpo, homem-mulher ou masculino-feminino, não são, de modo nenhum, tão absolutas ou tão obviamente demonstráveis como pode ser pensado. Não há ou pode não haver, ele reforça, nenhuma divisão estrita e intransponível entre os dois lados de um binômio. Por exemplo, embora seja possível pensar, em termos do senso comum, que haja uma diferença óbvia entre os corpos de homens e mulheres, talvez ela não seja tão evidente. Talvez os corpos prototípicos de um homem e de uma mulher sejam dois extremos (mesmo que comuns) de um contínuo com gradações de permeio, culminando na condição hermafrodita e/ou andrógina no centro. Parece evidente que a simples posse ou falta de características físicas como seios, vaginas, úteros, pênis e assim por diante não fazem uma mulher ou um homem; nem ter a disposição para a menstruação, lactação, gestação ou produção de esperma. Afinal, nem toda mulher menstrua, engravida e amamenta, assim como nem todo homem é capaz de produzir esperma, e mesmo alguns podem, com efeito, aleitar.

Sobre essas releituras inspiradas pelo pós-estruturalismo – veremos mais profundamente as propostas feitas por mulheres negras no capítulo 4, particularmente as detalhadas pelas pensadoras afro-americanas bell hooks e Audre Lorde – intelectuais feministas antiessencialistas como as americanas Haraway e Butler, junto com outras como a filósofa australiana Elizabeth Grosz, visaram compreender o corpo e a corporificação de modo a romper todas as suas concepções essencialistas e binárias. Ou seja, elas buscam propor uma noção de corpo que não implique nenhuma identidade imutável essencialista ou naturalizada para corpos sexuados – e mesmo racializados ou marcados pelo capacitismo. Haraway, por exemplo, em seu ensaio pós-estruturalista *The Cyborg Manifesto* [O manifesto ciborgue], elabora um corpo que só pode ser compreendido como algo que turva todas as assim chamadas diferenças absolutas (masculino-feminino, natureza-cultura, humano-máquina, para nomear algumas): um ciborgue. Mais especificamente, Haraway afirma que o corpo ciborgue abala todos os sonhos humanos de uma identidade verdadeira ou fixa, ao mesmo tempo em que exprime o que ela vê como a experiência vivida efetiva da parcialidade, ambivalência e hibridez. Como ela escreve no ensaio mencionado: "um mundo ciborgue pode se tratar de realidades vividas sociais e corporais nas quais as pessoas não temem seu parentesco conjugado com animais e máquinas, não temem identidades permanentemente parciais e perspectivas contraditórias" (2004, p. 13).

Donna Haraway (1944)
Uma feminista, cientista cultural e filósofa americana que trabalha dentro de uma arena pós-moderna geral, Haraway tem uma influência amplamente sentida em uma gama de campos que incluem os estudos culturais, estudos da mulher, teoria política, primatologia, literatura e filosofia. Seu principal propósito foi explorar o modo como uma sociedade altamente tecnológica e, em termos mais gerais, as metáforas científicas trabalham sutilmente para determinar as formas de as pessoas compreenderem a si mesmas e o mundo, ponto que ela destacou em seu ensaio de grande impacto "Situated Knowledges" [Saberes localizados]. Mais especificamente, ela afirma que o sentido e a compreensão estão inextricavelmente ligados com os mundos material e corporal que estruturam, uma ideia exemplificada pela figura que ela faz do ciborgue, que questiona e quebra todos os velhos dualismos do pensamento ocidental, tais como a divisão mente-corpo,

> eu-outro, masculino-feminino, realidade-aparência e verdade-ilusão. No geral, seu modo de borrar as fronteiras e categorias – performado com uma marca característica de irreverência, ironia e liberação – lembra as pessoas de que elas não são mais capazes de pensar sobre si mesmas coerentemente em termos binários, ou mesmo, estritamente falando, como entidades biológicas. Em vez disso, as pessoas se tornaram ciborgues, misturas de humano e máquina, em que o biológico, o mecânico e/ou o elétrico se tornam tão intimamente emaranhados que se torna impossível dividi-los. As principais obras de Haraway incluem *Primate Visions* [Visões primatas] (1989), os ensaios reunidos em *Simians, Cyborgs and Women* [Símios, ciborgues e mulheres] (1991) e *Modest Witness@Second Millenium* [Testemunha modesta@segundo milênio] (1997).

Haraway diz assim que a imagética ciborgue pode talvez "sugerir um caminho para sair do labirinto de dualismos", à qual tipicamente se recorreu para explicar a experiência humana de existir no mundo (HARAWAY, 2004, p. 39). Ou seja, ela defende que a figura do ciborgue evita que as pessoas vejam o corpo como uma totalidade não problemática. Os corpos e a experiência corporal, sublinha a autora, simplesmente não cabem nos modelos binários, eles não têm fronteiras tão nítidas. Ora, vale notar aqui que Haraway não questiona a experiência corporal cotidiana enquanto tal. Como indivíduos, nós conhecemos, afinal, de quem são os dedos que acabaram de bater na porta, bem como geralmente sabemos quem é quem quando se trata de fazer sexo. O argumento da escritora está mais em dizer que uma gama de inovações tecnológicas pode questionar e também alterar o corpo "natural": aquele que é ou feminino ou masculino, digamos. Por exemplo, corpos naturais podem ser uma coisa ou outra, mas corações artificiais e outras próteses certamente não são nenhuma delas (mesmo seios e testículos protéticos não são femininos ou masculinos enquanto tais). Corpos naturais também podem não apenas ser re-sexuados por meio de cirurgia ou mesmo *performance*, mas podem igualmente ter vivido experiências on-line – na forma de um avatar ou não – nas quais são de outro – ou mesmo de nenhum – sexo.

Butler estabelece uma segunda concepção não essencialista do corpo inspirada por princípios pós-estruturalistas. Crítica à tendência filosófica tradicional de "perder o corpo ou, pior, escrever contra ele" (1993, p. ix), essa filósofa também está atenta – como Haraway – ao modo como uma grande parte do pensamento feminista inspirada pela psicanálise assume uma "heterossexualidade compulsória". Ou seja, essas descrições psicanaliticamente inspiradas da experiência vivida parecem observar a manutenção e coerência da identidade como algo residente na oposição fixa normalizada do masculino-feminino, na qual a definição de cada categoria depende da diferença entre elas e da relação uma com a outra. Mais especificamente, se, por um lado, Butler aceita que "corpos aparecem apenas, perduram apenas, vivem apenas dentro das restrições produtivas de certos esquemas de gênero fortemente regulatórios" (1993, p. xi), também argumenta que "não há identidade de gênero por trás das expressões de gênero" (1990, p. 24). Nessa visão, não há fato corporal pré-cultural estável, tal como uma identidade sexual que fornecesse a base para a produção de sujeitos femininos ou masculinos. Em vez disso – tal como a relação entre realidade e linguagem discutida no capítulo 1 – os corpos são ao mesmo tempo efeito das normas e condição para elas. Normas roteirizam a *performance* e a produção dos corpos, assim como corpos condicionam possibilidades normativas. Essa é uma ideia difícil de apreender, mas basicamente Butler está dizendo que um corpo – seja o nosso ou de outro – nunca é pura e diretamente encontrado no mundo. Um contexto de expectativas sempre medeia a percepção dos corpos e, ainda que tais expectativas estejam, em certa medida, fundadas na fisiologia corporal, valores e normas culturais também a moldam. É por isso, claro, que as pessoas podem se surpreender (ou talvez se ofenderem ou serem levadas a rir) ao encontrar um corpo que veem como altamente masculino ou feminino tendo um comportamento que não condiz com suas expectativas. (Filmes como *The Crying Game* [*Traídos pelo desejo*], *Boys Don't Cry* [*Meninos não choram*] e *Kinky Boots* [*Fábrica de sonhos*], por exemplo, exploram essas ideias quando seus protagonistas confundem expectativas de seu corpo tidas como certas.)

Muitas feministas, contudo, ainda veem esses conceitos pós-estruturalistas do corpo como problemáticos. Em particular, apesar de eles questionarem a opressão de diferenças corporais estereotipadas – como a existência de identidades e experiências especificamente femininas ou masculinas, digamos – tais conceitos parecem tornar difícil falar explicitamente de problemas ainda enfrentados por mulheres concretamente corporificadas. Por exemplo, embora seja importante reconhecer que as experiências e existências femininas no mundo não podem ser simplesmente imputadas a uma concepção de algo exclusivamente feminino (um ponto que veremos com mais detalhes em capítulos posteriores, sobretudo no cap. 4, quando consideraremos a intersecção do sexo com questões de raça, etnia, classe etc.), é talvez ainda mais importante ser capaz de falar das experiências e abusos corporais que são comuns às mulheres por causa de sua corporificação como mulheres. Ou seja, certamente discussões feministas a respeito dos corpos femininos devem ser capazes de considerar efetivamente experiências concretas tais como estupro e violência contra as mulheres, sem se perder em questões sobre ciborgues, ambivalência e ironia. Como consequência, muitas feministas declararam que as releituras pós-estruturalistas do corpo ora apresentadas foram, em seus melhores momentos, inúteis para contribuir com – e, nos seus piores, efetivamente atuaram contra – o enfrentamento concreto dos abusos corporais especificados pelo sexo. Um ponto adicional é que esse tipo de teorização abstrata não apenas distrai as mulheres do exame crítico das dificuldades em sua experiência vivida, mas também pode alienar aquelas que, de outro modo, poderiam trabalhar em projetos feministas. Críticas como essa são frequentemente levantadas, em particular, por mulheres negras, pobres, oriundas de minorias étnicas e culturais, deficientes, nascidas no Terceiro Mundo e assim por diante – todas aquelas que, nesse sentido, podem não ter o luxo de poder brincar ironicamente com suas identidades corporais, dada sua necessidade urgente de justiça social – contra o que é visto como elitismo e abstração dos feminismos brancos acadêmicos e suas teorias extravagantes. Para as feministas que fazem tais críticas, a ênfase deveria estar na melhoria da experiência vivida das mulheres, junto com seu *status* social e jurídico: algo que, acreditam elas, é esquecido ou ignorado pelos argumentos pós-estruturalistas.

Representações sociais e jurídicas do corpo das mulheres

> Quando uma mulher se casava [a partir de 1803], sua identidade jurídica se diluía na de seu marido; ela ficava civilmente morta. Não podia processar, ser processada, entrar em contratos, fazer testamentos, manter seus próprios rendimentos, controlar sua propriedade. Ela não podia nem mesmo proteger a própria integridade física – seu marido tinha o direito de castigá-la (embora apenas com uma chave que não fosse maior que seu polegar), restringir sua liberdade e obrigá-la a ter relação sexual contra a vontade dela (WILLIAMS, 1997, p. 72).

Como Wendy Williams delineia em seu ensaio "The Equality Crisis" [A crise da igualdade] (1997), e como discutimos no capítulo 1, não é exagero dizer que, até o século XX, as mulheres foram em grande medida invisíveis aos olhos da lei (ocidental) e de outros discursos sociopolíticos. Por isso, um foco essencial para muitas feministas tem sido tornar os corpos e as experiências da mulher visíveis para a lei, pois é apenas assim que elas podem ser legalmente protegidas. Esse projeto viu ações integradas mudarem o *status* jurídico das mulheres para fazer com que a lei as reconheça como pessoas autônomas, com direito de determinar o que acontece em sua própria vida e com seu próprio corpo em qualquer país que vivam, e para ter proteção adequada contra a violação de seu corpo (abordaremos essas questões e aquelas relativas à autonomia da mulher e aos direitos humanos mais detalhadamente nos cap. 5 e 6).

Como vimos no capítulo 1, essa ação focou inicialmente em obter para as mulheres os mesmos direitos legais possuídos pelos homens: obter, em outras palavras, igualdade plena diante da lei por meio da instituição de emendas de direitos iguais e de estatutos antidiscriminatórios. Todavia, esses estatutos, embora certamente efetivos em conceder direitos formais e visibilidade para as mulheres (ao menos em países ocidentais) e em promover sistemas de justiça que são aparentemente neutros em relação às diferenças sexuais, também trouxeram à tona o reconhecimento de uma problemática suplementar. Especificamente: o que direitos iguais significam quando aplicados para mulheres e homens diferentemente corporificados? Por exemplo, é apropriado para trabalhadoras grávidas ter direitos especiais no local de trabalho? A licença-maternidade deve ser um direito, uma vez que ela se baseia no estado corporal específico de um sexo? Afinal, sob uma visão estrita de igualdade de direitos, isso pode ser – e, de fato, foi – considerado como constituição de um injustificável tratamento especial para as mulheres, o que pode, além disso, ser visto como discriminação contra os homens. Ademais, o que acontece quando uma luta pelos direitos da mulher também precisa abranger questões de raça, etnia e cultura tanto quanto de sexo? Por exemplo, o que direitos iguais significaria para uma mulher muçulmana que aceitou a *purdah* (segregação completa dos sexos na vida social) em bases religiosas e culturais?

Esses são problemas complexos, que levaram muitas feministas a argumentar que a visibilidade legal da mulher deve significar a visibilidade legal de mulheres concretamente corporificadas em todas as suas diversas circunstâncias. Isso requer, como defende a teórica do direito Catharine MacKinnon (p. ex., 1993), uma nova prática e uma nova teoria que reconheça toda a especificidade da experiência da mulher corporificada.

Esse propósito tem implicações mais abrangentes. Feministas como MacKinnon estão defendendo que o entendimento jurídico convencional acerca do que é uma pessoa com direitos está nitidamente muito abstraído da realidade concreta para que seja particularmente útil, na medida em que foi construído a partir do modo de ser no mundo masculino e descorporificado. Tal pessoa legal, elas dizem – supostamente um indivíduo autossuficiente que dificilmente precisa lidar com suas necessidades físicas, o que dirá das dos outros –, é uma quimera, um sonho, uma construção impossível de descorporificação neutra. Afinal, como Grosz nos recorda, não existe "o corpo enquanto tal: há apenas corpos – masculino ou feminino, negro, moreno, branco, pequeno ou grande – e as gradações intermediárias" (1994, p. 19), e esses corpos têm necessidades físicas, como também o das pessoas que lhes são íntimas. Logo, a lei precisa reconhecer e sustentar a condição de existência concreta de pessoas corporificadas no mundo. Como coloca MacKinnon, a lei deve participar da realidade, "a realidade de um soco na cara, não [a do] conceito de um soco na cara" (1993, p. 369). (Consideramos algumas dessas realidades corporais – agressão sexual e estupro, tráfico sexual e pornografia violenta no cap. 3.) Tal argumento é, por certo, não apenas relevante para feministas que argumentam em favor do reconhecimento das experiências específicas do sexo feminino. Ele também foi a base de argumentos exigindo que a lei reconheça as experiências e os direitos dos corporalmente atípicos, deficientes e idosos. Como teórica da deficiência, Jenny Morris observa que "pessoas deficientes – homens e mulheres – têm poucas oportunidades para retratar nossas próprias experiências dentro da cultura geral, ou dentro de movimentos políticos radicais. Nossa experiência é isolada, individualizada" (1991, p. 8).

Esses são pontos importantes. Como vimos, feministas mostraram claramente, por meio de suas críticas e propostas de releitura do *status* social e jurídico da mulher, que ações violentas contra as mulheres, junto com casos exemplificando a falta de reconhecimento das experiências específicas do sexo feminino, não são apenas uma questão de atos ou de casos individuais. Ao contrário, elas resultam de opressão sistêmica e são, portanto, emolduradas por e dependentes daquela visão aferrada de que as mulheres têm, de algum modo, *status* inferior ao dos homens. Sendo assim, mesmo quando a lei participa da realidade, quando a visibilidade foi obtida para as mulheres, ela ainda tem sido problemática, algo apresentado de modo emblemático no romance distópico de Margaret Atwood *The Handmaid's Tale* [*O conto da Aia*], quando a aia Offred, ao refletir sobre os papéis rígidos estabelecidos para as mulheres na sua sociedade – esposas, econoesposas, tias, martas, aias, Jezebels e não mulheres –, diz "Mãe, eu acho [...] que você queria uma cultura das mulheres. Bem, agora há uma. Não era a que você pretendia, mas ela existe" (1986, p. 127). Ou seja, embora tenha havido certamente um aumento no reconhecimento jurídico de mulheres reais corporificadas, deve-se admitir que esse reconhecimento mesmo também levou a modos suplementares de opressão, modos suplementares de ordenar e restringir as mulheres. A esse respeito, um dos corpos mais debatidos e problematicamente visíveis é o da mulher grávida. Mulheres grávidas – junto com toda a questão dos direitos reprodutivos – se tornaram as estrelas de uma gama de discursos jurídicos, médicos (em particular os obstetrícios) e de saúde pública, muitos dos quais efetivamente funcionaram não para promover, mas para restringir a autonomia feminina.

Para começar, designamos por direitos reprodutivos tanto o "poder para tomar decisões informadas a respeito da própria fertilidade, gravidez, criação dos filhos, saúde ginecológica e atividade sexual" quanto os "recursos para cumprir tais decisões de modo seguro e efetivo" (CORREA & PETCHESKY, 2003, p. 88). Em outras palavras, direitos reprodutivos são uma parte nuclear do direito das mulheres de controlar seus próprios corpos. Tais direitos também foram uma das questões centrais para as políticas feministas, uma vez que o papel da mulher na procriação tem sido utilizado para não apenas evitar sua participação plena na vida social (votar, ter acesso à educação superior e a certos tipos de emprego etc.), mas também justificar a supressão do controle sobre seus corpos e destinos (abordaremos esses pontos novamente no cap. 5). Por exemplo, no Ocidente, se uma mulher grávida escolhe se envolver com certas atividades de alto risco (beber, usar drogas, digamos, ou ignorar conselhos médicos), ela enfrenta provável censura, talvez até mesmo encarceramento. Ela pode achar que seu feto parece carregar mais peso – e ser mais visível – do que ela dentro do sistema legal. Ela também pode achar que outros têm o poder de forçá-la a carregar uma gravidez indesejada até o fim, de decidir quando e como ela dará à luz, se ela pode ou não ficar com o bebê ou mesmo se ela está pronta para ser mãe ou se deve ser esterilizada. Um caso a se analisar relativo a essas últimas questões é o fato de, mesmo agora, em certas jurisdições, nem todas as mulheres poderem ter acesso às tecnologias reprodutivas (mulheres solteiras e lésbicas, por exemplo, muitas vezes têm negado o acesso à fertilização *in vitro*). As mulheres também podem encontrar proibições culturais e religiosas (e pressões econômicas) que limitam o acesso à contracepção e ao aborto (no momento da escrita, há um movimento em marcha nos Estados Unidos para efetuar uma redefinição na ideia de interrupção de uma gravidez – aborto – de modo a incluir nela a noção de contracepção) ou, como mencionamos anteriormente, podem ser submetidas a políticas de controle de natalidade coercitivas e forçadamente esterilizadas por causa de sua raça ou de debilitações cognitivas ou físicas. Assim, a gravidez e a capacidade de engravidar colocam a mulher sob contínuo escrutínio, e elas são alvo fácil para expressões sociais e jurídicas de desaprovação caso elas ultrapassem o que lhes é permitido. (Em uma inversão perversa do tipo de visibilidade social e jurídica que MacKinnon promove para o corpo da mulher, alguns discursos de policiamento do corpo culpam as feministas pela crescente visibilidade das mulheres grávidas.)

Vigilância sobre corpos femininos é não apenas a experiência de mulheres grávidas; também afeta todas as mulheres por meio de ideais culturais acerca do corpo adequado, perfeito e bonito. Por exemplo, prosseguindo com a questão considerada acima, houve uma forte tendência no passado para considerar o corpo adulto feminino adequado em termos de gravidez e maternidade. Ou seja, o corpo apropriado da mulher é aquele que dá à luz e cria filhos. Este é o corpo, portanto, que é protegido quando as mulheres são barradas de certos empregos: combate real como soldado, por exemplo, ou manuseio de certas substâncias. Há, porém, outra questão relativa a essa ideia de corpo adulto feminino adequado que é importante aqui. Ela se relaciona com a representação e o acolhimento do corpo da mulher não maternal ou sem filhos dentro da sociedade. Uma vez que o ponto de referência para a identidade feminina adulta foi tradicionalmente a maternidade, vem à tona a questão de saber se é efetivamente possível compreender o corpo da mulher em termos positivos que não sejam ligados à sua capacidade reprodutiva. Trata-se de um problema urgente para os feminismos contemporâneos por muitas razões. Primeiro, como vimos, uma linha importante da teoria feminista desde os anos de 1970 defendeu explicitamente a revalorização do corpo feminino com base em suas capacidades reprodutivas, embora haja quem possa considerá-la um gesto alienante. Segundo, é justo dizer que as mulheres que não são mães tenderam a ficar ou invisíveis ou retratadas como anormais em muitas teorias do desenvolvimento feminino, bem como em muitas práticas sociais da feminilidade. Por exemplo, diversas concepções de mulher em culturas tanto no Ocidente quanto no Oriente estão vinculadas à maternidade; alguns casos são a Madonna, a mãe-terra, bem como a matriarca e os estereótipos de mãe que impactaram as mulheres afro-americanas. Por fim, no começo do século XXI, há também uma proporção cada vez maior de mulheres que ou não podem ou escolheram não ter crianças. Esse grupo – daquelas sem filhos e/ou livres de filho, dependendo da percepção que elas mesmas têm de sua situação – testemunha a necessidade de repensar as expectativas sociais, culturais e teóricas da identidade e da corporificação feminina. Afinal, como uma mulher de quarenta anos citada no livro de Mardy Ireland, *Reconceiving Women* [Reconcebendo as mulheres], declara: "Não há nada em mim que precisa ter um filho para se sentir uma mulher" (1993, p. 132). Dito isso, então, a questão seguinte precisa ser feita: tais mulheres deveriam realmente ser retratadas como desequilibradas, deficientes, egoístas, não representativas, excessivamente masculinas e/ou ameaçadoras para a sociedade? (Considere-se a personagem interpretada por Glenn Close em *Fatal Attraction* [Atração fatal], ou por Sharon Stone em *Basic Instinct* [Instinto selvagem], ou a representação da ambivalência maternal feita por Lionel Shriver em seu romance *We Need to Talk About Kevin* [Precisamos falar sobre Kevin].)

O que isso nos mostra é que corpos femininos são pressionados a não apenas ser saudáveis e funcionais, mas também a corresponder com ideais culturais e sociais de maternidade, em primeiro lugar e, em segundo, de juventude e beleza – ao menos no Ocidente. Esses ideais, como muitas feministas afirmam, estão longe de ser inofensivos, uma vez que eles mobilizam e justificam práticas que ordenam e disciplinam o corpo da mulher. Um ponto importante, porém, é que esses corpos não são necessariamente objetos de disciplina forçada. Mais precisamente, baseando-se nas observações feitas pelo teórico e historiador francês Michel Foucault a respeito das operações do poder no mundo contemporâneo, a ideia aqui é a de que noções culturais relativas à beleza circulam pela sociedade (via, p. ex., indústrias da moda, da cosmética, da música, do vídeo, dos filmes, das celebridades e da pornografia) e, com essa circulação, são afirmadas, normalizadas e internalizadas, resultando em mulheres envolvidas com práticas de autodisciplina. Assim, como escreve Bordo:

> Por meio da busca de um ideal de feminilidade sempre mutável, homogeneizante e elusivo – uma busca sem fim, exigindo que a mulher acompanhe constantemente as mudanças mínimas e muitas vezes caprichosas da moda – corpos femininos se tornam dóceis – corpos cujas forças e energias estão habituadas a regulação, sujeição, transformação e "melhoria" externa (BORDO, 1997, p. 91).

Há uma gama de implicações aqui. Primeiro, como Bordo nos mostra, ideais como esse trazem à tona conjuntos de "regras e regulações práticas" (p. 103) por meio das quais o corpo (feminino) é adestrado para normalidade cultural. Apenas corpos que foram assim adestrados são "normalmente" femininos e culturalmente aceitáveis. E somente corpos que foram adestrados assim são vistos como capazes de participar exitosamente de uma cultura que veio a entender e a representar a feminilidade em termos de uma aparência corporal particular. Com efeito, análises ainda sugerem ser amplamente difundida a ideia de que as mulheres cuja aparência corresponde às normas apropriadas de beleza têm poder social maior do que aquelas que não se conformam assim.

Por conta disso, é comum pensar que corpos não adestrados ou inadequadamente adestrados são deficientes ou carentes de uma "repaginada", para usar a linguagem de uma pletora de programas de televisão sobre estilo de vida, revistas femininas e propagandas de cirurgia plástica. Contudo, esse adestramento, como muitas feministas apontaram, é tão englobante em razão de seus objetivos muitas vezes irrealistas que a maioria das mulheres, de fato, falharão em cumprir todos os critérios requeridos. O corpo ideal feminino – que hoje o Ocidente espera ser jovem, praticamente sem pelos, tonificado, com aparência saudável, esguio como na pré-adolescência, de pele suave, mas com grandes seios, e ainda perfeitamente maquiado e vestido – é ele mesmo um sonho. Com efeito, ele é o corpo da Barbie e suas amigas, cujas dimensões corporais são completamente inatingíveis para muitas, seja por falta de tempo, de recursos, pela idade ou pelo tipo do corpo. Apenas algumas podem obter tal corpo, geralmente às custas da saúde (considerem-se as cirurgias plásticas extensivas, distúrbios alimentares, compulsão por exercícios, problemas de fertilidade, desequilíbrio hormonal e autopunição incessante). Além disso, se chegam perto de realizar esse objetivo, sua conservação requer esforços e disciplina cada vez maiores. Um exemplo disso é evidenciado por Madonna que, apesar de seus regimes rigorosos de alimentação e de exercícios (há relatos de que ela segue uma dieta macrobiótica e que se exercita pelo menos três horas por dia), é ainda assim castigada aos cinquenta anos de idade por ter veias proeminentes e "pouco atraentes" em suas mãos e braços.

> **Susan Bordo (1947)**
> Uma feminista e filósofa americana cujo trabalho contribui com estudos feministas, culturais, literários, sobre gênero e sobre o corpo, Bordo foca primariamente em explorar os modos como discursos teóricos e a cultura contemporânea impactaram e determinaram o corpo (feminino) de maneiras particulares. Mais especificamente, ela afirma que codificações culturais

trabalharam para normalizar expectativas e avaliações específicas relativas ao corpo material. Ela sugere que a criação de expectativas culturais associando a forma e o tamanho corporal tanto com posição social quanto com retidão moral produz corpos que se autovigiam e se autodisciplinam. Bordo também indica que tais expectativas podem ser ligadas a uma série de questões sociais relativas ao corpo, por exemplo, distúrbios alimentares, cirurgia plástica, beleza e o impacto na mídia. Seus principais trabalhos incluem *The Flight to Objectivity* [O voo para a objetividade] (1987), *Unbearable Weight* [Peso insustentável] (1993), *Twilight Zones* [Zonas de crepúsculo] (1997) e *The Male Body* [O corpo masculino] (1999).

Apesar da natureza irreal e doentia desse sonho para a maioria das mulheres (claramente mostrada em um documentário de 2007 do Channel 4 da televisão britânica, chamado *Super skinny Me: The Race to Size Double Zero* [Eu super magrinha: A corrida para o tamanho 34], no qual duas jornalistas britânicas documentam suas tentativas para alcançar esse tamanho), ele tem impacto em mais e mais mulheres. Preocupante, por exemplo, é o modo como meninas e mulheres de culturas não ocidentais internalizam ideais do Ocidente a respeito do corpo feminino. Em relação às meninas, feministas como Bordo (1993) afirmaram que exemplos do impacto desses ideais são encontrados no aumento do desenvolvimento de distúrbios alimentares e de deficiências vitamínicas e minerais em crianças cada vez mais jovens (particularmente, mas não exclusivamente meninas), e também na sexualização geral da moda para crianças pequenas e meninas (roupas, maquiagem, cortes de cabelo) combinada com a tendência da indústria da moda em promover uma aparência pré-adolescente para as mulheres. Em outra mudança, concernente às mulheres não ocidentais, feministas sugeriram que esses mesmos ideais são, pelo menos, um dos fatores em operação no crescimento não apenas de modificações na pele e no cabelo (geralmente clareamento de ambos e alisamento capilar), mas também cirurgia plástica facial e realce dos seios. A título de referência, uma gama de reflexões propôs que cirurgias plásticas nas pálpebras, no nariz e nos lábios geralmente estão se realizando (nos Estados Unidos, p. ex.) com nenhum outro propósito senão fazer as características faciais parecerem mais ocidentais (cf. KAW, 2003). Ainda mais drástico é o *boom* de garotas chinesas se submetendo a dolorosas cirurgias que visam alongar suas pernas para melhor corresponder a padrões ocidentais (cf. BERRY, 2007).

O corpo dos sonhos – e o englobante foco no corpo – é, portanto, um problema central para as feministas e demais intelectuais que se preocupam em tornar visíveis e "normais" todos esses corpos que não correspondem ao ideal. Devido a essa preocupação, têm sido criticadas representações da mulher (e dos homens) tidas como promotoras de ideais corporais irreais e prejudiciais à saúde. Também é por isso que se trabalha por emendas de direitos iguais e por legislação antidiscriminatória que proteja os direitos das mulheres e homens com corpos não ideais. Preocupações como essas são igualmente percebidas por trás de tentativas de representar quem possui tais corpos não ideais sob uma luz positiva (considere-se, p. ex., programas de televisão como *Ugly Betty* [*Betty a Feia*], no canal ABC nos Estados Unidos) e de mostrar os custos reais de perseguir e manter o corpo ideal.

Ao mesmo tempo, feministas também se esforçaram para entender exatamente como e por que esses ideais se tornaram tão predominantes. Nesse ponto, as análises realizadas obviamente variam, mas muitas pensadoras sublinharam a aparente correlação entre a pressão crescente para que as mulheres controlem a forma de seus corpos e o desenvolvimento e sucesso do movimento feminista moderno. Por exemplo, como argumenta a escritora americana Naomi Wolf, em *The Beauty Myth* [O mito da beleza], "quanto mais obstáculos jurídicos e materiais as mulheres superaram, mais rígida, pesada e cruelmente as imagens da beleza feminina passaram a pesar sobre nós" (1990, p. 10; cf. tb. FALUDI, 1991). A ideia aqui é a de que, embora as mulheres tenham ganhado acesso à esfera pública, também se exige que elas se envolvam – para que não sejam uma ameaça real aos homens – em práticas de embelezamento que consomem muito tempo e não são exigidas de seus colegas masculinos para que eles conquistem e mantenham seus empregos. Tal acesso à esfera pública vem, diz Wolf, com o requerimento de uma "qualificação profissional de beleza". A incorporação dessa demanda naquilo que a filósofa feminista Sandra Lee Bartky chama de "complexo moda-beleza" (1990, p. 39), por sua vez, a consolida (e normaliza). Bartky, com efeito, sugere que esse complexo moda-beleza é análogo ao "complexo militar-industrial", pois ambos "são grandes articulações do capitalismo patriarcal [...] um sistema vasto de corporações – algumas das quais manufaturam produtos, outras, serviços e, outras ainda, informação, imagens e ideologias" (p. 39).

É essa combinação de ideais internalizados sendo alimentados por um "vasto sistema de corporações" (p. 39) que torna o questionamento dessas normas tão difícil. Certa prática e teoria feminista e lésbica radical defendeu, por um tempo, um tabu contra a exibição e ornamentação feminina; porém, essa tática geralmente atraiu estereotipizações e discriminações negativas. Por exemplo, segundo a defesa que Mihailo Markovic faz do movimento contemporâneo das mulheres, a limitação do pensamento feminista era sua "tendência em rejeitar algumas coisas boas apenas para punir os homens [...]. Não há nenhuma razão para que uma ativista da libertação das mulheres não tente parecer bonita e atraente" (1976, p. 165). Com efeito, isso significa que, embora algumas feministas e teóricas dos estudos sobre o corpo tenham acolhido como um imperativo a necessidade de resistir ou transformar esses ideais culturais, há no geral pouca concordância acerca de como é melhor realizar esse propósito. Por outro lado, outras feministas ainda adotam normas tradicionais de beleza feminina.

A autora e feminista chilena Isabel Allende, por exemplo, falou sobre o empoderamento que ela obteve com uma ritidectomia e do arrependimento por ter prometido a seu filho que não faria outra (ALLENDE, 2008). Assim, mesmo que o objetivo seja evidente – uma necessidade urgente de "desenvolver uma estética verdadeiramente libertária e feminista do corpo" (BARTKY, 2000, p. 329) – a solução é bem menos óbvia. A melhor resposta é descobrir como questionar estereótipos sexistas e suas cumplicidades com as forças do capitalismo desenfreado? Ou a única saída verdadeira desse labirinto é o desenvolvimento de modelos teóricos e estratégias práticas novas e totalmente diferentes, como aquelas produzidas pelas feministas pós-estruturalistas?

Por fim, uma questão complementar vem à tona, relativa ao impacto que essas muitas soluções propostas têm sobre o corpo desejante e sexualmente ativo, na medida em que esse enfoque demanda que passemos da consideração dos direitos dos diversos corpos para a consideração do que é correto no que diz respeito às relações íntimas entre corpos. O tema do desejo e da sexualidade tem sido particularmente problemática para as pensadoras feministas. Qual é, afinal, a base do desejo sexual? Ele é inerente a alguma diferença sexual psicologicamente fundada ou é uma questão de construção sociocultural? Se for essa última, como explicar as sexualidades e desejos que levam as pessoas a modificar seu corpo? Dados os argumentos feministas acerca das relações entre homens e mulheres como opressivos para essas últimas, seria toda relação heterossexual uma opressão contra as mulheres? E as sexualidades que desejam alguma forma de subordinação? (Que vão das práticas sexuais sadomasoquistas até as fantasias "inofensivas" de estupro.) Mais amplamente, qual é a importância do prazer e da gratificação sexual? Em suma, é evidente que a interconexão entre sexualidade e desigualdade de gênero constitui mais uma dimensão problemático do "problema que não tem nome" e é para ela que voltaremos no capítulo 3.

Resumo dos pontos-chave

- No pensamento ocidental, os seres humanos têm sido há muito tempo encorajados a compreender a si mesmos nos termos do dualismo mente-corpo, que celebra o primeiro e vê o segundo como algo a ser transcendido. Como resultado, o pensamento dualista do Ocidente ignorou em grande medida a importância da experiência corporal e propôs que o enfoque da mulher no corpo – existente em razão do seu papel na gestação e na criação dos filhos – as impedia de se tornar "pessoas plenas". Isso levou a uma desvalorização do corpo da mulher, refletida em estruturas de opressão.

- Feministas radicais, questionando a hierarquia dualista tradicional, revalorizam e celebram o corpo feminino como local de força, criatividade e sexualidade.

- Compreensões psicanalíticas da subjetividade como algo essencialmente emaranhado na experiência corporal, junto com o reconhecimento do papel da linguagem na produção do sentido, possibilitaram que as feministas relessem os corpos femininos não em termos desconectados, mas relacionais.

- Todavia, feministas pós-estruturalistas questionam o essencialismo das abordagens psicanalíticas, afirmando que concepções binárias falham em abranger as experiências corporais vividas de diferentes mulheres. Elas sublinham o papel das normas e valores culturais na moldagem das expectativas sociais acerca do corpo de mulheres e homens.

- Normas jurídicas e sociais continuam a controlar o corpo da mulher, particularmente no que diz respeito a noções de reprodução e ao corpo feminino "ideal". Tais normas incluem a percepção segundo a qual as mulheres que falham em cumpri-las são anormais ou invisíveis, ou carentes de serem "repaginadas".

3
Sexualidade e desejo

O que significa ser sexuado e desejante?

Não é surpresa que questões sobre o sentido e a prática do desejo e da sexualidade tenham incomodado muitas pensadoras feministas, dado o tipo de presunção relativo à associação da mulher com o corpo, que exploramos no capítulo 2. Afinal, se as mulheres não têm uma percepção precisa da importância de sua existência corporal, o que significa exatamente um ser corporalmente sexuado e desejante? Por que as pessoas geralmente ficaram tão convencidas de que tipos particulares de corpos sexuados impõem tipos particulares de comportamento e sexualidade? Possuir cromossomos XX ou XY (ou qualquer outra variação) realmente impacta o comportamento de alguém, ou ainda as suas práticas desejantes? E o desejo pelo mesmo sexo? Ademais, como certas práticas corporais da libido sexual como pornografia, prostituição e violência sexual devem ser compreendidas? Mais do que qualquer outra, provavelmente, questões sobre sexualidade e desejo colocam à prova teorias contemporâneas relativas à corporificação.

Assim, este capítulo visa captar os principais argumentos feministas a respeito de algumas interconexões possíveis entre a sexualidade, o desejo e a diferença sexual corporificada. De modo mais específico, dadas tanto a nossa corporificação constitutivamente sexuada quanto a presunção comum de um elo causal entre o sexo (no sentido da diferença sexual) e a sexualidade, pensadoras feministas têm afirmado que pensar sobre o ser corporal da mulher e sua existência sexuada é algo a ser feito em conjunto com a reflexão acerca do que é um ser desejante. Então, a partir de um exame crítico da problemática da diferença sexual, começamos a desdobrar os argumentos feministas que questionam as presunções patriarcais de que sexualidade e desejo são inevitavelmente heterossexuais, dominados pela masculinidade e conectadas de modo causal à diferença sexual (ou seja, a ideia de que determinado sexo resulta em determinada sexualidade). Como veremos, esses questionamentos contra a economia sexual patriarcal – muitos dos quais manifestados no contexto dos debates em torno da pornografia e da prostituição – surgem de uma gama variada de abordagens, que têm um impacto suplementar umas nas outras. Isso inclui o debate da "guerra dos sexos" entre feministas radicais e libertárias; teorias feministas sobre o construtivismo social, que defendem uma distinção entre sexo e gênero; a teoria *queer* e seu modo de identificar os limites da compreensão heterossexual sobre sexualidade e gênero, bem como os questionamentos intersexuais e transgêneros contra o binarismo dessa diferença. Então voltaremos novamente à questão do desejo e de como diversas pensadoras feministas a abordaram, considerado o modo como muitos dos projetos acima concedem indefinição e mobilidade às categorias de sexo e gênero. Por fim, refletiremos sobre como essas várias explorações da sexualidade e do desejo moldaram e transformaram o autoconhecimento das feministas e sua compreensão do mundo pelo qual anseiam.

Corporificação e diferença sexual

Para começar, como vimos nos capítulos 1 e 2, o sexo de uma pessoa é tido como algo muito importante para a vida que ela deve supostamente levar. Compreendido nos termos das diferenças corporais entre homens e mulheres, a distinção sexual importa. Ademais, quando pensado desse modo, a diferença de sexos parece ser fixa. Uma condição biológica fundamental, ela tem implicações para quem uma pessoa pode ser, e qualquer tentativa de questioná-la corre, para muitos, não só contra o senso comum, mas também contra a natureza. Porém, talvez estejamos indo muito rápido. Certamente, muitas feministas concordaram que a diferença sexual é fixa (embora, como veremos, muitas outras pensadoras feministas questionaram até mesmo isso); mas, insistem elas, o que essa diferença quer dizer para o modo como indivíduos vivem sua vida não está fixado. Não é necessário compreender o mero fato de ser homem ou mulher como uma receita ou fórmula para certo estilo de vida, tampouco para determinada expressão do desejo e da prática sexual; afirmar tal compreensão seria cair na armadilha do essencialismo biológico. Todavia, é comum ler a diferença sexual como um indicador-chave de como uma vida deve ser vivida e apreciada. Ser mulher significou uma gama de coisas (como ser homem), e uma das implicações fundamentais dessa compreensão de que há uma diferença sexual natural foi a percepção de como os seres humanos se conhecem e conhecem uns aos outros como seres sexuados e desejantes. Afinal, presumiu-se que ter um sexo particular implica uma (hétero) sexualidade particular.

Essa concepção tradicional de diferença sexual sustenta muitas formulações do patriarcado. Ou seja, foi a partir dessa presunção de uma distinção natural de gêneros que o patriarcado trabalhou para regular as interações entre mulheres e homens, tanto no domínio privado quanto no público. Os pressupostos patriarcais incluem noções como: mulheres precisam da proteção dos homens; elas têm mais vocação para profissões que envolvem cuidado (p. ex., enfermeira, professora, cuidado dos idosos etc.) e não tanto para profissões com alto nível de estresse (pois não serão tão confiáveis ou comprometidas, dado que provavelmente sairão para ter filhos, cuidar deles ou de outros parentes etc.); as mães naturalmente querem – ou espera-se que elas queiram – ficar em casa com seus filhos pequenos; todas as mulheres desejarão ter filhos (e podem ser acusadas de egoísmo se não querem). Como sabemos, porém, pensadoras feministas têm sistematicamente questionado a "adequação" de tais presunções, argumentando, em muitas frentes, contra concepções patriarcais de mulher e de como o mundo deve ser visto. Entretanto, um problema que tem importância particular e que também trouxe dificuldade contínua para intelectuais feministas diz respeito ao entendimento da sexualidade e do desejo. Ora, certamente há toda uma variedade de questões aí, e elas incluem as seguintes presunções: mulheres e homens são naturalmente atraídos uns pelos outros (seres humanos desejam "o sexo oposto"); homens naturalmente possuem um instinto sexual mais forte do que as mulheres (ou seja, elas têm uma sexualidade mais reprimida do que eles), o que "normaliza" a atividade sexual coercitiva; a sexualidade é focada em torno da penetração e do prazer masculino (todo o resto são "preliminares"); e o estímulo sexual "real" para as mulheres é o da vagina, não do clitóris. Esses pressupostos, junto com outros relacionados, também foram analisados por pensadoras feministas e vistos como endossos de uma série de ideais relativas a poder, privilégio e desigualdade. E esse nexo de presunções sobre sexualidade e poder – constituintes do que poderia ser chamado de economia sexual do poder – foi ilustremente descrito pela feminista radical americana Kate Millet como a "política sexual" patriarcal em seu conhecido livro de mesmo nome em 1969.

A economia patriarcal sexual

O que, então, é a economia patriarcal sexual? Para resumir, ela consiste no que feministas e demais intelectuais diagnosticaram como uma presunção de "heterossexualidade compulsória".

> **Kate Millet (1934)**
> Como artista, escritora e ativista, Kate Millet é a autora de um dos textos teóricos fundadores da segunda onda do feminismo radical, *Sexual Politics* [Política sexual] (1969). Aqui, Millet defende que a afirmação do poder patriarcal é constitutiva para todos os relacionamentos entre mulheres e homens. Isso os torna fundamentalmente políticos, mas, observa Millet, o patriarcado configurou essa dinâmica de poder – o que ela chama de política sexual – não apenas como hierárquica (homens dominando mulheres), mas também como "natural" e, portanto, não aberto para questionamento ou mudança. De acordo com a análise dela, a política sexual patriarcal tem suas origens na instituição da família e se promove com sua naturalização e validação dentro da ficção de uma cultura, algo que ela demonstra por meio de leituras do sexismo e da misoginia na obra de D.H. Lawrence, Henry Miller e Norman Mailer. Contrária a isso, Millet defende que tal política sexual patriarcal, longe de ser natural, é uma mistura culturalmente validada de controle e de força ideológica. As obras autobiográficas tardias de Millet, incluindo *Flying* [Voando] (1974), *Sita* (1977), *The Basement* [O porão] (1979) e *The Loony-Bin Trip* [A viagem do hospício] (1990) continuam o projeto feminista de exposição das relações pessoais como indissociavelmente políticas.

Primeiramente utilizada por Rich em seu ensaio "Heterossexualidade compulsória e existência lésbica", ao qual nos referimos no capítulo 2, essa expressão descreve um sistema no qual o ser heterossexual – mulheres atraídas por homens e vice-versa – é não apenas aceito como norma para o desejo sexual entre adultos (com a justificação de que a forma de expressão sexual mais comum), mas também é concebido como inato, inevitável e "natural" (mulheres e homens são vistos como "feitos" um para o outro) a ponto de todas as outras orientações e formas de desejo serem tidas por desviantes e "anormais". A heterossexualidade compulsória, sugere Rich então, é o principal mecanismo que sustenta e mantém a dominância masculina na economia sexual patriarcal. Afinal, continua Rich, se a heterossexualidade não fosse apresentada ou percebida como forma "natural" do desejo e das relações sexuais, logo as escolhas e identidades eróticas tanto de homens quanto de mulheres poderiam ser muito diferentes.

Isso não quer dizer, porém, que "heterossexualidade compulsória" declara como coercitivas todas as práticas heteronormativas, ou mesmo que a atividade heterossexual seja simplesmente resultado de existências compelidas por essa norma. Com efeito, muitas feministas afirmam que as relações hétero podem ser escolhas livres, autênticas e fortalecedoras para as mulheres. Todavia, vale notar que a concepção da heterossexualidade como norma também se alinha com uma das mais influentes teorizações sobre o desejo e a diferença sexual no século XX: a que foi desenvolvida pela psicanálise. Ela afirma a ideia de que as mulheres – em razão do seu desenvolvimento psicossocial ser marcado pelo que Freud chama "inveja do pênis" (a inveja socializada que as meninas teriam dos atributos da masculinidade) – viriam naturalmente a cobiçar e desejar os homens como possuidores do que elas não têm. Sob esse modelo, então, o desejo heterossexual é tanto parte como resultado da socialização propriamente dita – ou seja, da edipianização – de mulheres e homens. (Com efeito, para muitos terapeutas influenciados pela psicanálise – e apesar dos próprios comentários de Freud sobre o assunto – homens e mulheres que não se identificam como heterossexuais foram considerados como imaturos ou doentes que precisariam ser "curados".)

Seja como for, o ponto-chave aqui é o fato de a economia sexual patriarcal privilegiar a heterossexualidade. Entretanto, como observou Millet, tal economia se baseia em e carece de outro pressuposto fundamental: o de que há uma relação hierárquica entre os sexos na qual o "masculino" é mais importante. Na sua expressão mais extrema, e ainda assim assustadoramente disseminada, essa hierarquia é mantida por meios violentos. Por exemplo, uma diversidade de práticas transculturais tais como assédio e agressão sexual, bater na esposa, crimes de honra, mutilação genital feminina, mortes motivadas por dotes e preferência por filhos é usada para policiar a posição secundária das mulheres nas relações humanas. Essa submissão baseada na violência deriva das crenças patriarcais sobre a dominação masculina; e sua prevalência sustenta e naturaliza a percepção profundamente sedimentada de que não importa as mulheres serem vistas como menos importante do que os homens. (Por essa razão, eliminar a violência contra as mulheres em âmbito global é uma das preocupações mais urgentes das ativistas feministas e das organizações das Nações Unidas.)

Em uma forma menos dramática, embora talvez igualmente indesejável, é possível conceber o relacionamento hierárquico heterossexista entre homens e mulheres como um privilégio masculino na sexualidade, no qual importa mais a atividade e o prazer do homem, com o prazer da mulher (se for tido como relevante) sendo automaticamente acompanhado das atividades sexuais mencionadas. A ideia de que o acesso sexual dos homens às mulheres e a "propriedade sexual" das mulheres pelos homens são sempre de um modo ou de outro justificáveis (STOLTENBERG, 2004, p. 402) nitidamente resume essas atitudes. Nas palavras do ativista radical dos direitos humanos John Stoltenberg (tb. ecoadas nos enredos de séries de televisão como *Law and Order: Special Victims Unit* [Lei e ordem: unidade das vítimas especiais] da NBC:

> É possível ouvir patrões sexuais oferecerem muitas justificativas para suas propensões sexuais patronais: "É a natureza dos homens... é a natureza das mulheres... é a vontade de Deus... é culpa dela... é o destino hete-

rossexual manifesto... ela quer isso... eu preciso disso... ela gosta disso... ela merece isso... o que quer que me excite... ela está sendo paga para isso..." (p. 402-403).

Essa atitude tem implicações para uma ampla gama de questões. No passado (quer dizer, ao menos nas sociedades ocidentais), ela se desenvolveu com a presunção de que não existia estupro dentro do casamento e de que maridos possuem legalmente direitos sexuais totais sobre suas esposas, não importa qual o desejo delas. Por causa disso, o estupro que se parece com sexo frequentemente não foi definido ou confirmado como estupro (com efeito, em alguns lugares, o estupro só é estupro – e não sexo – quando é acompanhado de sinais físicos de violência). Também se considerou que a mulher, se está vestida ou se comporta "provocativamente", não tem justificativa para dizer que foi estuprada. Isso evoluiu para a ideia de que práticas de pornografia e de prostituição não são problemáticas ou que são até mesmo potencialmente fortalecedoras tanto para homens quanto para mulheres, apesar de muitas análises feministas as terem considerado típica e fortemente orientadas para o privilégio sexual masculino. Tal fato cumpriu um papel na legalização de certas formas de prostituição (geralmente de bordéis, não de prostitutas de rua) em algumas partes do mundo, com o efeito de muitas pessoas verem a prostituição como uma escolha de trabalho legítima (com efeito, na época da escrita deste livro, relatos [cf., p. ex., REILLY, 2008] falavam de estudantes em universidades da Austrália que se prostituíam para pagar por sua educação superior). Além disso – e uma vez mais – tal fato também cumpriu um papel no desenvolvimento da indústria multibilionária global de tráfico de mulheres no comércio sexual.

Ademais, políticas racistas reforçam mais ainda o privilégio da sexualidade masculina, tanto ao normalizar quanto ao intensificar seus efeitos, uma vez que a herança do colonialismo e da escravidão produz a noção de que mulheres negras e de descendência não europeia em geral estariam disponíveis para serem usadas sexualmente. Pense aqui na longa história de estupro e violência sexual cometida por homens brancos contra mulheres indígenas e de diferentes etnias; os estereótipos que consideram a mulher negra mais intensamente sexuada do que mulheres brancas (e, assim, capazes de "aguentar" mais violência) ou que veem a mulher asiática como sexualmente submissa; o modo como a indústria da moda ainda apresenta as mulheres negras como "animalescas" ou "selvagens"; e, claro, o número desproporcional de mulheres de descendência não europeia no comércio sexual.

Embora todas essas e muitas outras implicações do privilégio sexual masculino naturalizado dentro do contexto de uma heterossexualidade explicitamente compulsória tenham recebido atenção feminista (e a questão da violência sexual de homens brancos contra mulheres de diferentes etnias é uma das mais importantes para a política sexual das mulheres negras), uma das áreas mais fortemente contestadas por feministas ocidentais em particular tem sido o conjunto de problemas em torno da pornografia e da prostituição. Tais problemas marcaram uma série de divisões altamente contenciosas entre feministas, uma vez que algumas mulheres consideram tais práticas coercivas, enquanto outras as veem como inofensivas e, em alguns casos, libertadoras. De um lado, por exemplo, está a visão de feministas radicais inspirada pelo trabalho das ativistas e teóricas feministas americanas Andrea Dworkin e Catharine MacKinnon – e prenunciada por Susan Brownmiller em *Against Our Will* [Contra nossa vontade] (1975) – que estabeleceram argumentos veementes contra a pornografia e a prostituição desde o início dos anos de 1980. Essas pensadoras afirmaram que essas duas práticas, longe de serem resultados "naturais" de impulsos sexuais saudáveis, exploram, difamam e degradam a mulher. Tal situação codifica e promove uma ética pornográfica que acolhe visões misóginas e desumanizadoras das mulheres, sendo permissivas com a violência masculina contra elas. Além disso, no geral, tais práticas trabalham para sustentar e naturalizar a presunção do privilégio sexual masculino endêmico ao patriarcado. As feministas mencionadas afirmam que a pornografia e a prostituição constroem as mulheres como "coisas para utilização sexual" e seus consumidores como carentes "desesperados" pela posse de uma mulher (MacKINNON, 1997, p. 167). Essa é uma visão que o ativista e assistente social Rus Ervin Funk ecoa ao contar a história de como ele passou a se opor à pornografia e à prostituição:

> Ao ver pornografia, desenvolvi um modo de olhar as mulheres. Desenvolvi, se você preferir, uma ética pornográfica. Depois de assistir à pornografia, não enxergava as mulheres como colegas, possíveis amigas ou aliadas, nenhum tipo de olhar baseado em ser justo ou ter cuidado. Eu as via a partir do modo como as comparava com as imagens – feitas por homens – das mulheres observadas nas revistas ou nos vídeos. Aquelas que via na rua, nas aulas, nos encontros etc. se tornaram simplesmente "comíveis" em graus variados. Eu as olhava e pensava sobre as coisas que gostaria de fazer sexualmente *nelas* (e não *com* elas) – coisas de que, assim eu fantasiava, elas gostariam, mas cujo foco definitivo era minha própria satisfação sexual (FUNK, 2004, p. 339).

Para essa visão, portanto, a pornografia e a prostituição causam e resultam de malefícios (note-se que essas análises geralmente focam modelos heterossexuais, embora também possam ser pertinentes para pornografia e prostituição *queer*), que danificam não apenas indivíduos, mas também a chance de desenvolver relações verdadeiramente justas e igualitárias entre os gêneros nos domínios do sexo e do desejo. Ou seja, Dworkin, MacKinnon e outras pessoas (mulheres e homens também) afirmam que tais práticas efetuam a redução da sexualidade e da libido ao mero "transar", e uma "transa" que privilegia a vontade do homem e subordina, se não silencia, a legitimidade e até mesmo a possibilidade do desejo da mulher. Em outras palavras, a pornografia e a prostituição dão primazia a um modelo de dominação sexual e de apropriação explícita do corpo do outro, que assim vem a ser visto como normal, justificável e até mesmo inofensivo (um modelo que até mesmo chegou a representar a sexualidade como tal, o que explica a reação contra Dworkin e MacKinnon, que foram mal-interpretadas por quem afirmou que, para elas, toda relação sexual seria nociva, equivalente ao estupro). Tais normas, argumentam as feministas radicais, devem ser desafiadas e combatidas. Isso significa reconhecer que tanto a pornografia quanto a prostituição são, de fato, perniciosas em si mesmas, tanto quanto ferimentos reais; que elas fazem mais do que ofender sexualmente pessoas conservadoras sexualmente reprimidas; e que a ética sexual da "transa" como propriedade e privilégio masculino, exemplificada em quase toda pornografia e prostituição, não precisa ser aceita nem como parte inevitável nem como modelo geral da sexualidade humana.

Andrea Dworkin (1946-2005) e Catharine MacKinnon (1946)

Escritora e ativista feminista radical, Andrea Dworkin foi uma crítica fervorosa do poder e do privilégio sexual masculino. Ela é conhecida principalmente por seu trabalho sobre pornografia e desigualdades institucionalizadas em práticas heterossexuais, no qual afirma que a primazia do homem no sexo está na raiz da pornografia, do estupro e de outras formas de violência contra a mulher. Essas atitudes contra mulheres, ela argumenta, possibilitam o que ela chama de "ginocídio": um holocausto cultural contra o gênero feminino. Dworkin apresentou tais concepções em uma diversidade de livros e ensaios, incluindo *Woman Hating* [Mulher odiando] (1975), *Pornography – Men Possessing Women* [Pornografia – homens possuindo mulheres] (1981), *Intercourse* [Relação sexual] (1987), *Pornography and Civil Rights* [Pornografia e direitos civis] (1988) e *Life and Death* [Vida e morte] (1997). No começo dos anos de 1980 (contratada pela prefeitura de Mineápolis), ela se juntou com a advogada e feminista radical americana Catharine MacKinnon para esboçar um Decreto de Direitos Civis Antipornografia, que definia pornografia como uma violação dos direitos humanos e civis da mulher. A visão de MacKinnon – segundo a qual, em uma sociedade masculinamente dominada, relações sexuais entre mulheres e homens equivalem à sexualização do controle e da subordinação – também está presente em sua obra internacionalmente reconhecida sobre assédio sexual, *Sexual Harassment of Working Women* [Assédio sexual em mulheres trabalhadoras] (1979), que influenciou a legislação combatendo tal prática considerando-a discriminação. Sua análise posterior sobre pornografia foi publicada em *Pornography and Civil Rights* [Pornografia e direitos civis] (1988); ela também escreveu sobre política feminista em termos mais gerais nos livros *Feminism Unmodified* [Feminismo irredutível] (1987) e *Toward a Feminist Theory of the State* [Por uma teoria feminista do Estado] (1989). O Decreto Antipornografia de Dworkin e MacKinnon foi, no fim das contas, derrotado na suprema corte dos Estados Unidos em 1986, mas a posição intransigente delas atraiu a atenção pública para uma série de questões relativas à sexualidade e ao desejo, e feministas polarizaram o debate feminista acerca de tais questões.

Essa, porém, não foi a única resposta que as pensadoras feministas deram à questão da pornografia e da prostituição. Algumas protagonistas "pró-sexo" – considerando que feministas radicais como Dworkin e MacKinnon tinham uma visão "estraga-prazeres", "antissexo" ou, pejorativamente, "convencional" – afirmaram que tais argumentos equivaliam à censura contra toda a diversidade de expressões sexuais e de práticas libidinais humanas. Essa segunda posição feminista, "pró-sexo" ou libertária, defende a consideração de todas variações de desejo e prazer sexual como expressões legítimas da sexualidade, bem como a prática do que quer que dê prazer e satisfação às pessoas. Segundo a proposta de tais intelectuais, desde que consensuais, a pornografia e a prostituição podem ser acolhidas como possíveis "territórios de liberdade, aventura e rebelião" (STARK, 2004, p. 278). Além disso, prostitutas (e estrelas femininas da pornografia) podem ser profissionais independentes (como a autoproclamada vadia, estrela pornô e guru sexual Annie Sprinkle) que não apenas trabalham para sobreviver ao se envolver com sexo, mas também transformam as ideias convencionais relativas à sexualidade. Essas feministas sugerem que as Annie Sprinkles do mundo lembram as mulheres de que elas não precisam ser instrumentos passivos ou receptáculos de uma sexualidade orientada em favor do homem. Celebrando a liberdade, a experimentação e a transgressão sexual (incluindo incursões consensuais em práticas sadomasoquistas), feministas pró-sexo defendem a livre-escolha de experiências sexuais e o fim da censura no domínio da sexualidade. Ou, para colocar em outras palavras, elas afirmam que as tentativas feministas de regulamentar a sexualidade terminam, na verdade, reforçando os pressupostos patriarcais da passividade sexual feminina.

Ao responder para esse contingente pró-sexo – este é um debate realmente em curso – as feministas radicais têm afirmado que a noção de "escolha" aqui é altamente problemática. Mais especificamente, elas argumentam não ser evidente se todas as trabalhadoras do sexo fizeram, de fato, escolhas livres ao entrar para tal indústria ou se a escolha delas foi motivada por fatores como pobreza, preconceitos de raça ou de classe; ou ainda se elas foram, de algum modo, enganadas ou iludidas (p. ex., uma das histórias mais comuns relativas à entrada de garotas no comércio sexual é que a elas é prometido algum tipo de vida "melhor". Pode ser a promessa de escapar da violência doméstica, de poder ganhar dinheiro suficiente para enviar uma parte de volta para casa e sustentar a família, de ter uma vida no Primeiro Mundo, de encontrar um marido ou mesmo de simplesmente obter os meios para satisfazer as necessidades vitais). Nesse sentido, elas questionariam, digamos, se aquelas estudantes que sustentam a si mesmas por meio de prostituição ou de dança sensual e que afirmam ter feito escolhas livres baseadas em fatores econômicos (ganhar mais dinheiro em menos tempo) realmente fizeram escolhas autenticamente livres ou foram coagidas. Para feministas radicais, portanto, a coerção e a mercantilização nas indústrias da pornografia e da prostituição são grandes preocupações e elas as veem como problemas que o *lobby* pró-sexo tem negligenciado ou minimizado.

Certamente, nem todas as pensadoras pró-sexo são tão insensíveis como parecem sugerir as feministas radicais, e muitas teóricas de ambos os lados reconhecem que há muito mais pontos de vista para conceber as mulheres do que simplesmente ou vítimas do controle sexual patriarcal ou livres para exprimir sua sexualidade do modo como desejarem. Por exemplo, algumas reflexões que são conscientes da história de proibições de certas práticas sexuais (cf. VANCE, 1984; SNITOW et al., 1984) sugeriram ser fácil subverter as perspectivas que tomam a sexualidade exclusivamente em termos de expressão do domínio do homem sobre a mulher e transformá-las em uma postura que demoniza a sexualidade como origem de todos os problemas sociais. A história da proscrição de todas as atividades sexuais, menos a heterossexual, nas sociedades ocidentais modernas, elas dizem, sugere que a censura de práticas sexuais livremente consentidas (como participar da prostituição ou produzir pornografia) corre o risco de ser cooptada por movimentos conservadores de direita, que promovem valores tradicionais (patriarcais) e censuram a opinião feminista (o livro *Sex Wars* [Guerras do sexo] (1995) de Lisa Duggan e Nan Hunter documenta a desconfortável aliança de Dworkin e de MacKinnon com a direita moralista). Todas as práticas sexuais (não tradicionais) de subordinação (não importa se elas são livremente consentidas ou prazerosamente vivenciadas), bem como todas as práticas homoafetivas são vulneráveis a esse movimento. Mesmo o fornecimento de informação relativa à sexualidade, controle reprodutivo ou lesbianismo é um alvo provável.

Apesar desses riscos, posições contra a antipornografia também reconhecem a tensão relativa ao ponto em que as liberdades individuais devem e podem legitimamente ser limitadas em favor de outros valores, como um bem comunitário mais amplo. Tais intelectuais fazem assim uma distinção – nos termos utilizados pela filósofa feminista americana Ann Ferguson em *Sex War* [Guerra do sexo] (1984) – entre práticas sexuais "arriscadas" e "proibidas". Segundo Ferguson, as primeiras são aquelas que *podem* levar a uma relação dominante-subordinado, ao passo que as proibidas *levarão* a relações desse tipo. Assim, com base nessa diferença, Ferguson afirma que as feministas deveriam se tornar mais tolerantes com as práticas sexuais arriscadas:

> O sadomasoquismo e as relações produzidas pelo sistema capitalista na pornografia, na prostituição e no núcleo familiar entre homens que ganham o pão e mulheres que arrumam a casa são todas práticas arriscadas de um ponto de vista do feminismo. Isso não significa que feministas não tenham o direito de se envolver com essas experiências (1984, p. 112).

Todavia, não importa a postura que as pessoas adotem nessas guerras de sexos, o que o debate mostra é que está em jogo justamente quais expressões de sexualidade e desejo são tidas como legítimas. Ademais, apesar de seu desacordo profundo a respeito dessa questão, é justo afirmar que tanto as feministas radicais quanto as "pró-sexo" buscam práticas e expressões de desejo e sexualidade que transgridam formulações fundadas e limitadas por presunções patriarcais sobre o domínio ou privilégio masculino. Isso, claro, é um problema muito mais amplo do que a legitimidade ou não de práticas de pornografia e prostituição (apesar da importância desta última para sociedades contemporâneas e para as compreensões da população a respeito do que significa o feminismo). Com efeito, trata-se de uma questão que nos leva de volta para nosso ponto de partida neste capítulo, que investiga quão natural a diferença sexual realmente é. Ou seja, tal diferença pode mesmo se constituir como fundamento da argumentação que afirma o homem como possuidor "natural" de uma sexualidade dominante?

Uma resposta feminista para esse problema mais abrangente foi sugerir que, mesmo se a diferença sexual for fixa, e as pessoas puderem ser assinaladas, sem questionamento, a um ou outro sexo, ainda assim será problemático usar esse simples fato da feminilidade ou masculinidade corporal da pessoa como fundamento e justificação do que seria um comportamento "propriamente" feminino ou masculino no âmbito da sexualidade e do desejo (ou qualquer outro). Afinal, ideias sobre tal comportamento apropriado variaram consideravelmente ao longo do tempo e entre diferentes culturas. E foi essa percepção que acendeu o que foi provavelmente uma das mais influentes distinções feitas pelo feminismo: a separação entre "sexo" e "gênero". Mais especificamente, é tal distinção que permitiu a muitas feministas aceitar a fixidez e a facticidade da diferença sexual e, ainda assim, ao mesmo tempo questionar a presunção do senso comum de que essa diferença implicaria e justificaria por si mesma certos comportamentos. Ao distinguir sexo e gênero, afirma-se que há dois tipos de corpos sexuados – feminino e masculino – que só então são inscritos e descritos nos termos das expectativas sociais. Como a escritora e socióloga britânica Ann Oakley afirma em *Sex, Gender and Society* [Sexo, gênero e sociedade]:

> "Sexo" é uma palavra que se refere a diferenças biológicas entre homens e mulheres: a diferença visível na genitália, a diferença correlata na função de procriação. "Gênero", porém, é uma questão de cultura: ele se refere à classificação social em "masculino" ou "feminino" (1985, p. 16).

Assim, para a autora, "sexo" indica as diferenças corporais, enquanto "gênero" é entendido como tudo o que diz respeito à conduta, disposição e expressões de desejo e sexualidade. Ou seja, tudo o que foi comprovado como variável ao longo do tempo e das culturas. Essa variação no que conta como comportamento propriamente feminino e masculino atua como prova do fato de o gênero ser socialmente determinado.

Construtivismo social: separando o gênero do sexo

Uma forma de construtivismo social, essa concepção foi intensamente influente para muitas feministas. Por exemplo, tal construtivismo lhes permite afirmar que as diferenças de atitude, visão de mundo e comportamento entre mulheres e homens não surgem dos fatos biológicos da natureza, mas de práticas e tradições profundamente entranhadas. Ou seja, a compreensão que uma pessoa tem do que é ser e se comportar como uma mulher ou como um homem "não é algo inato ou imutável, mas sim algo que é criado por forças sociais e históricas" (GILBERT, 2001, p. 42). E é a partir dessa base que o construtivismo social permitiu às pensadoras feministas projetar um futuro não patriarcal para mulheres e homens, um futuro que foi descrito de vários modos: andrógino, amoroso, plural, ciborgues e como realização plena e apreciadora dos princípios de igualdade, justiça e direitos humanos.

Essa ideia de que a identidade e a *performance*[10] de gênero de alguém – sua identificação com e prática das normas da feminilidade

---

10. No contexto dos estudos de gênero e dos estudos culturais em termos mais gerais, o termo *performance* tem um sentido específico, derivado do impacto da teoria dos atos de fala, desenvolvida pelo filósofo John L. Austin (1911-1960). Para resumir muito brevemente, tal teoria sublinha a força performativa da linguagem, ou seja, o fato de as palavras não apenas constatarem algo sobre o mundo (como quando se diz: "o livro está em cima da mesa"), mas também construírem o próprio mundo e os fatos com os quais elas se envolvem. Quando um sacerdote

ou masculinidade – é o resultado de forças sociais e históricas teve um papel importante na teoria feminista recente. Para começar, ela nos lembra que as expectativas relativas ao comportamento estão abertas para questionamento e modificação. Por exemplo, no Ocidente, tais expectativas sociais para o comportamento de gênero apropriado tanto para mulheres quanto para homens variaram consideravelmente entre a Contemporaneidade e a década de 1950. Sociedades ocidentais não mais consideram inapropriado ou desnecessário que as meninas adquiram uma educação de alto nível. Não é mais impensável ou politicamente transgressivo que mulheres e homens compartilhem as tarefas domésticas da cozinha e da limpeza. Não é mais considerado socialmente chocante ou egoísta que moças e mulheres trabalhem por sua própria independência e satisfação, e não a de seus parceiros homens; ou que heroínas femininas "arrebentem com tudo" tanto quanto os masculinos (considere-se as estrelas femininas de ação na televisão e no cinema: Buffy, a caça-vampiros, Panteras, Lara Croft e G.I. Jane, embora, claro, exista a "necessidade" adicional de as "garotas" que "arrebentam" ainda parecerem femininas e atraentes). Também não é mais considerado socialmente chocante (ou anormal) que mulheres demonstrem agressividade sexual, embora isso ainda possa ser uma questão delicada. O ponto é que o gênero e o comportamento de gênero não são nunca nítidos e evidentes, um argumento celebremente elaborado por Judith Butler em seu livro clássico de 1990, *Gender Trouble* [*Problemas de gênero*]:

---

ou juiz afirma, em um casamento, "eu vos declaro marido e mulher", ele cria, pela força performativa das palavras empregadas, o próprio fato ao qual se refere. Para Austin, essa função performativa, longe de ser um dado particular e localizado a respeito da linguagem, está presente em todo ato de fala, pois mesmo a mais trivial das constatações procura não apenas descrever o mundo, mas fazer alguma coisa com ele (chamar atenção para si, jogar conversa fora, estimular o diálogo etc.; cf. AUSTIN, J.L. *Quando dizer é fazer*. Porto Alegre: Artes Médicas, 1990) [N.T.].

O gênero é uma complexidade cuja totalidade é permanentemente postergada e diferida, nunca é totalmente o que é em dada conjuntura do tempo. Uma coalizão aberta, então, afirmará identidades que são alternadamente instituídas e abandonadas de acordo com os propósitos em questão; será uma congregação aberta que permite múltiplas convergências e divergências sem obediência a um *télos* normativo de fechamento das definições (1990, p. 16).

O que Butler está afirmando é que a identidade de gênero só pode ser provisória. Trata-se de dizer não apenas que ela se baseia em pressupostos socioculturais, mas também que as pessoas podem assumir e efetivamente assumem tais identidades e comportamentos de gênero para acomodar seus próprios objetivos. Por exemplo, elas podem fazer uso de uma série de diferentes posturas de gênero conforme estejam trabalhando, flertando, passando tempo com os amigos, enredando-se em algum tipo de crise, e assim por diante. Esse conceito de gênero também foi utilizado para refletir sobre algumas questões da experiência *queer* e transgênero. Ou seja, se gênero é o resultado da socialização e não um comportamento inato, então qualquer norma ou regra que ele possui pode ser quebrada (uma afirmação também reconhecida por feministas pró-sexo quando elas defendem as transgressões eróticas). As mulheres não têm de se comportar femininamente, e os homens não têm de ser masculinos. Pelo contrário, o gênero pode ser transgredido e/ou imitado, uma possibilidade que pode ser observada em práticas de *tomboyismo* (e *tomgirlismo*[11]), ao vestir roupas do gênero oposto, no comportamento *drag* e, claro,

---

11. *Tomboy* é um substantivo em língua inglesa que, ao menos desde o século XVI, designava comportamentos rudes. A partir do século XIX, passou a ser empregado para se referir a meninas e mulheres que adotavam o vestuário e o gestual socialmente atribuído ao universo masculino. *Tomgirl*, por sua vez, é um termo muito mais recente e nomeia o movimento inverso, ou seja, meninos e homens que adotam um comportamento socialmente tido como mais feminino. Importa notar que essa escolha por posturas sociais geralmente vinculadas ao sexo oposto,

na experiência de transexuais e *queers* (*gays*, lésbicas e bissexuais). Todos demonstram o potencial para a multiplicidade de modos de fazer ou performar a feminilidade ou a masculinidade, talvez até mesmo a neutralidade de gênero (essa última é uma possibilidade defendida por Kate Bornstein, transexual que foi do masculino ao feminino e se autoproclamou "fora da lei de gênero" em seu livro clássico, *Gender Outlaw* [Fora da lei de gênero] de 1994).

Ainda assim, há um problema nesse ponto que diferentes intelectuais feministas, *queer* e transgêneros levantaram: seria a realização ou *performance* de um gênero ou de uma neutralidade de gênero tão fácil quanto uma simples escolha para fazê-lo? Afinal, embora pareça evidente que a forma de socialização que um indivíduo recebe é contingente – pois definida em função do tempo e do espaço onde ele cresce – o fato de ele ser socializado em conformidade com tais fatores não o é. Ou seja, as pessoas não podem escolher plenamente seu modo de se socializar, uma vez que tudo começa bem antes da idade de ela poder plausivelmente fazer uma escolha. Logo, qualquer transição de gênero que se possa fazer – ou seja, para a *performance* de um gênero não compatível com o sexo da pessoa (e presumidamente também não compatível com o gênero em que ela foi inicialmente socializada) – será necessariamente problemática, uma vez que ela terá provavelmente perdido algumas das "sutilezas e nuanças do que é certo, do que é errado, de como se comportar" dentro daquele gênero (GILBERT, 2001, p. 46). Certamente, levar esse argumento até seus extremos será voltar à posição de que há apenas um modo apropriado de se realizar como (ou de ser) uma pessoa feminina ou masculina, o que – de acordo com a ideia de gênero como comportamento socializado – é manifestamente falso. Porém, sem ir a esses

---

tal como indicada por esses termos, não está necessariamente vinculada a uma orientação homossexual, que pode ou não estar presente [N.T.].

extremos, há um ponto importante aqui. Ou seja, e se – em vez de considerar a transição de gênero como *performance* de uma pessoa trans ou *queer* entre gêneros já socialmente conhecidos, avaliando-a por sua apropriação ou não – nós pudéssemos, em vez disso, vê-la como a *performance* de algo ainda desconhecido? Um exemplo seria considerar um transgênero que deixou de ser masculino para ser feminino não como uma tentativa de performar a feminilidade enquanto tal, mas como a tentativa de performar algo que pode sugerir algumas noções femininas, mas que não se supõe ser feminino.

O sexo é realmente separado do gênero?

Essa ideia nos leva a outro problema, qual seja, mesmo quando se reconhece, com a distinção entre sexo e gênero, que muito do que conta como feminino ou masculino tem a ver mais com o contexto cultural e a socialização do que com a biologia, ainda parece que gênero é geralmente pensado em termos de sexo. Ou seja, ele é compreendido como uma "dicotomia social determinada por uma dicotomia natural" (DELPHY, 2003, p. 60), ou ainda, como comportamento socialmente aprovado de sexos específicos. Contudo, por que o sexo deveria determinar o gênero? Por que o gênero deveria ser dicotômico apenas porque assim é o sexo? Poderia o gênero estar conectado com o sexo de modo mais complexo do que sugere uma relação causal simples, ou talvez até mesmo completamente independente do sexo? Por fim, dado o pressuposto de que o gênero é socialmente construído e variável, é possível verdadeiramente justificar a ideia de que o sexo é fixo? Tais questões são, por certo, especificamente antiessencialistas, na medida em que problematizam a ideia de que há algumas características essenciais e reconhecíveis que determinam o gênero (ou o sexo). Também são questões urgentes, dado que intelectuais feministas e *queer* têm afirmado que a distinção entre sexo e gênero e a compreensão resultante sobre o construtivismo social do gênero não são, com efeito, suficientemente radicais para desafiar formulações patriarcais.

São questões tratadas especialmente por Butler. Célebre por sua descrição do gênero como fator social e performativo, essa filósofa também problematiza, de modo mais radical, a própria ideia de que seria possível compreender corretamente a diferença sexual (e mesmo o corpo sexuado) em termos de categorias naturais e, portanto, fixas. Mais especificamente, como mencionado no capítulo 2, Butler afirma que não há, a respeito do sexo, um substrato biológico puro que alicerce e determine o gênero social e culturalmente construído. Não há, ela sublinha, um conceito de diferença sexual independente da sociedade e não contaminada por ela, uma vez que tal diferença só parece se tornar relevante – e significar alguma coisa – com relação a compreensões e expectativas concernindo à *performance* de gênero. Por exemplo, mesmo quando fosse possível dizer que a diferença sexual pode ser considerada puramente em termos de reprodução biológica e, portanto, como independente de toda significação ou expectativa social – afinal, a reprodução não poderia ocorrer sem alguma diferença de sexo real – Butler responderia que tal afirmação é elaborada a partir de toda uma série de pressupostos sociais. Em outras palavras, é possível afirmar que presunções sociais e culturais sobre a diferença sexual são o que leva as pessoas a nem mesmo notar algumas *performances* de gênero como *performances* – pois são consideradas "normais" – e a ver outras como, de algum modo, transgressivas, chocantes ou mesmo zombeteiras.

> **Judith Butler (1956)**
> Feminista e filósofa pós-estruturalista, Judith Butler é uma das principais teóricas dos estudos de gênero e inspirou uma série de argumentos da teoria *queer*. Mais precisamente, ela questiona – ou, em suas palavras, problematiza – o gênero, as categorias de sexo biológico e de diferença sexual, afirmando não apenas que nada disso pode fornecer uma fundamentação "natural" para a identidade individual, mas também que a presunção de que elas o fariam ou de que deve haver uma identificação entre sexo e gênero são simplesmente o resultado da construção social profundamente enraizada da heterossexualidade compulsória (o que ela chama de "heteronormatividade"). Essas ideias são exploradas ao longo de muitos textos, incluindo *Gender Trouble* [Problemas de gênero] (1990), *Bodies That Matter* [Corpos que importam] (1993), *Excitable Speech* [Discurso excitável] (1997), *Undoing Gender* [Desfazendo o gênero] (2004) e *Giving an Account of Oneself* [Relatar a si mesmo] (2005). As principais ideias de Butler afirmam: que o gênero é performativo; que a unidade presumida do sexo biológico, da identidade e *performance* de gênero e da heterossexualidade é ilusória; que as compreensões a respeito do biológico e do "natural" estão sempre já mediadas por pressupostos sociais e culturais (o de que há apenas dois sexos, feminino e masculino, p. ex.); e, acima de tudo, que não existe uma distinção coerente a se fazer entre, de um lado, *performances* e compreensões socializadas e, de outro, alguma noção supostamente imediata e pré-cultural a respeito do real ou do natural.

Há outra questão que Butler nos aponta, relativa à razão pela qual seres humanos classificam tão persistentemente as diferenças sexuais e os comportamentos e atitudes de gêneros socializados em apenas duas categorias: mulher e homem ou feminino e masculino. Por que se investiu tanto em um modelo estritamente dicotômico e dimórfico? Por que o binarismo e a identificação entre sexo e gênero foram policiados de modo tão agressivo, a ponto de muitas pessoas aceitarem a necessidade de censurar, humilhar e brutalizar "os ofensores de gênero"? (GILBERT, 2001, p. 46).

Questionando binômios

Esses problemas, por sua vez, sugerem diversas opções para intelectuais feministas, *queer* e transgêneros. Primeiro, seria possível afirmar que há, de fato, mais do que dois sexos: por exemplo, que hermafroditas e outras pessoas intersexos constituem um terceiro tipo. Ou, segundo ponto, seria possível argumentar também que é tempo talvez de parar de trabalhar com categorias como sexo (e gênero, mulheres, homens etc.). Ora, esses são problemas desafiadores para muitas pensadoras feministas, dado que elas parecem afetar o próprio ponto de partida do feminismo, ou seja, mudar para melhor a posição de um grupo específico – as mulheres – na sociedade. Afinal, o que acontece se não é possível apelar às "mulheres" ou à "feminilidade" como uma categoria coerente? Uma série de intelectuais trataram dessas questões complexas a partir não apenas das teorias feministas, mas também da teoria *queer* e dos estudos transgêneros, todas elas com interesses explícitos no modo como as noções de sexo, gênero e sexualidade são percebidas, todas elas trabalhando para prolongar e promover o debate sobre as normas de sexo e gênero.

O primeiro questionamento contra a presunção do binômio a ser considerada aqui é aquela levantada pelos hermafroditas e outras pessoas intersexuadas. Mais especificamente, esses indivíduos nos lembram que o espectro dos corpos sexuados simplesmente não se ajusta exatamente ao modelo binômico corpos femininos *versus* corpos masculinos. Ou seja, longe de todos serem, por conta de seus cromossomos, ou biologicamente XX (mulheres) ou XY (homens), as pessoas podem ser cromossomicamente intersexuadas: XO, XXY, XXXY, XXYY, XXXXY, XXXYY, ou XX ou XY mas com genitálias ambivalentes. Isso também não é estatisticamente improvável. As estimativas variam, mas a Intersex Society of North America [Sociedade Intersexo da América do Norte] declara que um em cada duzentos bebês nasce com alguma forma de intersexualidade (por conta de mais ou menos quatorze causas diferentes) (NATAF, 1998). Sob um modelo de binarismo compulsório – ao menos no mundo moderno ocidental – as práticas médicas e sociais têm forçado essas anomalias a se conformarem à norma. Bebês recém-nascidos são cirurgicamente "corrigidos" (por cirurgias de mudança de sexo) para que adquiram genitálias não ambivalentes, um processo que geralmente se prolonga até a adolescência, com terapia hormonal. A justificação aqui é a de que ser nitidamente mulher ou homem seria essencial para o desenvolvimento e bem-estar psicossocial da criança. Como o etnometodologista Harold Garfinkel afirma, a pessoa "normalmente sexuada" possui ou vagina ou pênis, e se a natureza "erra", então vaginas e pênis artificiais precisarão ser providenciados (1967, p. 126-127). Nessa concepção, portanto, genitálias ambivalentes marcam não apenas um defeito de nascimento, mas um obstáculo para o desenvolvimento "normal". A questão, porém, é saber se isso não é muito redutor, se o "é isso ou aquilo" da genitália não ambivalente é, de fato, "normal". Afinal, seres humanos realmente nascem em formas diferentes do que nitidamente femininos ou masculinos, então com que fundamento alguém pode realmente dizer que tais formas são "anormais"? Tal questionamento fez com que a "necessidade" da cirurgia de mudança de sexo após o nascimento, que era antigamente aceita, ser atualmente contestada por grupos pertencentes à "crescente comunidade política intersexual", que tenta pressionar para "abolir todas as cirurgias desnecessárias e garantir que o ato cirúrgico seja realizado com total compreensão e consentimento por parte do indivíduo intersexo envolvido" (HIRD, 2000, p. 352).

Precisamos lembrar que a identidade e a *performance* de gênero estão também em jogo aqui. Afinal, pessoas intersexo cirurgicamente modificadas (esp. as que passaram por cirurgias quando bebês ou crianças) podem viver uma situação onde o sexo de seu corpo não corresponde ao seu senso de identidade de gênero (um caso especialmente famoso foi o de John/Joan, cuja desastrada circuncisão o levou a mudar seu sexo para feminino, mas que posteriormente escolheu mudar de volta para masculino; cf., p. ex., COLAPINTO, 2000). Transexuais que – estejam ou não buscando a cirurgia de mudança de sexo – privilegiam efetivamente a identidade de gênero à custa do sexo corporal problematizam ainda mais situações como essa. Muitas narrativas transexuais, por exemplo, falam do sentimento de estar "preso no corpo errado", uma condição conhecida como disforia de gênero. Contudo, algumas pessoas intersexo ou transgêneros de diferentes formas têm se perguntado o seguinte: se seu sexo corporal não é nitidamente feminino ou masculino (mas ambos, p. ex.), por que deveria se esperar que elas se identifiquem e/ou se performem como indivíduos ou femininos ou masculinos? Talvez elas possam se identificar ou se performar como um terceiro sexo e/ou gênero ou como andróginos ou como foras da lei de gênero:

> Você aceita a si mesmo então como não totalmente masculino nem feminino [...] em alguns aspectos, eu não sou um homem, [todavia] não sei no que isso me transforma, mas não é em uma mulher. Eu não gostaria da ideia de dizer que sou uma mulher. Eu não acho que iria tão longe, mas chegaria ao ponto de dizer que estou no meio, ou que não sou nenhum dos dois, ou ambos ou um terceiro sexo ou algo assim (Simon Dessloch, apud MONRO, 2001, p. 158).

Nesse sentido, alguns indivíduos intersexo têm recusado os pronomes de gênero feminino ou masculino, citando sua inadequação e usando *"ze"* ou *"xie"* (*"s/he"*) e *"hir"* (*her/his*)[12].

Por certo, essa é uma posição similar àquela proposta pela *queer theory*, que argumenta – embora com fundamentos bem

---

12. Em língua portuguesa, um fenômeno similar tem ocorrido com uso de "x" no lugar dos marcadores tradicionais de gênero: *elx, umx, todxs* etc. [N.T.].

diferentes – que as dicotomias mulher/homem, feminino/masculino são simplesmente muito limitadas e rígidas para abranger toda as experiências de sexo e gênero vividas por tantos *queers* (*gays*, lésbicas e bissexuais). Mais especificamente, esse argumento diz que "*queer*", por indicar "*o que quer* que seja estranho em relação à norma, ao legítimo, ao dominante", é uma "identidade sem essência" (HALPERIN, 1995, p. 62). Trata-se, então, de não se apresentar como atribuível a nenhuma dicotomia perceber que sexo, gênero e sexualidade estão todos intrinsecamente em movimento, e que os binômios rígidos mulher-homem, feminino-masculino e mesmo homo-hétero não são estruturas inevitáveis no que concerne ao modo como indivíduos compreendem a si mesmos.

Algumas implicações para os projetos feministas

Tais propostas, porém, como mencionado anteriormente, têm sido vistas como problemáticas por algumas feministas, uma vez que elas parecem criar problemas para os projetos do feminismo que contam com o pressuposto básico de que haveria um grupo identificável – as mulheres – cuja posição dentro da sociedade precisa e pode ser melhorada. Assim, como diz a filósofa feminista britânica Margrit Shildrick, mesmo que ela escreva sobre "pós-humanismo", não terá "nenhuma vontade de abandonar totalmente o conceito de feminino". Certamente, ela continua, as fronteiras e as categorias usadas no pensamento e na prática correntes devem ser muito mais "fluidas e permeáveis" do que frequentemente concebidas, mas elas não devem ser tidas por "completamente encerradas" (1996, p. 9-10). Ainda assim, apesar de tais vontades, parece evidente que as questões inspiradas no entorno da teoria *queer*, da intersexualidade e da transgeneridade de fato perturbam o entendimento convencional patriarcal e o entendimento feminista sobre sexo, gênero e sexualidade, sobretudo quando esses três conceitos são demonstrados por elas em sua abertura, indeterminação e mobilidade. Como resultado, apesar do fato de muitas pessoas *queer* e transgêneros frequentemente sofrerem abuso e discriminação relativos aos questionamentos que eles fazem às dicotomias de sexo e gênero – os mesmos tipos de questionamento que, aliás, deram o pontapé inicial para os projetos feministas – os movimentos *queer* e transgênero são muitas vezes vistos em oposição a algumas posições do feminismo.

Algumas feministas consideraram as questões da transgeneridade – especialmente aquelas em torno de transexuais homens que se tornaram mulheres – como particularmente problemáticas. Tal posição é exemplificada pelo texto de 1979 escrito pela feminista lésbica Janice Raymond, *The Transsexual Empire* [O império transexual], no qual ela afirma que as mulheres transexuais "não são mulheres... [mas] homens destoantes" (1979, p. 183). No geral, a visão de Raymond – claramente essencialista – é a de que transexuais antes homens agora mulheres, por não terem sido assim desde que nasceram, não são mulheres "autênticas"; com isso, por terem nascido e se socializado primeiro como homens, nunca poderão ser verdadeiramente mulheres e, portanto, não merecem o apoio dos projetos feministas. Essa visão também sustém uma crítica suplementar contra os transexuais antes homens agora mulheres (e travestis): a de que eles – conscientemente ou não – contribuem com o patriarcado e sustentam concepções misóginas sobre a mulher ao se apresentarem como – ou simularem – estereótipos femininos. Como a feminista lésbica britânica Sheila Jeffreys afirmou em *Anticlimax*, "homens transexuais querem se tornar a imagem do que as mulheres deveriam ser, não uma versão liberada ou feminista" (1990, p. 178). Certamente, isso é particularmente problemático para as feministas, uma vez que elas lutam para libertar as mulheres das expectativas patriarcais. Por outro lado, transexuais antes mulheres agora homens foram criticadas por algumas lésbicas no que diz respeito ao seu desejo de trocar o que era percebido como uma identidade lésbica feminina "durona" por uma identidade masculina mais estereotípica, normal e até mesmo heterossexual. Tal gesto foi considerado por algumas pessoas como uma rendição ao inimigo: e até mesmo uma heresia.

Esses tipos de resposta, porém, derivam de versões do feminismo (e do lesbianismo) que ainda estão pesadamente ancoradas no binarismo e, portanto, se recusam a ver conceitos de diferença sexual, sexualidade e gênero como questões e não como respostas. Tais feminismos ainda não acertaram as contas com o questionamento de Irigaray – elaborado, por exemplo, em *Speculum de l'Autre Femme* [*Speculum* da outra mulher] (1985a) – que propõe imaginar "mulher" fora da "lógica do mesmo", ou seja, a necessidade de conceber a ideia de "mulher" sem qualquer vestígio de um binarismo heterossexual. Trata-se também de um questionamento que algumas feministas terceiro-mundistas, mulheres radicais de diferentes etnias e intelectuais *queer* trazem à tona quando urgem as pessoas a encontrar outro caminho para além da tendência em direção ao conforto da categorização inequívoca. Com tal objetivo, elas sugerem uma via de hibridização, o do ser desconfortável no mundo do *queer* e de *la mestiza* (a atravessadora de fronteiras), onde a luta contra a classificação excessivamente confinante e estrita é uma característica central da vida.

Tendo dito isso, algumas feministas ainda percebem um problema nesse desejo *queer* de questionar a categorização e escapar dela. Mais especificamente, elas defendem que tal desejo de se afastar da limitação marcaria uma recusa em reconhecer diferenças entre mulheres, entre lésbicas, *gays* e bissexuais, entre transexuais, travestis, *drags* e os intersexuados. Elas também insistem que esse gesto ignora diferenças de raça, classe, idade, contexto cultural, localidade e assim por diante. Nas palavras da feminista chicana Gloria Anzaldúa:

> *Queer* é empregado como um falso guarda-chuva unificador e para baixo dele são empurrados todos os *queers* de todas as raças, etnias e classes. Precisamos às vezes desse guarda-chuva para solidificar nossas fileiras contra os intrusos. Mas mesmo quando buscamos abrigo debaixo dele não devemos nos esquecer de que ele apaga, homogeneiza nossas diferenças (1991, p. 250).

Em resposta ao primeiro e ao último argumento de Anzaldúa mencionados acima, alguns críticos da teoria *queer* afirmam que essa precisaria aprender uma lição com debates feministas anteriores e desenvolver uma compreensão mais nuançada de como "numerosos sistemas de opressão interagem para regular [...] a vida da maioria das pessoas" (COHEN, 1997, p. 441; exploraremos essas questões com mais detalhamento no cap. 4).

Mas há outro ponto importante nesse debate, que concerne à tensão contínua entre feministas com orientação mais prática e ativista, de um lado, e feministas com orientação mais idealista e teórica. Para resumir, como já observamos nos capítulos 1 e 2, as primeiras frequentemente criticam os movimentos mais intelectuais e teoricamente complexos por sua aparente falta de relevância para a vasta maioria das mulheres, que lutam contra submissão, exploração e violação no mundo real. Ou seja, feministas preocupadas com as questões do "mundo real" geralmente argumentam que a radicalização e o refinamento de compreensões teóricas são não apenas obscuros demais para ter alguma utilidade prática, mas também, de fato, atrapalham o caminho para a – ou distraem a atenção da – ação mais importante de tentar transformar a política e a prática na base. Por exemplo, muitas feministas sentiram que focar a atenção em ideias teóricas como a redefinição da diferença sexual seria errar o caminho, algo até mesmo antiético, dadas as desigualdades muito reais que as mulheres ainda sofrem. Refinar a teoria, sugerem elas, é um luxo com o qual feministas podem ser indulgentes apenas depois de terem lidado com os problemas sociais efetivos que as mulheres enfrentam. Ora, se, por um lado, não há dúvida de que a violência sexual e o estupro, o tráfico sexual e a exploração são enormes problemas para o sexo feminino; por outro, há também um contra-argumento aqui, o de que, caso as compreensões e categorizações teóricas não sejam refinadas, talvez não seja possível lidar com alguns problemas e resolvê-los. Um exemplo disso é a noção de que certas práticas – como as incorporadas ao privilégio sexual do homem, digamos – estão amarradas a certas compreensões da diferença sexual e da sexualidade, o que significa que o único modo de mudá-las é mudando tais compreensões.

Diante desses tipos de problema, então, o desafio é construir e promover algum sentimento de solidariedade que atravesse os muitos movimentos feministas, *queer* e transgêneros, tanto os mais práticos quanto os mais teóricos, ao mesmo tempo reconhecendo que as experiências dessas muitas mulheres, *queers*, transgêneros e pessoas intersexo revelam as limitações de cada movimento. Por exemplo, indivíduos *queer* de diferentes etnias notaram a intolerância de suas próprias comunidades contra relacionamentos homoafetivos ou de outro tipo não heteronormativo. Eles detalharam seus esforços para introduzir identidades e relações transgressivas ao redor e dentro de expectativas de culturas tradicionais. E, novamente, se retomamos o uso da distinção entre sexo e gênero, feita e defendida por muitas feministas e intelectuais *queer*, observa-se que a reivindicação do transexual de uma "realidade" ou autenticidade em sua identidade de gênero – "realidade" capaz de justificar a mudança de sexo – está constitutivamente em tensão com a ideia de que tal identidade não seria mais do que uma construção social. Ela também problematiza uma série de pressupostos feministas e *queer* acerca do que realmente importa nas noções de identidade, identificação e pertencimento.

Transgredindo a heterossexualidade compulsória

Há, porém, mais uma camada nessa problemática, evitada por nós até o momento, que é a relação entre sexo, gênero e sexualidade, de um lado, e o desejo, de outro. Mais especificamente, esse problema tem a ver com o modo como podemos compreender as várias questões discutidas até aqui e se elas são (ou não) transgressoras do que diferentes intelectuais chamaram, de variadas maneiras, a política sexual patriarcal ou heterossexualidade compulsória.

A heterossexualidade compulsória não apenas sustentou a presunção patriarcal do privilégio sexual masculino, discutida anteriormente neste capítulo, mas também alicerçou os pressupostos de que o desejo sexual é naturalmente heterossexual (desejo pelo sexo "oposto") e de que todas as outras formas de libido constituem uma patologia. Tal modelo, diz Rich, é construído como um paradigma não apenas para o senso de identidade das pessoas, mas também para todos seus relacionamentos, sejam eles sociais ou sexuais. E isso, ela sublinha, operou para efetivamente apagar – ou fazer ver como anormal – a possibilidade de relações lésbicas ou centradas na mulher. O resultado, aos olhos de Rich, é que, em razão de seu declarado questionamento contra o patriarcado, o feminismo passou a ter, como uma de suas tarefas mais urgentes, a recuperação desse tipo de relacionamento, que se prolonga naquilo que Rich chama de "*continuum* lésbico" (nele, a autora inclui ações de amizade, de auxílio e coletividade conectando mulheres, baseando-se nelas, bem como relações eróticas e sexuais especificamente lésbicas). Por certo, a tarefa de recuperar a heterossexualidade não normativa, ou seja, os relacionamentos que não são compelidos por compreensões normativas da heterossexualidade compulsória, também acompanha essa proposta.

Intelectuais antiessencialistas, feministas, *queer*, transgêneros e intersexo têm questionado também o próprio ponto de partida binário do sexo, do gênero e da sexualidade, desestabilizando esse desejo heterossexual estritamente naturalizado de diferentes modos. Primeiro, como já discutimos, ao discernir as estruturas da heterossexualidade compulsória, feministas e demais ativistas afirmaram que ela não apenas promove e naturaliza o privilégio sexual masculino, mas trabalha para moldar o desejo feminino (e, por certo, masculino) de modos específicos. Por exemplo, não só se supõe que as pessoas devem desejar o sexo oposto, mas elas devem desejar aquilo que dá prazer ao homem e ver todos os outros prazeres e práticas sexuais como anormais. Entretanto, feministas argumentam que, sendo construções socioculturais particulares, esses modelos de sexualidade e desejo são passíveis de mudança. Certas reflexões, por exemplo, afirmam que deve haver a possibilidade de desenvolver práticas de desejo "enraizadas em uma ética igualitária de reciprocidade e respeito", dado que pensar de outro modo seria, de fato, "renunciar a uma parte de nossa humanidade" (JENSEN, 2004, p. 33).

Todavia, para mulheres (e homens) heterossexuais que queiram construir um sentido não heteronormativo em suas relações sexuais, essa tarefa apresenta uma série de dificuldades, na medida em que seus desejos se alinham muito intimamente com muitas, embora certamente nem todas, as presunções do que é ocasionalmente chamado de heteropatriarcado. Com isso, algumas pensadoras afirmam o que seria a chave para separar a noção de heterossexualidade *per se* de sua versão institucionalizada, que privilegia o homem e subordina a mulher: desenvolver, em outras palavras, o conceito de um relacionamento heterossexual feminista, que exprima "reciprocidade e respeito". Esse propósito exigiria questionar todas as presunções patriarcais relativas ao *status* diferencial de homens e mulheres, junto com muitas das construções sociais e culturais hegemônicas acerca da masculinidade e da feminilidade. Mais especificamente, isso implicaria:

Uma distribuição mais equitativa do poder em termos de independência econômica, em que a mulher não se enrede na servidão doméstica, sexual e emocional; um relacionamento no qual a experiência erótica ou sexual não seja o modo primário de ligação, mas apenas parte de uma convivência envolvendo outras dimensões importantes, como amizade e companheirismo. Isso incluiria respeito pela independência da vida profissional de cada parceiro; e também o reconhecimento e aceitação de outras redes de intimidade e proximidade, especialmente de relações de mulher para mulher, que lhes permitam manter um senso de particularidade, uma intimidade amigavelmente exterior à parceria heterossexual (ROWLAND, 1996, p. 82).

O que é fundamental, então, para as práticas libidinais feministas é que cada parceiro possa conservar sua integridade, autorrespeito e senso de empoderamento próprio, e que esses atributos não sejam conquistados à custa do outro companheiro.

Essas práticas de desejo, pensaram algumas feministas, também podem ser desenvolvidas a partir do lesbianismo. Nesse sentido, intelectuais que tentaram recusar as presunções patriarcais sobre sexualidade e libido apoiaram-se, de diferentes maneiras, em modelos do desejo lésbico pelo mesmo sexo. Em particular, algumas reflexões retrataram o lesbianismo como paradigma para uma revolução cultural nas relações interpessoais. Nas décadas de 1970 e 1980, esse gesto foi tipicamente separatista, como exemplificado no manifesto de 1970 do grupo Radicalesbians – "nossas energias devem fluir na direção de nossas irmãs e não de volta para nossos opressores" (1997, p. 156) –, mas também pode ser lido como a projeção de um conjunto de relações interpessoais potencialmente diferente daquele normalizado pelo heteropatriarcado. Tais relações, dizem as proponentes dessa forma de lesbianismo, seriam baseadas na ausência de práticas opressivas e na promoção da amizade e do suporte emocional. Essa visão, porém, não obteve apoio incondicional. Algumas lésbicas consideraram o lesbianismo como uma experiência cooptada por uma instância política que dava pouca ou até mesmo nenhuma ênfase à sexualidade e ao desejo pelo mesmo sexo. De acordo com elas, as feministas que promoviam um lesbianismo sem sexualidade na verdade contribuíam com o patriarcado ao reforçar a falta de importância e de validade da libido voltada ao mesmo sexo. Além disso, e muito mais importante no que concerne a obter apoio mais amplo, muitas mulheres que se identificavam como heterossexuais não apoiavam um movimento que parecia tirar do foco e invalidar seus desejos. Apesar desses problemas, porém, ainda parece justo afirmar que a libido e a sexualidade lésbica de fato questionam o heteropatriarcado, uma vez que demonstram a possibilidade de um desejo sexual feminino que não está amarrado à heterossexualidade compulsória. Ou seja, o lesbianismo apresenta um modelo em que as mulheres podem construir ativamente sentidos sexuais não heteronormativos e afirmar desejos de sua própria autoria.

Muitas outras concepções também utilizaram esse último argumento contra a patologização do desejo pelo mesmo sexo, desde o pressuposto essencialista de que há um "gene *gay*" ou outro imperativo biológico (que faz do desejo pelo mesmo sexo uma parte inevitável e "natural" da vida de quem possui tal gene) até a noção de que a homossexualidade foi uma parte legítima – e até mesmo estimada – de um grande número de culturas ou a ideia de que o desejo pelo mesmo sexo é uma extensão "natural" da familiaridade que os indivíduos sentem com seus próprios corpos. Em todos esses casos, o objetivo foi normalizar o desejo homossexual, e assim mostrar que a sexualidade e a libido não surgem apenas em formas heterossexuais. (Essas tentativas de normalização da homossexualidade também instigam projetos como o da legislação para reconhecer o casamento *gay*.)

No fim, porém, como considerado anteriormente, diferentes intelectuais feministas, *queer*, transgênero e intersexo defenderam ser possível – e desejável – conceber a libido para além de todos os binômios de sexo e gênero. Ou melhor, defenderam ser possível concebê-la diferentemente do modo como esses binômios geralmente a enquadram (afinal, é impossível vir a escapar ou sair de todas suas normas completamente). Ou, melhor ainda, disseram que as normas binárias simplesmente não conseguem conter o desejo. Pois todas essas reflexões argumentaram que a libido não pode ser limitada à ideia que dela fazem os binômios da heterossexualidade compulsória e do patriarcado, ou mesmo à noção de que o desejo é ou hétero ou homossexual. Pelo contrário, como defendem tais intelectuais, o desejo não é regulável: ele escapa ou vai além de todas as condições construídas ao redor dele. Isso, porém, é algo que faz os proponentes da necessidade de regular a libido ficarem muito desconfortáveis, como observamos nos desdobramentos da guerra dos sexos em torno das práticas sexuais "arriscadas". Se o desejo não é regulável, como poderia eventualmente existir uma comunidade especificamente *queer*, para não falar de uma comunidade heterossexual? De modo mais geral, seria porventura possível algo como uma identidade baseada no desejo e na orientação sexual?

Esses problemas nos trazem de volta para o tema do desejo, que por sua vez nos leva à questão acerca do que significa exatamente ser uma pessoa desejante. As pessoas precisam compreender seus sentimentos de desejo a partir de categorias e discursos socialmente reconhecidos ou supostamente naturais? Seria possível considerar seriamente que a libido é, de algum modo, separável dessas categorias e discursos ou que os seres humanos poderiam, de alguma forma, ter a experiência de um desejo não construído discursivamente? Essas são perguntas que feministas ainda estão se esforçando para responder, dado que elas atingem o núcleo dos projetos do feminismo. Ou seja, elas exigem que as pessoas pensem sobre quais os critérios para ser uma mulher, bem como que especulem sobre como seria um futuro não patriarcal. Poderia a sociedade, como especulou a revista coletiva *Questions Féministes* [Questões Feministas] lá em 1977, porventura atingir um ponto em que não há nenhum peso social ou moral sobre o fato de alguém ser homem ou mulher, hétero ou homossexual, onde "indivíduos se reunissem como pessoas singulares, com sua história específica, e não em razão de sua identidade sexual"? (1981, p. 215).

Ainda não há certeza nas respostas dadas para essas perguntas (embora obviamente a reprodução ainda exija indivíduos sexualmente diferenciados ou ao menos diferentes gametas). Além disso, mesmo que a sociedade atinja esse ponto, é certo que as pessoas ainda precisarão se esforçar para garantir que tal mundo seja e permaneça livre e justo? (Afinal, como o capítulo 4 particularmente reforçará, questionar um "ismo" – o sexismo – não é garantia de que os outros também o sejam). É também importante lembrar que não são unificadas as respostas feministas para questões e desafios que continuam surgindo com o reconhecimento gradual do impacto de contextos sociais, culturais e conceituais sobre as práticas sexuais e desejantes. Nenhuma delas tem apoio incondicional. Porém, há dois pontos pragmáticos a se lembrar diante dessa problemática. O primeiro é que talvez o mais importante é o fato de as pensadoras feministas – à medida que respondem às desafiantes condições materiais de sua vida e aos questionamentos que lhe são feitos pelos estudos *queer*, transgênero e intersexo – continuarem a buscar uma prática de reflexão crítica que se recusa a descansar nos louros de qualquer resposta ou solução particular. O segundo ponto é a percepção de que, apesar desse contínuo questionamento, tal resolução ou resultado particular pode ainda ser estrategicamente útil em um contexto específico. Por exemplo, quem trabalha para combater o tráfico sexual em campos de refugiados provavelmente ficará impaciente com conceitos como "performatividade de gênero" ou "movendo-se para além dos binômios" porque o contexto imediato torna essas noções quase irrelevantes; *queers* que são marginalizados podem, todavia, achar essas ideias muito úteis. Essas percepções, por sua vez, nos indicam uma questão mais geral que consideraremos detalhadamente no capítulo 4: a tensão entre o objetivo de lutar contra a opressão feita às mulheres em geral e o perigo de presumir que há um coletivo coerente de mulheres para falar em nome dele.

Resumo dos pontos-chave

• Feministas argumentam que as diferenças sexuais, concebidas como "naturais" e fixas, sustentaram uma economia sexual patriarcal que privilegia os homens e a "heterossexualidade compulsória". Esse sistema tem implicações para o modo como entendemos o desejo e a sexualidade, bem como práticas sexuais como pornografia e prostituição.

• Usando o construtivismo social, feministas defenderam que diferenças em atitudes e em comportamentos entre homens e mulheres não derivam de fatos biológicos da natureza, mas de práticas e tradições sociais profundamente enraizadas.

• A tradição ocidental viu a diferença tanto de sexo quanto de gênero como modelos binários: homem-mulher, masculino-feminino. Intelectuais *queer*, transgênero e intersexo acusaram esses binômios de falhar em reconhecer os muitos modos como as pessoas compreendem a si mesmas sexualmente. Teóricos pós-estruturalistas também questionaram a distinção entre o biológico e o social.

• Visões antibinárias da sexualidade se mostraram problemáticas para muitas feministas, pois questionam compreensões tradicionais do que significa ser uma mulher e sobre a possibilidade ou não de considerar as mulheres como um grupo identificável.

• Debates em torno do sexo e do gênero também levantam questões sobre a natureza do desejo, sobre o que significa ser uma pessoa com desejos e sobre os modos como "a heterossexualidade compulsória" pode ser transgredida (como por meio de relações hétero ou homossexuais baseadas na reciprocidade é no respeito, ou por meio da noção de um desejo "não regulável").

4
Diferenças entre as mulheres e dentro delas

Não serei eu mulher?

Ain't I a Woman? [Não serei eu mulher?], o título do livro de bell hook de 1981, que reflete sobre as mulheres e o feminismo negros, simboliza um dos problemas mais urgentes e inquietantes que moldaram o pensamento feminista contemporâneo, problema que vimos surgir de vários modos nos capítulos precedentes. Esse título, ao ecoar as palavras da escrava negra Sojourner Truth, saúda tanto mulheres negras quanto feministas brancas: chama a atenção das últimas por seu silêncio a respeito da vida das primeiras, e chama a atenção das primeiras por sua cumplicidade com a narrativa que os homens negros fazem a respeito do racismo. Em termos mais gerais, hook constrói o argumento de que, embora a atenção feminista dedicada aos problemas da opressão e da corporificação tenha revolucionado análises de funções, saberes e conhecimentos de gênero ao expor os enviesamentos do pensamento hegemônico, ele também foi muitas vezes mal-orientado e excludente em seus próprios termos, ao negligenciar o impacto das muitas diferenças – de raça, classe, sexualidade, etnia e assim por diante – entre as mulheres. Falar sobre opressão e submissão, divisões de gênero no trabalho, linguagem sexista, consciência corporal, pressupostos acerca do desejo e da sexualidade, chamando a atenção, ao mesmo tempo, contra as falsas generalizações da compreensão dominante masculina, eis um gesto que muito frequentemente implicou concepções homogêneas de mulher e de feminilidade. Não é surpresa que tais concepções tenham refletido a situação de mulheres brancas privilegiadas: aquelas com poder para fazer suas vozes serem ouvidas.

Observamos no capítulo 1, por exemplo, como o questionamento que algumas feministas faziam do problema da opressão no que concerne à exclusão das mulheres do trabalho na esfera pública se desdobrava a partir da situação de algumas mulheres de classe média para vir fazer suas reivindicações. Todavia, para mulheres de classes mais pobres e de diferentes etnias, esses termos falhavam totalmente em capturar a natureza da opressão delas. Similarmente, visões sobre a natureza feminina assumidas por feministas ginocêntricas e culturais muitas vezes se basearam nas descrições heterossexuais da diferença sexual. Além disso, críticas feministas contra a valorização indevida da maternidade como fator central para a identidade feminina e o ativismo pelos direitos de aborto também subestimaram frequentemente a importância de se tornar mãe na vida de muitos povos pós-coloniais e indígenas, na sua luta contra a esterilização forçada e a perda dos filhos para as agências de assistência social.

Essas dificuldades de diferenças entre mulheres parecem suficientemente evidentes e óbvias. É certo que mulheres diferentes têm valores e aspirações, necessidades e desejos diferentes. Não há sempre conflitos e lutas em qualquer movimento social? E o compromisso e a tolerância não são meios testados e experimentados para gerir essas tensões? À primeira vista, isso pode parecer com um terreno já muito pisado, mas a emergência do problema das diferenças entre as mulheres e as respostas para ele tiveram um efeito radical na natureza do pensamento e da ação feminista, fazendo-o alcançar novos níveis de compreensão. O problema é complexo, primeiramente porque atravessa diferentes camadas da obra feminista, cada uma com seus próprios objetivos e propósitos. Como resultado, tal problema se mostra multifacetado, com as diversas exclusões que o constituem tendo múltiplas implicações para os projetos práticos e conceituais dos feminismos. Contudo, mais importante é que, como as outras problemáticas abordadas neste livro, ele se tornou um fator disseminado na própria reflexão feminista, uma parte do que molda as concepções do feminismo acerca do mundo e de suas aspirações de mudança. Nesse capítulo, portanto, traçaremos o desenvolvimento da intersecção entre os desafios práticos reunidos por feministas de diferentes etnias, socialistas, lésbicas, com deficiência e pós-coloniais junto com o trabalho conceitual de teóricos pós-estruturalistas, culminando naquilo que feministas e outros intelectuais chamam de debate essencialista (um debate que mencionamos brevemente em capítulos anteriores). Por fim, mostraremos como diferentes abordagens e respostas dessa questão lançaram novas direções e novas problemáticas para o pensamento feminista.

Falsas generalizações e diferenças estruturadas

Diferenças entre as mulheres foram reconhecidas em vários contextos durante o reavivamento das ideias feministas na segunda metade do século XX. Como já mencionamos, tornou-se óbvio logo desde o início que a análise de Friedan sobre a opressão de mulheres como ela pouco interessava às mulheres em diferentes situações socioeconômicas, para quem o trabalho assalariado era uma necessidade sufocante de sobrevivência e mais oportunidades de participar de atividades domésticas cuidando da família, um sonho distante. Por sua vez, feministas influenciadas pelo marxismo e pelo socialismo chamavam atenção para o modo como as possibilidades sociais das mulheres dependiam de sua posição na estrutura de classe da sociedade e como essa estava sujeita à mudança histórica. Além disso, os escritos de intelectuais afro-americanos nos Estados Unidos fortemente pressionavam pela necessidade de o pensamento feminista reconhecer a raça junto com o gênero e a classe. Dentre esses, a afirmação, feita pelo Coletivo Combahee River (1977), da especificidade irredutível da opressão das mulheres negras e da exigência crucial de sua inserção no movimento foi uma das mais contundentes declarações. (Importante lembrar que essa afirmação da importância da raça no que concerne à opressão também indicava a importância da condição econômica – uma vez que essas mulheres eram, na maior parte, pobres – e envolviam tanto visões lésbicas quanto heterossexuais.) As mulheres de outros grupos étnicos marginalizados – hispânicas, latinas, chinesas, americanas nativas e indígenas, assim como as mulheres do Terceiro Mundo – se juntaram à briga, sublinhando o racismo e etnocentrismo da sororidade (um termo de origem na cultura negra) convocada pelo feminismo branco, ao mesmo tempo em que clamavam por um lugar para suas próprias vozes.

Feministas lésbicas também questionaram as presunções de heterossexualidade que as narrativas feministas hegemônicas inscreviam em seu entendimento a respeito da vida das mulheres. A sexualidade, como a classe, raça e etnia, criou outra diferença significativa nas formas de opressão de gênero que as mulheres enfrentavam.

---

bell hooks (1952)
Uma afro-americana, nascida Gloria Jean Watkins, bell hooks adotou o nome, sem as iniciais maiúsculas, de sua bisavó para sua voz em textos e falas públicas. Seu primeiro livro, *Ain't I a Woman?* [Não serei eu mulher?] (1981), foi motivado por sua inabilidade de encontrar escritos nos quais as complexidades multidimensionais da opressão contra a vida das mulheres

> negras fossem expressas com precisão. Sua escrita é decididamente livre do jargão acadêmico e visa compreender o impacto das opressões intersecionais de raça, classe e gênero sob o sistema que ela chama de "patriarcado capitalista supremacista branco". Ela fala abertamente em suas críticas à falsa ideia das feministas brancas acerca de uma opressão comum contra o gênero e ao fracasso dessa ideia em compreender a natureza variada e complexa da vida de mulheres (e homens) diferentes. Seus escritos prolíficos e diversificados abrangem a teoria feminista, crítica cultural e autobiografia, incluindo *Feminist Theory* [Teoria feminista] (1984), *Talking Back* [Contestando] (1989), *Wounds of Passion* [Feridas de paixão] (1997) e *Feminism is for Everybody: Passionate Politics* [O feminismo é para todo mundo: políticas arrebatadoras] (2018).

Por volta dos anos de 1980, muitas feministas notaram que havia diferenças importantes entre as mulheres e fizeram afirmações nesse sentido em seus escritos. Elas muitas vezes lidavam com o problema de representar de modo inclusivo e preciso a experiência de diversas mulheres registrando declarações de aspiração à inclusão e/ou confissões, por parte de intelectuais específicas, do viés sócio-histórico particular de sua visão. Porém, como as pesquisas feministas ganharam terreno e intensidade na academia, tornou-se evidente que o problema era mais profundo do que sugeriam essas táticas. Feministas anglo-americanas continuaram a explorar o que entendiam ser os pontos comuns da experiência feminina, como se isso fosse produzir as bases fundamentais para compreender a opressão e como se as percepções que elas tinham desses pontos comuns fossem universais. Essas generalizações abrangentes concernindo às causas da opressão, à natureza do desenvolvimento psicossocial e as concepções de mulher e feminilidade (algumas das quais exploramos nos capítulos precedentes) presumiam falsamente ser relevantes e aplicáveis para todas as mulheres em todas as circunstâncias. Em resposta, críticas redobraram seus esforços para demonstrar como essas teorias eram sustentadas por falsas compreensões de uma essência comum do que é ser mulher. Ainda mais importante, notava-se que a falha em estabelecer a diferença e a diversidade na estrutura central das teorias feministas não apenas excluía quem não partilhava de tais características, mas também resultava na transformação de essências pressupostas em normas *de facto*.

Esse tipo de crítica é exemplificado pelo artigo da autora e teórica feminista francesa Monique Wittig, "On ne naît pas femme" [Não se nasce mulher] (1992). Ele afirma que a categoria "mulher" funciona normativamente para excluir a possibilidade de uma lésbica ser uma mulher genuína. Tendo o livro de Beauvoir, *O segundo sexo*, como alvo, Wittig mostra que o foco da concepção de mulher presente neste livro, geralmente visto como uma categoria biologicamente fundada, é exclusivamente heterossexual. Por exemplo, embora seja verdade que a filósofa existencialista tenha incluído um capítulo sobre lesbianismo em seu livro e isso possa dar uma impressão de inclusão, Wittig explica por que tal impressão é equivocada. O motivo seria o fato de, ao longo de sua obra, Beauvoir tomar a união heterossexual com um homem como base fundamental para a compreensão da natureza da mulher. Como resultado, uma orientação lésbica autêntica é impossível. Dessa perspectiva, o conceito de "mulher", no livro analisado, funciona normativamente (talvez sem intenção) a serviço de uma heterossexualidade compulsória, e a libertação de tal norma, para as lésbicas, requer o que parece ser um gesto autocontraditório: a recusa de ser uma mulher.

Essa implicação paradoxal sublinha as dificuldades que diferenças na sexualidade, e diferenças entre as mulheres, de modo mais geral, trazem para a compreensão de como teorizar seres individuais e projetos feministas coletivos. As lésbicas não são mulheres de verdade? Ou há algo com a categoria "mulher"? Se algo está errado com a categoria, o que unifica as aspirações feministas? (Essas questões são o núcleo dos cap. 5 e 6.) Ademais, a partir da análise de Wittig, podemos ver como a noção de diferença, nesse caso entre homossexual e heterossexual, opera para marcar indivíduos particulares em relação com uma norma aparentemente neutra. A heterossexualidade não é diferente, mas sim a homossexualidade. A primeira não requer explicação, a segunda, sim. Como o capítulo 3 mostrou, essa dinâmica prontamente se transforma em uma hierarquia de valores que coloca quem consente com a "norma neutra" em uma posição de dominante em relação a quem é "diferente". (No cap. 3, essa normatividade pressuposta obviamente forneceu a base para os questionamentos de *queers*, transgêneros e pessoas intersexo.)

Entretanto, algumas das críticas mais fortes às falsas generalizações que as feministas brancas fizeram sobre a mulher vieram de feministas de diferentes etnias: afro-americanas como hooks, Audre Lorde, Patricia Hill Collins e Patricia Williams; chicanas como Gloria Anzaldúa e Cherrie Morago; latinas como María Lugones. Uma das peças de Lorde, "An Open Letter to Mary Daly" [Uma carta aberta para Mary Daly] (1984b) foi particularmente importante para despertar a consciência do viés racial no pensamento feminista, devido à posição de destaque de Daly como feminista radical. Lorde chama a atenção de Daly por sua negligência total a respeito da visão, da cultura e dos mitos das mulheres negras, no chamado que ela faz para todas as "verdadeiras" feministas, o livro *Gyn/Ecology* [Gin/ecologia] (1978). Mais especificamente, a visão de Daly a respeito da autenticidade feminina emprega entendimentos da força e dos valores feministas inspirados por mitos ocidentais, como se eles fornecessem uma inspiração universal para os feminismos em todo lugar, sendo assim indiferente a fontes alternativas de valor em culturas africanas e ao poder que essas dão às mulheres. Lorde aponta que o erro de Daly não é uma questão de mera omissão passível de correção por adição de informações ausentes. É algo mais profundo, pois a postura da escritora criticada bloqueia a possibilidade de um diálogo produtivo com mulheres "não europeias" e trabalha para consolidar "as forças destrutivas do racismo e da separação entre as mulheres – a presunção de que a história feminina [*herstory*] e o mito das mulheres brancas são a história [*herstory*] legítima e exclusiva, o mito que todas as mulheres têm para evocar em busca de poder e história" (LORDE, 1984b, p. 69).

Lorde não está fazendo um apelo à aceitação ou tolerância de diferenças entre as mulheres (diferenças raciais, nesse caso). Sua importante mensagem é o fato de o privilégio das feministas brancas e de sua visão acerca do que é comum entre as mulheres ser construído sobre as costas de quem é considerado diferente: e o fato de as diferenças entre a vida das mulheres estarem estruturalmente conectadas e moldadas em relação umas com as outras. Afinal, mulheres brancas do Ocidente colaboraram historicamente com a exploração de mulheres e homens de outras raças e etnias, algo constitutivo de sua cultura ocidental. Elas usaram e abusaram do trabalho de mulheres indígenas, de diferentes etnias e do Terceiro Mundo em suas casas. Além disso, os bens que elas compram e sua posição social na maioria das vezes se aproveitaram da submissão e desapropriação dessas outras mulheres, bem como da pilhagem de suas terras e recursos. Nesse sentido, a opressão racial não é um problema individual, pessoal, ou mais amplamente uma questão de cor, nem mesmo de culpa dos brancos. É algo tanto individual quanto estrutural, baseado na relação binária "nós e eles", na qual a branquitude é o termo não marcado, mas dominante. A falha em questionar o privilégio branco – o que é incluído como comum e o que é deixado de lado como diferente – deixa tal relação intacta. Como Lorde explica em outro ensaio, "como as mulheres brancas ignoram seu privilégio enraizado de branquitude e definem mulher somente nos termos de sua experiência, as mulheres de diferentes etnias se tornam a 'outra', forasteiras cuja experiência e tradição é muito 'estranha' para se entender" (1984a, p. 117).

Mais recentemente, teóricas da deficiência também se juntaram nas críticas de que o pensamento feminista tem sido estruturalmente excludente e enviesado em benefício de valores e aspirações de um grupo específico de mulheres relativamente privilegiadas. Esses questionamentos são especialmente afrontadores, dado que as normas relativas às capacidades físicas e mentais são difusas e profundamente entranhadas na maioria das compreensões de mundo e de suas possibilidades elaboradas por mulheres sem deficiência. Mas as limitações severas desse problema são inescapáveis. A teórica canadense da deficiência Susan Wendell (1996) sugeriu que a cultura dominante em geral é incapaz de levar a sério as aspirações das pessoas com essa experiência, por causa do medo da perda de controle e do sofrimento que a deficiência traz, fatores esses que bloqueiam o envolvimento e a compreensão. (Muitos filmes retratam essa tensão, incluindo, por exemplo, *Dancer in the Dark* [*Dançando no escuro*], *Coming Home* [*Amargo regresso*], *Dance me to my song* [*Dance comigo a minha música*], *The Quiet Room* [*O quarto silencioso*] e *Le huitième jour* [*O oitavo dia*].)

Como resultado, muitas teorias feministas que chamaram atenção para a opressão e submissão das mulheres negligenciaram a situação de mulheres com deficiência e, nesse sentido, atuaram para a consolidação da opressão capacitista. Por exemplo, o tipo de posicionamento feminista que promove a importância da corporificação diante da objetivação e rebaixamento patriarcal da existência corporal feminina, discutida no capítulo 2, frequentemente pressupõe corpos perfeitamente funcionais e aprazíveis, como se tais qualidades fossem parte da essência da vida corporificada. Com efeito, como também notado no capítulo 2, reflexões sobre corporificação raramente abordam a dor e sofrimento da experiência corporal, para não falar do distanciamento que é necessário tomar dela para seguir com a vida, quando o corpo da pessoa exige atenção ininterrupta na realização das tarefas cotidianas. Outras feministas se baseiam em generalizações da função social das mulheres como nutridoras e cuidadoras, tomando-a como origem seja da exploração ou de uma revalorização da importância da mulher, o que constitui um viés contra aquelas que são incapazes de cumprir essas funções e/ou são dependentes do cuidado de outros. Uma vez mais, a lógica familiar da falsa generalização às custas da subordinação e da exclusão do outro "anormal" é evidente.

Identidades múltiplas e interseccionalidade

Falar de diferenças entre mulheres e de complexidades identitárias também prontamente se mostra envolvido em análises de efeitos transversais de diferentes formas de opressão. Os escritos de Lorde, por exemplo, questionam os feminismos brancos por conta da exclusão das mulheres negras de suas concepções, mas ao mesmo tempo chama atenção para as múltiplas fontes de sua identidade e diferença – mulher, negra, lésbica, mãe, de meia-idade, membro de um casal inter-racial, poeta – com o intuito de dar voz à complexidade em jogo quando diferenças são levadas a sério. Repetidas vezes, ela afirma suas próprias "diferenças" múltiplas para desafiar os pontos em comum implícitos e tidos por evidentes na experiência, nos desejos, valores e aspirações que são a base de muitas noções feministas de mulher e feminilidade. Sua experiência vivida, ela insiste, expõe uma das identidades simultaneamente contraditórias e mutáveis nas orlas e em discordância com os padrões dominantes de ser feminino. Essa negociação e renegociação contínua de subjetividade entre forças sociais plurais e interseccionais faz qualquer tentativa de estabelecer a essência da feminilidade ou do gênero uma tarefa impossível. Ela também mostra como diferentes padrões de opressão interagem, criando identidades multidimensionais – uma condição conhecida como "interseccionalidade" – que não coincidem com a soma de suas partes.

> **Audre Lorde (1934-1992)**
> Filha de uma família caribenha que imigrou para os Estados Unidos, Audre Lorde foi uma protagonista apaixonada e visionária da luta por justiça social para as mulheres, negras, lésbicas e *gays*. Ela foi uma poeta proeminente e publicou diversos volumes premiados de poesia. Suas publicações em prosa incluem a influente coleção de ensaios e discursos *Sister Outsider* [Irmã outsider] (1984) e a obra quase autobiográfica *Zami* (1982). Seus escritos são notáveis pelo modo como ela usa sua experiência pessoal para congregar temas pessoais, políticos e espirituais em conflito contra a opressão. Sua exposição das forças transversais em sua própria vida – como negra, feminista, mulher, lésbica, ativista, poeta, mãe – são mobilizadas para exprimir um sentido vital do poder das diferenças para transformar os projetos práticos e teóricos de igualdade e justiça. Na última fase de sua vida, ela também fez conexões internacionais entre mulheres negras e indígenas nos Estados Unidos, África do Sul, Europa, Austrália e Caribe.

As vozes de outros "outros" – de raça, etnia, pós-colonialidade, com deficiência, sexualidades *queer* e assim por diante, que habitam as terras no limiar entre fronteiras cruzadas de desigualdade – confirmam a realidade dessa experiência. Tais relatos não apenas deslegitimam os projetos feministas generalizadores, mas também expõem a impossibilidade de criar uma compreensão mais inclusiva do movimento por meio de uma simples extensão de seus limites que visasse incorporar as experiências e os valores dos marginalizados. (Uma crítica paralela emergiu no contexto mais específico da teoria *queer* no cap. 3, onde mencionamos a acusação de Anzaldúa contra intelectuais que empregavam o termo *queer* como um "falso guarda-chuva universal".) Para que feministas incluam a experiência e as aspirações de mães negras lésbicas, por exemplo, na concepção de seus projetos, é necessário mudar as aspirações de mães brancas heterossexuais, dado que essas concebem a branquitude e a maternidade em oposição à negritude e à criação de filhos por mães lésbicas. As relações de dominação e de subordinação entre diferentes identidades demandam transformações dos dominantes tanto quanto dos subordinados, com o objetivo de acomodar efetivamente todos em uma visão partilhada. Em outras palavras, é necessário trabalhar criativamente, atravessando as diferenças, para desfazer as hierarquias do privilégio e da desigualdade criadas por tais diferenciações, isso se as feministas pretendem superar as exclusões e opressões com as quais feminismos hegemônicos se envolvem. Por certo, essa é uma mensagem que as feministas já deveriam ter absorvido em suas tentativas de resolver o problema da opressão da mulher em relação ao homem. Afinal, observamos no capítulo 1 como as tentativas de feministas liberais em ampliar os valores masculinos de igualdade para incluir as mulheres é estruturalmente dependente da submissão feminina estabelecida pela ordem social pautada na divisão entre o público e o privado. Essa luta mostra que mudanças na situação das mulheres requer mudanças na estrutura da dicotomia público-privado, e, portanto, mudanças na situação dos homens. A inclusão genuína, portanto, requer desfazer as próprias bases do privilégio e da opressão. Mas, para os privilegiados, essa é uma lição muito difícil de aprender, especialmente quando, como ocorre com as mulheres brancas ocidentais, lidar com seu privilégio parece implicar um questionamento de sua opressão sofrida, ou quando elas veem essa lida com seu privilégio como algo muito indiretamente conectado com o caráter imediato da própria opressão sofrida.

Essa lição fica ainda mais complicada pela percepção de que, tal como grupos diferentes com diferentes identidades não podem simplesmente ser adicionados em conjunto, também não podem sê-lo diferentes opressões dentro de um grupo particular. Em outras palavras, é impossível avaliar os efeitos do racismo, do sexismo e do heterossexismo, por exemplo, simplesmente adicionando relatos de cada forma de opressão umas às outras. Em seu livro *Inessential Woman* [Mulher inessencial] (1988), a filósofa americana Elizabeth Spelman apelidou celebremente essa estratégia de abordagem "junta miçangas", referindo-se a colares feitos de miçangas de plástico que são reunidas empilhando umas nas outras. Esse tipo de abordagem não funciona porque análises de dinâmicas separadas de sexismo, racismo e assim por diante estão inevitavelmente infectadas pelo entendimento dos grupos dominantes aos quais elas se referem. O sexismo, por exemplo, está baseado no paradigma da opressão contra a mulher branca; o racismo, no da opressão contra o homem negro. Quando elas são reunidas, os dois eixos interagem para criar uma nova composição relacional que não é totalmente apreensível para os termos de cada um dos eixos singulares que a compõem.

Kimberle Crenshaw forneceu uma evidência potente dessa ideia nas discussões de seu texto "Demarginalizing the Intersection of Race and Sex" [Desmarginalizando a intersecção de raça e sexo], onde aborda ações judiciais nos Estados Unidos relativas à discriminação no ambiente de trabalho contra mulheres negras. Em suas observações, as cortes norte-americanas repetidamente falharam em considerá-las como vítimas discriminadas porque elas não conseguiam dissociar as dimensões raciais e sexuais de sua opressão. As mulheres negras não puderam ser reparadas pela injustiça nem em termos de discriminação contra seu gênero (pois as normas contra a discriminação de gênero se baseiam em situações vividas por mulheres brancas) nem em termos de discriminação contra os negros (pois as normas contra a discriminação racial se baseiam em situações vividas por homens negros). As formas estabelecidas de opressão não conseguem reconhecer a experiência interseccional das mulheres negras e a repressão especificamente interseccional que elas sofrem. Aparentemente, quanto mais o problema das diferenças entre as mulheres é investigado e analisado, mais complexo ele se torna.

Política identitária e separatismo

O esforço e as falhas dos diversos feminismos hegemônicos em reconhecer as diferenças entre as mulheres traz à tona duas dificuldades interligadas. A primeira é que parece ser evidente o fato de as agendas políticas e sociais desses projetos feministas não conseguir servir o interesse de todas as mulheres. A segunda é que a experiência vivida por muitas mulheres e a compreensão delas a respeito de feminilidade são inadequadamente reconhecidas. Mais precisamente, quando feminismos hegemônicos não reconhecem os elos interligando as diferenças entre as mulheres e os padrões de dominação e subordinação – raça, classe, heteronormatividade e assim por diante – elas terminam, com efeito, pactuando com a sustentação dessas relações desiguais. Nessa situação, para aqueles que estão em desvantagem, uma forma refinada de identidade parece oferecer uma solução pronta, cujo objetivo seria vincular diferentes agendas políticas diretamente às diferentes identidades. Com isso, se enxergamos no feminismo, como um todo, um movimento baseado na identificação entre quem o integra e o conjunto de reivindicações políticas que são significativas para todas as mulheres, então o problema das diferenças entre elas sugere ser necessário agendas políticas múltiplas baseadas nas múltiplas compreensões que diferentes grupos têm a respeito das aspirações da mulher. Por certo, uma postura que exemplifica esse tipo de resposta para o problema da diferença entre as mulheres é a declaração do Coletivo Combahee River (1977) segundo a qual a política que conseguiria melhor servi-las só poderia vir diretamente da própria experiências delas com a opressão do racismo, do sexismo, da heteronormatividade e da pobreza.

Nesse ponto, as mulheres do coletivo ponderaram que, segundo sua perspectiva, a inabilidade das feministas brancas em compreender o impacto do racismo invalidava a política do feminismo; apenas mulheres negras poderiam fornecer o fundamento e o compromisso necessários para realizar os propósitos das mulheres negras. Em conjunto com um senso de solidariedade e apoio, então, essa forma de política identitária também oferece uma identidade positiva para membros de grupos marginalizados, e isso como um meio de resistir às identidades impostas sobre eles pelas culturas dominantes sexistas, racistas e heterossexistas. Mulheres lésbicas, de diferentes etnias, do Terceiro Mundo e com deficiência, mobilizaram-se todas nesses termos para remodelar as representações feministas de mulher.

Todavia, uma política baseada na identidade branca implica um grau de separação entre os grupos marginalizados e o movimento dominante; ela disputa, na mesma arena política, junto com outras agendas. Conflitos forjados em nome de identidades particulares podem questionar as exclusões e as negligências dos movimentos mais gerais, mas uma resposta mais radicalmente separatista é tentar mudar as regras da interação política de modo que as presunções nas quais se baseiam as hierarquias de poder e submissão se tornem insignificantes. Por exemplo, algumas feministas lésbicas visaram o separatismo para abordar os efeitos interseccionais do sexismo e da heteronormatividade na cultura hegemônica, do sexismo no movimento *gay* e da heteronormatividade no movimento feminista (cf., p. ex., o manifesto Radicalesbian, 1997). Obviamente, é quase impossível para qualquer grupo se separar do resto da sociedade, mas esse não é o ponto do separatismo nesse contexto. Nesse ponto, em vez de tentar se segregar das culturas opressoras, as separatistas lésbicas se esforçam para se retirar de relações baseadas em valores heterossexistas: a acessibilidade sexual das mulheres para os homens, e a identificação da feminilidade com a predação e a proteção masculina. Elas não se recusam a interagir com sexistas ou heterossexistas, mas buscam moldar suas interações por meio de valores que dissolvem a importância do acesso sexual masculino às mulheres.

Algumas lésbicas também questionaram a instituição do casamento nesses termos, afirmando que ela legaliza esse acesso sexual masculino à mulher, sobretudo em contextos nos quais a violência doméstica, o estupro e o abuso sexual das mulheres pelos homens são comuns e frequentemente permanecem sem policiamento. O objetivo delas é criar espaços nos quais mulheres definidas por mulheres, suas atividades e instituições tornem insignificantes as práticas masculinamente definidas e heterossexistas. (Outras lésbicas, por outro lado, defenderam seu acesso ao casamento por causa dos muitos direitos dados a parceiros casados nas sociedades ocidentais. Tal divisão ilustra as vinculações duplas [*double binds*] impostas sobre os oprimidos pelas sociedades hierarquicamente estruturadas e a distinção entre abordagens do problema do tipo "junta miçangas" e abordagens estruturalmente transformadoras. Nesse sentido, estender o casamento para incluir parceiros de casais lésbicos e *gays* afirma a inclusão de homossexuais em instituições heterossexuais, mas às custas de deixar as relações normativas do acesso sexual dos homens às mulheres em vigor.)

A política e o separatismo identitário podem certamente desempenhar um papel positivo ao permitir que grupos específicos de mulheres contestem sua invisibilidade e opressão, ao dar voz para sua presença, necessidades e valores, bem como ao criar um espaço de possibilidades alternativas. (Retomaremos essa compreensão do separatismo como uma estratégia para a atuação das mulheres no cap. 5.) Porém, elas levantam novas dificuldades por si mesmas ou, melhor, elas tendem a repetir o problema das diferenças entre as mulheres em outro nível. Ou seja, a fragmentação das agendas prejudica significativamente as oportunidades para forjar um movimento feminista de base ampla, e há sérios riscos de reforçar a marginalização e de criar novas exclusões, dado que cada grupo reinstaura seu próprio entendimento fixo sobre a identidade. Grupos marginais que chamam atenção para a especificidade de sua experiência arriscam perder o poder da ação coletiva, confirmar estereótipos danosos e produzir formas ainda mais nuançadas de exclusão. O Coletivo Combahee River, por exemplo, exprimia sua solidariedade com as mulheres negras progressistas lutando contra os feminismos hegemônicos, mas também sua preocupação com o fracionamento, ao passo que as identidades lésbicas de "mulheres definidas por mulheres", como vimos no capítulo 3, foram censuradas por excluírem a mulher bissexual, transexuais antes mulheres agora homens, ou antes homens agora mulheres, e assim por diante. Ademais, o tipo de complexidade apontado por quem é sobrecarregado por linhas interseccionais de opressão sugere que a própria identidade é uma obra em andamento, forjada por reconhecimento, negociação e resistência diante dos fios moventes de múltiplas relações pessoais e institucionais de que participam os indivíduos. Nesses termos, a política de identidade também se torna uma frágil obra em andamento, e não um movimento robusto por mudanças. Conforme as discussões sobre diferença se desenvolveram ao longo das décadas de 1980 e 1990, a possibilidade e o valor de fincar qualquer identidade se tornaram mais e mais problemáticas.

Ressonâncias pós-estruturalistas

Essas dificuldades prático-políticas dos projetos feministas ressoaram no trabalho conceitual de teorias pós-estruturalistas interessadas na natureza da linguagem, o que aprofundou a influência desses teóricos. Como mencionamos em capítulos anteriores, a ideia básica subjacente às abordagens estruturalistas da linguagem é que, em vez de representar de modo transparente os objetos no mundo, que seriam nomeados em algo como uma relação de um para um, o discurso é um sistema de signos que traz sentido (o sentido de cada aspecto da vida humana) para a existência por meio de relações entre elementos de seu sistema. Então, retomando os exemplos mencionados no capítulo 1, a ligação opositiva entre a palavra "mulher" e a palavra "homem" afeta necessariamente o sentido do primeiro termo, e o elo opositivo entre o título "senhora" e os títulos "senhorita" e "senhor" inevitavelmente tinge o sentido de "senhora".

Ali onde os estruturalistas afirmam que o sistema linguístico de relações determina largamente o sentido, os pós-estruturalistas desenvolvem tal afirmação demonstrando que o sentido muda e se transforma em contato com o contexto histórico-social no qual a linguagem é utilizada. Na Austrália não indígena, por exemplo, o termo "mulher" pode evocar sentidos e expectativas conectadas com oportunidades iguais, ao passo que em muitos círculos aborígenes o mesmo termo identifica pessoas cujas oportunidades são severamente limitadas por uma história de deserdação e de luta contra a predação sexual branca, a esterilização, o roubo de crianças, a violência doméstica, entre outros. Ou seja, os sentidos do termo se alteram conforme suas relações com os sentidos de outras expressões se transformam (nesse caso, isso incluiria significados especificamente locais concernindo à natureza da ordem social, autonomia, dependência e assim por diante). Nessa perspectiva, também é evidente que a linguagem não é nenhum sistema abstrato que flutua acima do mundo ao qual se refere. Pelo contrário, ela está entranhada no mundo, sendo simultaneamente produto e produtora das instituições e processos sociais e políticos, bem como das ideologias de poder que as orientam. Os diferentes sentidos de "mulher" na Austrália indígena e não indígena demonstram essa dinâmica com acentuado relevo.

Uma vez que, como sublinhado no capítulo 1, a linguagem e a expressão linguística são centrais para nossa compreensão de quem nós somos e de nossas relações com o mundo – ou seja, para nossa subjetividade – e uma vez que os sentidos constituídos na linguagem não são fixos, logo a subjetividade também é vulnerável a mudanças de significação, sendo frequentemente o local de sentidos contraditórios. Ser identificado como uma mulher aborígene na Austrália, por exemplo, pode ao mesmo tempo significar deserdação, desrespeito e desvalorização, mas também indicar níveis mais elevados de responsabilidade na construção comunitária do que o esperado para uma mulher branca. Mulheres particulares, na Austrália, lidam com, afirmam e resistem a essas tensões com seu senso específico de personalidade ou subjetividade, em um processo dinâmico e contínuo de interação entre sentidos preexistentes e o modo como elas se apoderam deles. Em outras palavras, o pós-estruturalismo confirma ser impossível fixar de uma vez por todas ou inteiramente quem um indivíduo é. Longe disso, a subjetividade é uma rede de sentidos em movimento produzidos pelas práticas linguísticas ou discursos, no interior das quais as pessoas interagem. Os indivíduos nascem dentro de contextos histórico-sociais de sentidos linguisticamente constituídos e sua subjetividade muda conforme esses contextos – e as relações entre subjetividade e contexto – mudam.

Como já vimos, pós-estruturalistas feministas – como Julia Kristeva, Luce Irigaray e Judith Butler – têm por base esse tipo de análise conceitual e são críticas às "grandes narrativas" abrangentes e às generalizações sobre a feminilidade e a mulher. De diferentes modos, elas afirmam que os termos "mulher" ou "mulheres" nunca podem representar precisamente a experiência vivida que as mulheres têm de suas subjetividades. Nesse sentido, e sob influência suplementar da psicanálise, há intelectuais que rejeitam o próprio termo "identidade", por sua associação com a fixidez e a autopresença, seu sentido de identificação transparente com – ou de – alguém, que é fechado à complexidade e à opacidade das múltiplas forças que levam indivíduos a ser quem são. A subjetividade, o conceito preferido, nesse caso, para indicar o sentido de si discursivamente produzido por um indivíduo, é sempre instável e em processo, uma vez que ela é constituída junto às areias movediças da linguagem e das instituições sociopolíticas pelas quais o discurso é mediado. Nessa linha, Kristeva explica que, em razão de as culturas patriarcais fazerem da mulher um sujeito marginal, as mulheres estão, com efeito, continuamente engajadas (conscientemente ou não) em um processo de recusa dos sentidos do termo "mulher". Elas sempre são mais do que – e, portanto, omitidas por – essa palavra, que, como consequência, designa uma "falta", algo que permanece fora dos nomes linguísticos. Como a teórica afirma em uma entrevista apropriadamente chamada "La femme, ce n'est jamais 'ça'" [A mulher nunca é "isso"], "'mulher' é algo que não pode ser apresentado ou verbalizado: 'mulher' permanece fora do domínio da classificação" (1996, p. 98).

Julia Kristeva (1941)
Originária da Bulgária, Julia Kristeva ganhou proeminência por seu trabalho em análise linguística quando estudava em Paris. Posteriormente, ela se tornou uma das teóricas mais prolíficas na França, lidando com questões em linguística, literatura, arte, filosofia, política e psicanálise, junto com diversas obras de ficção. Dentre seus trabalhos teóricos mais conhecidos, estão *Desire in Language* [Desejo na linguagem] (1980), *La révolution du langage poétique* [A revolução da linguagem poética] (1984) e *Les nouvelles maladies de l'âme* [As novas doenças da alma] (1993), esse último com seu polêmico ensaio "Le temps des femmes" [O tempo das mulheres]. *Des Chinoises* [Chinesas] (1974) é baseado em suas viagens à China durante a década de 1970. O trabalho de Kristeva é notável por

> incorporar percepções psicanalíticas à compreensão do processo de significação e da subjetividade. Ela afirma que o sujeito é sempre instável e internamente em conflito por causa dos questionamentos disruptivos que as pulsões inconscientes e pré-subjetivas – a ordem semiótica "feminina" – fazem às forças mais estáveis da produção de sentido consciente na ordem simbólica "masculina". Embora Kristeva considere seriamente a noção de diferença sexual e conceda um *status* transformador especial à experiência da gravidez, ela resiste à ideia de qualquer diferença essencial corporal ou cultural entre os sexos. Em vez disso, as feministas podem recorrer à força do semiótico (e maternal) para reavaliar as noções do que é ser feminino ou masculino, e para significar uma diferença sexual na qual as mulheres podem exprimir livremente sua particularidade, contingência e sexualidade individual.

Análises pós-estruturalistas como a de Kristeva confirmam a lógica profunda que subjaz aos problemas do feminismo ao lidar com as diferenças entre as mulheres e dentro delas. Demonstra-se ali como todas as tentativas de categorizar e generalizar a natureza das mulheres ou do sujeito feminino, aprisionadas que elas estão aos limites da produção linguística de sentido, inevitavelmente se tornam presas de uma oposição falsa entre quem está dentro da categoria e quem está fora dela, quem é idêntico e quem é diferente. Essas categorias identitárias conferem a seus membros poder e *status* de modelos, ao mesmo tempo em que rebaixam a condição de quem é excluído delas. Uma vez mais refletindo sobre o exemplo de "mulher" e das diferenças entre mulheres indígenas e não indígenas, é possível perceber que sejam quais forem os sentidos associados com a palavra – predação sexual, igualdade de oportunidades, responsabilidades e cuidado das crianças, filhos roubados, por exemplo – ao fixar o termo "mulher" de acordo com esses significados, a categoria correspondente excluirá e marginalizará experiências diferentes de subjetividade feminina, bem como as experiências de sujeitos individuais cuja vida os levam para além dessas fronteiras. Afirma-se aqui que essa lógica da categorização é aquela que vem à tona sempre que os feminismos invocam compreensões genéricas ou universais acerca da mulher e da feminilidade.

Debatendo o essencialismo

O que vimos nessas seções prévias são, por certo, ensaios do debate relativo ao essencialismo, que perpassa todos os questionamentos do feminismo contra a submissão das mulheres. Mais especificamente, como já notamos, as feministas têm utilizado o termo "essencialismo" para nomear todas aquelas abordagens que tentaram, de algum modo ou de outro, categorizar e universalizar o sentido da palavra "mulher". Em outras palavras, elas usam o termo "essencialismo" para descrever (e geralmente desacreditar) posições que apelam a propriedades consideradas essenciais e universais a todas as mulheres. Desde o início, é preciso lembrar, as feministas criticaram teorias que presumiam uma definição dos sexos – e especificamente o feminino – essencialista (e universalista), ou seja, constituída por meio de alguma essência real biológica ou metafísica, ou ainda alguma propriedade comum. A crença de que as mulheres são mulheres em razão de possuir úteros ou de ser capaz de ter filhos exemplifica essa forma de essencialismo. É compreensível que as feministas tenham ficado particularmente inquietas no que diz respeito ao modo como definições de diferenças essenciais iguais a essas, mesmo quando invocavam uma revalorização de aspectos negligenciados da vida da mulher, foram usadas para confinar e subordinar as mulheres. A posição de Beauvoir – que, segundo Wittig, considera ser heterossexual como algo essencial à "mulher" – pode atrair esse tipo de crítica também (se a heterossexualidade é tomada como uma propriedade metafísica ou biológica). Em tempos mais recentes, como discutimos no capítulo 2, as análises feministas que se baseiam em compreensões do sexo biológico ou de corpos maternais incitaram críticas de outras feministas que se preocupam com os efeitos restritivos da biologia sobre as oportunidades da mulher.

Com essa descrição de essencialismo, pode parecer que análises fundamentadas na noção de que a natureza da feminilidade e do gênero, longe de ser biologicamente inata, é produto de ideais e normais socialmente construídas não cairiam nessa crítica. Afinal, as características sociais tendem a ser muito menos imutáveis, mais flexíveis e variáveis, sendo, portanto, menos definitivas e restritivas. O resultado, como exposto no capítulo 3, é que algumas feministas acreditaram eliminar o problema do essencialismo tirando o foco da categoria (aparentemente) biológica de "mulher" para dar atenção à categoria (aparentemente) social de "gênero". Mas a crítica ao essencialismo associada ao problema da diferença frequentemente é também relativo a presunções sobre padrões sociais particulares que são, eles próprios, pressupostos como essenciais e universais a todas as mulheres. Por exemplo, as críticas de Lorde aos feminismos brancos se referem a aspectos sociais particulares da feminilidade branca que foram tomados como universais. Há intelectuais que também interpretam as afirmações de que todas as mulheres se sentem presas às suas responsabilidades domésticas, estão submetidas à predação sexual ou tendem a ser cuidadosas e afetivas como afirmações essencialistas nesses termos. Em virtude do uso comum do tipo de palavra que privilegia concepções de feminilidade branca, de classe média e heterossexual, tipo que exclui mulheres de diferentes raças, etnias, classes, habilidades e sexualidades, o "essencialismo" é geralmente associado com essas perspectivas privilegiadas.

Muitas vezes, ademais, feministas definiram a acusação de essencialismo mais amplamente, incluindo o emprego de concepções gerais de feminilidade ou de gênero como instrumentos analíticos ou metodológicos. Essa preocupação se aplica particularmente à adoção do gênero, feminilidade, masculinidade e assim por diante como categorias autoevidentes da análise social. A dificuldade aqui concerne não tanto a alguma característica particular que uma posição pode ter (implicitamente) essencializado, e mais às aplicações de categorias gerais que subestimam a diversidade de maneiras nocivas. O livro de Spelman *Inessential Woman* [Mulher inessencial] (1988) detalha várias artimanhas desses essencialismos metodológicos. Em particular, ela demonstra como análises de opressão que compreendem a violência de gênero como uma forma de opressão distinta de outras, ou que falam das mulheres apenas "como mulheres" – abstraindo os outros aspectos de sua vida – fracassam em compreender a implicação do sexismo com outras formas de submissão e tacitamente essencializam os interesses e as experiências de algumas mulheres, geralmente privilegiadas, como as brancas de classe média, em detrimento de outras. Mesmo feministas que são sensíveis aos impactos sociais da classe e da raça, como Beauvoir e Chodorow, deslizam rapidamente em falas sobre as relações entre homens e mulheres, e entre mulheres e seus filhos, respectivamente, como se a classe, raça, identidade étnica ou orientação sexual não fizessem nenhuma diferença sobre a efetividade de declarações sobre "homens e mulheres" ou "relações maternais" (cf. SPELMAN, 1988, p. 62-66; 85-89). Outro exemplo de um dispositivo essencialista é falar sobre sexismo em termos, geralmente tácitos, de supremacia masculina *branca*. Superar a opressão nesses termos – dando às mulheres acesso aos salões do poder dos homens (brancos) – pode aumentar as chances de mulheres brancas, mas dificilmente conseguiria tratar do racismo e das situações de mulheres e homens negros. Aqui, uma análise que negligencia os *homens* negros tem o efeito de tomar a situação das mulheres brancas em uma sociedade supremacista branca como essencial para compreender a opressão de gênero. A experiência das mulheres negras e suas inquietações sobre racismo são deixadas de lado, como fatores não essenciais para o problema (cf. SPELMAN, 1988, p. 117-118).

Em suma, a acusação de essencialismo – ou seja, de que teorizações sobre a vida das mulheres em termos de aspectos comuns e generalizações frequentemente fracassam porque não conseguem compreender a heterogeneidade e as variações de poder da experiência vivida – transformou radicalmente os feminismos contemporâneos. Afinal, por seu foco na emancipação e empoderamento do oprimido, os projetos feministas se tornam hipócritas se não se esforçam em abranger as aspirações de todas as mulheres. Prejudicam seriamente esse objetivo as acusações de que o enfoque das análises estava implícita ou explicitamente nas experiências, interesses e valores de um grupo particular de mulheres, excluindo outros grupos. Consequentemente, estabelecer-se como antiessencialista se tornou um tema dominante do pensamento do feminismo (com efeito, algumas feministas chegaram até mesmo a marcar esse gesto antiessencialista de enfoque na "diferença" como uma onda nova, uma "terceira onda" do feminismo – às vezes ambiguamente chamado de "pós-feminismo" – em contraste com a aspiração das mulheres ocidentais por igualdade na "segunda onda" e com a luta das mulheres pelo voto na "primeira onda"). Assim, os feminismos antiessencialistas chamam atenção para a diversidade e para a natureza interseccional das opressões, bem como para a complexidade, fragilidade e mutabilidade das subjetividades e identidades. Para superar as falsas generalizações, essas feministas acolhem a necessidade política de um reconhecimento contínuo da parcialidade e da contingência de afirmações sobre a feminilidade e o gênero; no mesmo sentido, elas evocam, ao menos implicitamente, a vigilância em relação a noções de diferença como uma exigência autorreflexiva crucial.

Dificuldades antiessencialistas

Contudo, como vimos em capítulos precedentes (bem como anteriormente neste capítulo), a rejeição do essencialismo está muitas vezes repleta de dificuldades para os projetos feministas. A aparente tensão entre generalizar reivindicações sobre mulheres e reconhecer suas diferenças parece levar frequentemente para um beco sem saída. Por um lado, se todas as generalizações a respeito da mulher são inerentemente parciais e excludentes, então os termos da libertação feminina estariam similarmente contaminados. Em nome de quem dada versão do feminismo fala se todas as nomeações são incompletas e opressivas para quem é omitido por elas? Por outro lado, se todas as diferenças entre as mulheres devem ser reconhecidas, logo os projetos feministas se veem diante de uma ladeira escorregadia de fragmentação e proliferação infinita de identidades. Como as mulheres podem forjar um movimento a partir de inumeráveis vozes diferentes? Essa tensão se desenvolve com base no reconhecimento de que o pensamento feminista precisa se tornar mais nuançado e contextualmente específico em suas análises, de modo a abranger os interesses e os valores de todas as mulheres; por outro lado, como discutiremos nos capítulos 5 e 6, compreensões gerais de feminilidade ainda são importantes para mudanças sociais e políticas. Por isso, há inquietações de que relativizar identidades e subjetividades femininas nos limites da especificidade de seus contextos histórico-sociais anulará a possibilidade de qualquer crítica social ou mobilização política. O problema – diferenças entre as mulheres e dentro delas – instiga respostas antiessencialistas, mas tais respostas, por sua vez, trazem à tona um novo conjunto de problemas para o pensamento feminista.

Em outras palavras, feminismos antiessencialistas representam um desafio relativo à natureza do conhecimento social e da resistência política, bem como à ligação entre elas: a conexão entre teoria e prática. Como vimos, por exemplo, algumas ativistas feministas consideram o desenvolvimento do antiessencialismo como um exercício teórico acadêmico voltado para o próprio umbigo, que falha ao tentar se conectar com dificuldades práticas e políticas como a violência sexual crescente ou a desigualdade e discriminação sexual enraizadas, especialmente em países não ocidentais. (A filósofa americana Martha Nussbaum exemplifica esse tipo de postura ao fazer uma crítica veemente contra Butler, em "The Professor of Parody" [A professora da paródia], por suas abstrações elevadas e por sua distância de feminismos não acadêmicos.) Segundo essa forma de crítica, teóricas feministas ocidentais privilegiadas estão comprometidas com algum tipo de programa de cabide de empregos para si mesmas na academia; as análises complexas que elas fazem do essencialismo e as evocações da psicanálise e do pós-estruturalismo abandonaram efetivamente os imensos problemas práticos da opressão contra as mulheres. A linguagem que elas utilizam, (aparentemente) cheia de jargões, também ajuda a instigar reações socioculturais negativas contra as análises feministas.

Para muitas das ativistas que criticam essas abstrações, a resposta está em sair pelo mundo real e começar a fazer algo prático, não teórico. Em parte, esse tipo de postura deriva de análises da divisão entre teoria e prática que continuamente perseguiram esforços teóricos em geral. Mas também converge com outras reações mais teóricas contra o antiessencialismo feminista, reações essas que se preocupam com efeitos do ceticismo acerca de categorias de gênero abstraídas dos contextos práticos de opressão e desigualdade. Em outras palavras, há inquietação, relativa tanto à pesquisa em crítica social quanto à ação política, de que a cética postura antiessencialista a respeito de gênero possa se tornar uma rejeição plena de todas as generalizações, bem como um endosso da incomensurabilidade absoluta de todas as identidades individuais.

Parte da dificuldade aqui surge de leituras que atribuem ao antiessencialismo um gesto que transformaria a crítica contra *falsas* generalizações em uma crítica de princípio contra *todas* as generalizações. Afinal, as análises pós-estruturalistas sobre a lógica da categorização aparentemente confirmam a percepção de que o uso *a priori* de qualquer termo geral terá repercussões negativas para algumas mulheres. Entretanto, esse antiessencialismo radical não é uma solução, pois ele torna o essencialismo inevitável em toda e qualquer conversa sobre mulheres e homens. As feministas que invocam criticamente o gesto antiessencialista nesses termos tão abrangentes – ou seja, como uma acusação contra todas as categorias gerais – prejudicam sua própria posição e o efeito crítico de suas próprias análises, dado que sua crítica se aplica a todo ponto de vista, inclusive ao delas mesmas. De modo similar, há intelectuais que consideram o foco antiessencialista na diversidade entre indivíduos e na sua singularidade uma reivindicação da incomensurabilidade absoluta das diferenças. Porém, uma vez mais, essa posição hiperbólica torna o essencialismo inevitável em todo discurso e, com efeito, faz do próprio discurso – uma comunicação significativa atravessando diferenças – algo em si mesmo sem sentido. Embora as diferenças entre as pessoas certamente impeçam uma compreensão completa, ainda assim alguns consensos são necessários, de partida, para que qualquer conversa seja iniciada.

Corrigir os equívocos dessas concepções radicais pode, pelo menos, evitar algumas das dificuldades suscitadas pelos feminismos antiessencialistas. Mas certas questões permanecem. Como a teoria e a pesquisa feminista devem prosseguir, diante do modo como a consideração de diferenças entre as mulheres e dentro delas desmascarou os problemas do essencialismo? Como as feministas devem ver as relações entre diferentes mulheres, que tornam a compreensão do gênero politicamente importante? Que forma deve tomar a política do feminismo e a pesquisa feminista à luz da complexidade de diferentes agendas, interesses e valores? Como muitos dos tópicos que discutimos em *Feminismo* demonstram, encontrar um caminho através dessas questões toma boa parte do pensamento feminista.

Reconsiderando as possibilidades

Como já vimos, feministas pós-estruturalistas respondem a essas dificuldades com uma variedade de abordagens que transformam o entendimento sobre a natureza da ação política. Algumas, como Butler e a teórica anglo-americana-indiana Gayatri Spivak, defendem que intelectuais têm tratado da lógica da categorização não tanto para enfatizar um equívoco da teoria feminista, mas para alertar contra os perigos que as generalizações podem trazer. Aos olhos delas, o ponto é que categorias gerais, por sempre excluírem algumas possibilidades, frequentemente resultam em abusos: a opressão e subordinação daqueles que são deixados de fora. Consequentemente, o escrutínio e a contestação contínua dos termos da categorização de gêneros utilizados na política e na pesquisa são cruciais para o trabalho feminista. Como diz Butler, "a tarefa é interrogar o que o gesto teórico, ao estabelecer suas fundações, *autoriza*, e o que ele precisamente exclui ou impede" (1992, p. 7). Spivak, por sua vez, defendeu de modo convincente o que ela chama de "essencialismo estratégico". Tal posição admite que organizações com propósitos políticos impliquem necessariamente uma união sob bandeira única e, portanto, alguma forma de exclusão, mas que isso é somente uma necessidade provisória, e não uma questão categorial. Essa agenda é influente entre muitas feministas. Porém, construí-la com uma postura radical contra qualquer tipo de homogeneização e com uma multiplicação contínua de diferenças em termos de gênero levanta novamente dúvidas sobre as conexões entre teoria e prática e sobre a estrutura de uma política feminista efetiva.

Em uma veia diferente, Kristeva defendeu a multiplicação de diferenças na compreensão do conceito de feminilidade como uma estratégia de resistência a definições e papéis prescritos por outrem, inclusive por algumas versões de feminismo. Nessa leitura, o lugar da ação política se desloca para a especificidade de sujeitos individuais, para uma política da subjetividade na qual a resistência feminista diz respeito ao modo como cada individualidade se posiciona em relação à ordem social e cultural na qual ela vive. Ou seja, a estratégia de Kristeva é deixar de lado a macropolítica feminista em benefício da micropolítica de uma transformação individual promovida psicanaliticamente. Só assim, diz ela, o feminismo pode "ser capaz de se livrar de suas crenças na mulher, no seu poder, na sua escrita, e de fomentar, em vez disso, a singularidade de cada mulher, suas complexidades, suas múltiplas linguagens, à custa de um horizonte único, de uma perspectiva única" (1997, p. 366).

Ainda assim, embora pôr a casa em ordem, em nível individual, seja, sem dúvida, uma parte importante da mudança política, a "comunidade" de indivíduos particulares endossada por esse gesto parece ser, para muitas pessoas, um ideal distante, de pouca conexão com o tratamento dos problemas difusos da exploração e do abuso sexual institucionalmente sustentado. Nesse sentido, abordagens alternativas se dedicaram ao desenvolvimento de concepções da estrutura de comunidades e alianças feministas. Ou seja, o foco se desloca para a tentativa de descobrir como as mulheres podem se manter unidas em ação coletiva, sem perder de vista a importância política de suas diferentes histórias e contextos, os múltiplos fios de convergência e diferença entre elas, bem como a complexidade e tensões intrínsecas de sua identidade individual. (No cap. 6 discutiremos um esforço prático de engajamento nesse tipo de ação coletiva, no contexto do ativismo feminista global.)

Outras respostas procuram abranger os sentidos que articulam conjuntamente pesquisa e ação política feminista, nos termos da história das forças sociais interseccionadas que moldaram as noções de gênero. Por exemplo, a filósofa britânica Alison Stone, em seu artigo "Essentialism and Anti-essentialism in Feminist Philosophy" [Essencialismo e antiessencialismo na filosofia feminista] (2004), argumenta que as mulheres são identificáveis pelo fato de assumirem e reformularem práticas de feminilidade preestabelecidas e historicamente mutáveis. A filósofa afro-americana Naomi Zack, em seu livro *Inclusive Feminism* [Feminismo inclusivo], postula que as mulheres compartilham uma ligação com a categoria histórica dos "indivíduos que são tidos como mulheres desde o nascimento, como mães biológicas ou como escolhas sexuais primárias dos homens" (2005, p. 8). Young (2005), por sua vez, com uma leitura estruturalista e não individualista, afirma que o gênero é constituído por três eixos sociais: a divisão sexual do trabalho, a heterossexualidade normativa e as hierarquias de poder baseadas no gênero. Contudo, uma vez mais, ainda que essas abordagens pareçam resolver o dilema teórico, seu impacto sobre os contextos práticos é limitado. Explicar a integração de um grupo ou o uso do gênero como categoria analítica nesses termos parece ser algo, no melhor dos casos, complicado, e, no pior, irrelevante.

María Lugones (1944)

Nascida na Argentina e vivendo atualmente nos Estados Unidos, María Lugones é uma das feministas latinas mais importantes. Ela desenvolveu sua obra filosófica em conexão estrita com seu trabalho político popular e com sua experiência das opressões combinadas do imperialismo cultural, do racismo, sexismo e heterossexismo. Com sua recusa de qualquer noção de identidade fixa ou unificada, seus escritos se direcionam à compreensão das possibilidades de resistência e de construção de alianças transculturais, diante das subjetividades múltiplas, ambíguas e conflitantes que moldam a autocompreensão, os vínculos afetivos e os desejos. Seus artigos mais influentes incluem "Have We Got a Theory for You!" [Sim uma teoria para você!] (1983) – escrito com a feminista branca Elizabeth Spelman,

> que questiona o etnocentrismo de muitas das teorias do feminismo branco, e "Playfulness, 'World'-Travelling, and Loving Perception" [Bom-humor, viagem pelo "mundo", e percepção amorosa] (1987), no qual explora as possibilidades de relacionamentos amorosos que atravessam diferenças culturais. Seu trabalho mais recente, que busca concepções de coletividade capazes de resistir a opressões combinadas sem reafirmar a lógica da dominação, foi reunido em *Pilgrimages/Peregrinajes* [Peregrinações] (2003).

A partir de suas experiências transculturais de feminismo ativista, feministas latino-americanas forneceram algumas pistas importantes. A coleção de ensaios *Pilgrimages/Peregrinajes* [Peregrinações] (2003a), de María Lugones, fala sobre as possibilidades de afirmar a complexidade de identidades e alianças que são o resultado de "diferenças" múltiplas entrosadas entre as mulheres e dentro delas. Crítica à rejeição pós-estruturalista da política identitária e da importância política de grupos (apesar de algumas semelhanças na compreensão da natureza da identidade), Lugones descreve a complexidade de pessoas que são ao mesmo tempo unas e múltiplas, e das alianças que elas fazem para resistir a suas múltiplas opressões, ao mesmo tempo em que trabalham contra as tendências de categorizar e homogeneizar suas filiações. São pessoas – como ela, latina, mulher, lésbica – cuja existência contesta as opressões interligadas que sofre, e não apenas representa a agregação de formas opressivas separáveis e fragmentadas. Nessa visão, a possibilidade de resistência e libertação surge da hibridez e multiplicidade da vida que acionam as tensões e ambiguidades de diferenças entrosadas e que desafiam as forças da separação bem como da univocidade. Em um ensaio memorável, Lugones relembra a atividade de "coalhar", quando os ingredientes de uma emulsão (gema de ovo e óleo em uma maionese, p. ex.) tendem a se separar, mas permanecem misturados e impuros. "Coalhado" – e o termo latino, *mestizaje* – se tornaram uma metáfora para a resistência à lógica do controle e da pureza:

> *Mestizaje* desafia o controle pois afirma um estado impuro, coagulado e múltiplo ao mesmo tempo em que rejeita a fragmentação em partes puras. Nesse jogo entre afirmação e rejeição, a *mestiza* é inclassificável, incontrolável. Ela não tem partes puras a se conter, controlar (LUGONES, 2003b, p. 123).

Nessa visão, a determinação da natureza de conexões e identificações políticas do grupo feminista capazes de honrar a pluralidade e a transversalidade é um problema que rapidamente se vê preso a abstrações do processo teórico que buscam determinar limites, dividir o que é partilhado e o que não é. Para Lugones, a comunidade deve ser compreendida como algo construído entre sujeitos concretos e complexos cuja personalidade "irredutível, intratável, carnal, inter-relacional, posicional" (2003a, p. 196) é agenciada de modo a resistir às forças difusas e opressivas da homogeneização e da fragmentação. Comunidades resistentes são abertas e constantemente mutáveis sob as tensões da dominação e da resistência à dominação.

A resposta de Lugones para o problema das diferenças entre as mulheres e dentro delas fornece uma compreensão rica da complexidade das identidades individuais e das interações coletivas. Não é o final da história, porém, dado que as tensões entre análises locais e desafios ao poder estrutural permanecem problemáticas e difíceis de conciliar. Mas ela é emblemática da necessidade que a teoria e a prática feminista têm de estabelecer a complexidade e a saliência das opressões interseccionais em seu núcleo. Ela também demonstra como a interligação da opressão de gênero com a de outras diferenças pressiona a bússola dos projetos feministas a incluir a resistência contra todas as formas de marginalização e exclusão social. Essas questões – que poderiam ser relacionadas ao problema da atuação e responsabilidade individual e coletiva – serão o foco dos capítulos 5 e 6.

Resumo dos pontos-chave

- Feminismos hegemônicos (os que privilegiam as preocupações de mulheres brancas de classe média) foram criticados por suas "falsas generalizações" e por seus pressupostos acerca de essências comuns da feminilidade e da experiência feminina da opressão. Tais pressupostos ignoram as muitas diferenças entre as mulheres, diferenças que são baseadas em raça, classe, sexualidade, capacitismo e assim por diante.

- Acusações de essencialismo também vieram de pós-estruturalistas, que afirmaram o caráter contextual e temporalmente mutável de termos como "mulher", o que torna as tentativas de generalizar a natureza da feminilidade tanto impossível quanto inerentemente excludente. Outras reflexões criticaram presunções de que as "normas" sociais seriam aplicáveis para todas as mulheres.

- A interseccionalidade complexa de múltiplas identidades e de formas de opressão indicam que uma abordagem "junta miçangas" (a simples combinação da análise de cada forma opressiva) é inadequada para obter maior reconhecimento das diferenças subjacentes aos feminismos. Abordagens criativas são necessárias para desmantelar as hierarquias do privilégio e da desvantagem inerentes a tais diferenças.

- Estabelecer uma postura antiessencialista tornou-se uma preocupação dominante do pensamento feminista, com alguns grupos engajados em política identitária e separatismo. Contudo, tal fragmentação pode prejudicar o poder da ação coletiva e arrisca valorizar a teorização às custas da mudança prática.

- Algumas feministas estão agora reivindicando feminismos que reconheçam tanto a individualidade quanto a coletividade, e que sejam mais fluidos e resistentes às forças opressivas da homogeneização e da fragmentação.

5
Atuação

O chamado para a atuação das mulheres

De nossas discussões até aqui, parece certo que as várias formas de feminismo, não importa onde ou quando são tocadas, demonstram um desejo, um chamado para a atuação feminina, para a capacidade de autodeterminação e de autonomia segundo o qual as mulheres são capazes de eficácia contra sua própria opressão. Embora esses termos – atuação, autodeterminação, autonomia – não sejam exatamente intercambiáveis, todos eles apontam para o desejo da mulher pelo controle do seu corpo e de sua vida. Trata-se da sua vontade de poder escolher e agir livremente de acordo com seus próprios objetivos, de ter algum sentimento de direito a escolhas e objetivos reais, de poder agir contra sua submissão e, talvez o mais importante, de ter o sentimento de que ela pode "ser si mesma" e de "ser verdadeira consigo mesma". Esse é o desejo que sustenta a reivindicação pelos direitos das mulheres, feito por Wollstonecraft, o chamamento para que as mulheres não mais sejam limitadas a domesticidade, feito por Beauvoir, e até mesmo o apelo das Spice Girls pelo *"girl power"* [poder das meninas]. É o desejo que instiga as atividades femininas de conscientização, a proliferação de mantras pelo autoempoderamento das mulheres e o bordão atual *"You go, girl"* [Vai lá, garota].

O desejo por uma atuação efetiva inspira, assim, os projetos multiformes dos feminismos ocidentais, sejam eles radicais, liberais, socialistas, psicanalíticos ou pós-estruturalistas, embora possa ser diferente o que é compreendido por "atuação" em cada caso. Essa vontade impulsiona também feminismos do Terceiro Mundo e de diferentes etnias, ainda que, como vimos no capítulo 4, eles nos lembrem da complexidade da atuação tão logo nos afinemos com questões de raça, etnicidade, classe e localização geográfica, tanto quanto com questões de sexo e gênero. Tal desejo por agência até mesmo instiga o trabalho de pós-feministas e proponentes do "poder das meninas" em sua promoção de heroínas garotas (atraentes e bem produzidas) que realizam elas mesmas "a caça, a luta e o combate de monstros" (HOPKINS, 2002, p. 3). Todavia, a atuação, apesar de ir ao núcleo das preocupações feministas com a opressão e as restrições contra a ação, a autorrealização e a liberdade da mulher, também foi um dos projetos mais contestados para as feministas, ao menos no que diz respeito àquilo que seus critérios deveriam ser. Ademais, o desejo das mulheres por essa atuação pode ser considerado paradoxal, dado que, como muitas análises feministas sugerem, as mulheres não possuem as habilidades requeridas para tomar o controle de sua vida e resistir à opressão, devido ao condicionamento social imposto a elas.

Esse capítulo é, portanto, uma investigação sobre a atuação e seu posicionamento dentro dos projetos feministas. Mais especificamente, ele investiga a quem se atribui uma atuação plenamente habilitada e por que, bem como alguns problemas inerentes à compreensão tradicional de atuação e como ela pode ser comprometida. Ademais, ele explora as principais tentativas feministas de rever a atuação – de desenvolver uma ação efetiva a partir de uma perspectiva feminista – levando em conta a crítica dos conceitos tradicionais de autodeterminação e autonomia (esp. no que concerne ao modo como esses negligenciam as desigualdades de poder e as opressões institucionalizadas), as percepções de multidimensionalidade esboçadas nas noções antiessencialistas de identidade, e as compreensões renovadas do que significa resistir à opressão e exercitar a atuação em resistência à socialização adversa. Por fim, depois de ter considerado essas questões relativas à atuação individual, junto com alguns dos processos e problemas associados de subjetivação, esboçaremos alguns dos caminhos tomados por intelectuais feministas para responder às questões a respeito da atuação coletiva e política. Afinal, como Carol Gould notou, a ação efetiva das mulheres requer não apenas autogoverno, mas "libertar-se da discriminação e da dominação", liberdade para participar do controle das "condições econômicas e sociais de nossas vidas" (1984, p. 5-6).

Conceitos tradicionais de atuação autônoma

Se a obtenção e reconhecimento de uma atuação efetiva é, como sugerimos, o principal ponto de muitos projetos feministas, logo, coloca-se a questão de qual atuação é essa, pois, historicamente, considerou-se que as mulheres não a possuiriam. Para simplificar, na tradição filosófica ocidental, a atuação é ter o poder e a capacidade de agir como se deseja. Vinculada às noções de autodeterminação e de autonomia, a ideia de agência ou de atuação denota o exercício do livre-arbítrio e da liberdade pessoal, ao menos dentro dos limites das ações socialmente autorizadas. Ela também assume certas capacidades por parte da agente. Especificamente, essa não só tem de ser capaz de dar sentido e ordem a suas próprias necessidades e desejos, mas também deve ter autoestima para reconhecer que ela pode legitimamente possuí-los e persegui-los. Ademais, ela deve ser capaz de conciliá-los com as ações possíveis e, de modo mais geral, avaliar essas possibilidades de atuação, bem como pesar os prós e os contras e, eventualmente, decidir que ação específica tomar. No geral, a atuação está ligada à ideia de que os indivíduos são capazes de tomar suas próprias decisões e de que, quando o fazem, não estão indevidamente coagidos ou submetidos a qualquer modo de controle ou influência de outra pessoa. Além disso, ela implica a existência de um bom ajuste entre a identidade individual de alguém e seus desejos, escolhas e ações, o que significa que esses últimos são propriedades desse agente, ou seja, não são atípicos nem despropositais.

Deveria ser óbvio, portanto, que esse conceito de agente autônomo nem sempre foi aplicável às mulheres. Historicamente, elas não tiveram acesso à mesma gama de escolhas dos homens, para não falar da mesma margem de ações possíveis. Considere-se o modo como as mulheres, em muitas culturas, usualmente tiveram negado o pleno acesso à esfera pública, ou a certos tipos de educação e de emprego. Considere-se também o impacto frequentemente forte das expectativas culturais e sociais relativas à maternidade, aos deveres familiares e ao cuidado das necessidades dos homens. Ademais, como discutimos de diferentes modos ao longo deste livro, as escolhas das mulheres frequentemente não foram feitas autonomamente; a mulher, em muitas culturas, nem sempre foi considerada plenamente capaz de fazer certos tipos de escolha ou de completar certos tipos de ação seja por si mesma ou não. Considere-se aqui o velho mantra de que os homens são mais racionais do que as mulheres – de que elas são supostamente mais intuitivas e emotivas, ou ao menos não tão capazes de equilibrar suas emoções e pensar objetivamente – ou a noção, partilhada por muitas tradições étnicas e religiosas, de que a mulher deve ser guiada e seguir os outros. Além disso, as mulheres nem sempre estão em condições de fazer o que é considerado uma escolha totalmente autônoma, uma vez ser comum estarem presas a expectativas e relações de interdependência, tais como situações de cuidado com crianças e/ou outros, situações nas quais elas aceitam a responsabilidade de considerar os desejos e as necessidades de outras pessoas junto com os (quando não às custas dos) seus:

> Como mulher, sinto que nunca compreendo que sou uma pessoa, que posso tomar decisões e ter o direito de tomar decisões. Sempre sinto que isso diz respeito ao meu pai ou meu marido de algum modo, ou à igreja, que sempre foi representada por um clérigo homem, e que eles têm muito mais a dizer sobre o que devo ou não fazer (apud GILLIGAN, 1982, p. 67).

Ademais, as mulheres nem sempre tiveram pleno controle de seus próprios corpos, não porque elas são de algum modo mais suscetíveis a seus hormônios ou emoções do que os homens (embora, por certo, isso tenha sido afirmado), mas por causa das várias formas de legislação e de vigilância social e cultural. Como resultado, as mulheres frequentemente não foram consideradas como agentes autônomos, como possuidoras do mesmo nível de autodeterminação e de autogoverno do que os homens. E, evidentemente, nem precisamos dizer que essas são algumas das principais condições que acenderam as múltiplas demandas feministas pela atuação autônoma das mulheres.

Problemas com o agente autônomo tradicional

A grande questão é saber se o agente autônomo como tradicionalmente compreendido existe realmente. Em resposta a essa questão, argumentou-se que, para alguém ser completamente autônomo, ela ou ele certamente deveria ser totalmente autossuficiente e desobrigado – um pouco como Robinson Crusoé – e, além disso, poder se livrar de todas as normas e expectativas sociais. Isso porque a socialização, segundo algumas demonstrações, impede a autonomia de diversas formas. Por exemplo, ela pode moldar ou cercear os sonhos e as crenças de uma pessoa (incluindo a crença nela mesma), limitar ou restringir o desenvolvimento que ela terá de certas habilidades e aptidões, habilitar ou frustrar de modos muito concretos sua competência ou liberdade para realizar seus desejos e cumprir ações. Considere-se, por exemplo, como uma garota deve ter sido socializada para esperar se casar (o casamento como sonho de "toda" menina), ter filhos ("toda" garota quer bebês) e cumprir um papel importante no cuidado das necessidades de seu marido e de sua casa. Tais expectativas significam que as meninas – mesmo quando têm oportunidade – podem não se comprometer com o desenvolvimento ou avanço de suas próprias carreiras (pois consideram a vida na esfera pública como algo não intrinsecamente gratificante, mas apenas instrumentalmente valorizável). Em vez disso, elas são geralmente encorajadas por sua família e cultura a priorizar sua preparação para encontrar um par matrimonial adequado. Aparentemente, isso indicaria que para alguém ser realmente autônomo, ele precisaria ter sua personalidade essencial separada de todas as outras influências e estar certo de que essas não afetam suas decisões. Com efeito, ele precisaria ser capaz de exercer sua razão e cumprir suas decisões independentemente até mesmo de suas próprias expectativas e envolvimentos sociais.

A autonomia nesse sentido desobrigado (e descorporificado) implicaria, portanto, uma impossibilidade, dado que seres humanos são seres socializados. As pessoas são educadas nesse ou naquele tipo de contexto social e permanecem, ao menos em certa medida, envolvidas com suas relações sociais. Com efeito, como a filósofa neozelandesa-americana Annette Baier notou, todos os indivíduos só se tornam pessoas com seus diversos sonhos e desejos subjetivos por meio da sua dependência a outrem e de seus relacionamentos com outros. Nas suas palavras, "pessoas são, em essência, sucessoras, herdeiras de outras, que as formaram e cuidaram delas, sua personalidade é revelada tanto por suas relações com outros quanto por seu modo de lidar com sua gênese reconhecida" (1985, p. 85). Tal percepção marca uma das mais críticas feministas mais fundamentais aos conceitos tradicionais de autonomia: ela afirma que, com efeito, nenhum indivíduo, homem ou mulher, é radicalmente autossuficiente e desobrigado. Uma vez que todos os seres humanos crescem em contextos e relacionamentos sociais, ninguém pode ter certeza de poder identificar e desconsiderar cada uma daquelas expectativas e normas que são parte de sua socialização e que formaram sua identidade e seus valores mais profundos. Ademais, essa crítica afirma o argumento adicional de que a visão tradicional de autonomia foi historicamente fundamentada por conceitos específicos daquilo que se atribui propriamente à masculinidade, concepções que são elas mesmas socialmente construídas e conservadas. Por exemplo, expectativas de independência e autossuficiência, ao menos no mundo ocidental, tendem a caracterizar os modos de socialização dos meninos, e não das meninas. Inversamente, elas são geralmente formadas por uma "psicologia da dependência e da devoção altruísta para os outros", traços que são "tradicionalmente associados com a feminilidade", mas são exatamente o contrário do que se espera para a autonomia (MEYERS, 2004, p. 4).

Essas questões parecem dar às feministas duas possibilidades: ou o conceito e o desejo de atuação autônoma são, como um todo, algo falho que deve ser abandonado, ou eles devem ser revistos, de modo que as críticas acima não mais se apliquem. Ou seja, a questão é saber se o ideal de autonomia pode, de fato, ser genuinamente feminino e aberto para o feminismo. Em diferentes momentos, diferentes feministas e demais intelectuais sustentaram a primeira dessas posições, rejeitando o conceito de atuação autônoma. Seus argumentos descreveram a autonomia em termos negativos como, por exemplo, um "conceito totalmente nocivo" que "nos encoraja a acreditar que se conectar e se engajar com os outros nos limita

[...] e prejudica nosso senso de personalidade" (HOAGLAND, 1988, p. 144-145). As reflexões que sustentam essa visão tendem a afirmar a interconexão entre as pessoas, a socialidade que lhes é inerente, e declaram ser apenas por meio da conexão social que os indivíduos – homens e mulheres – podem descobrir o que é ser verdadeiramente um ser humano. Há um conjunto de projetos que exemplificam essa postura, desde retomadas das antigas compreensões gregas de inter-relação entre pessoas e comunidades (p. ex., na ética da virtude) até aquilo que veio a ser conhecido como pensamento maternal. Segundo essa última perspectiva, o conflito está no fato de o reconhecimento do enraizamento social e da interdependência constitutivas do ser humano – que, dizem as principais pensadoras, é exemplificado na "relação social mais central e fundamental [...] entre a mãe, ou pessoa maternal, e a criança" (HELD, 1997, p. 634) – ser essencial para encontrar um caminho que se afaste das presunções cada vez mais difusas e destrutivas de que os elos e práticas sociais são apenas instrumentos para o progresso dos interesses de indivíduos desobrigados. Como a filósofa feminista americana Virginia Held escreveu, certamente vale a pena considerar essa relação entre a criança e a pessoa maternal se os seres humanos desejam desenvolver "um futuro mais adequado para nossos filhos do que um campo de batalha global para entes racionais egoístas que tentam, de algum modo, limitar seus antagonismos por meio de frágeis contratos" (1993, p. 204).

Deve ser evidente, porém, que essa visão demonstra efetivamente apenas uma recusa do conceito tradicional de autonomia e de sua promoção de indivíduos autossuficientes, desobrigados e, portanto, impossíveis. Ele não ajuda a sugerir formas de resistência em contextos de opressão, e não parece útil para determinar o que a atuação deve significar para as mulheres em situações abusivas ou em outras instâncias de submissão. É importante, assim, notar que a recusa da noção tradicional de agente autônomo, por si mesma, não necessariamente nega ou exclui a possibilidade de rever as concepções de autonomia e de atuação autônoma de modo que eles se tornem mais femininos e abertos ao feminismo. Nesse sentido, superando a distinção entre abandonar e repensar essas noções tradicionais, muitas feministas afirmam que a ideia geral de autonomia ainda certamente é útil e que compreender esses conceitos daquela forma feminina e aberta ao feminismo é, de fato, possível.

Revendo o conceito tradicional de agente autônomo

Curiosamente, ao reconceber a ideia de atuação, muitas pensadoras feministas têm se baseado no trabalho da psicóloga americana Carol Gilligan sobre o desenvolvimento moral. Basicamente, Gilligan argumentou que o conceito tradicional de agente autônomo é um evidente exemplo de um dentre dois entendimentos comuns (ao menos no mundo ocidental) do que significa ser um indivíduo moralmente engajado. Esses dois entendimentos, identificados por essa psicóloga ao longo de sua pesquisa e apresentados em seu importante livro *In a Different Voice* [*Uma voz diferente*] (1982), são o que ela chama de perspectiva dos direitos ou da justiça, por um lado, e de perspectiva do cuidado, por outro; elas se correlacionam, ao menos em alguma medida, com as concepções e decisões morais tomadas respectivamente por homens e mulheres. Ou seja, a perspectiva dos direitos ou da justiça – o ponto de vista moral típico do agente autônomo tradicional – é, acredita Gilligan, mais característico dos homens, ao passo que a perspectiva do cuidado é mais típica do senso de atuação moral das mulheres. Isso não quer dizer que nenhum homem adota o ponto de vista do cuidado, ou nenhuma mulher, o dos direitos-justiça. Gilligan nota, ao menos de acordo com os dados de sua pesquisa no final da década de 1970 e na de 1980, que muitos indivíduos – homens e mulheres –

parecem se mover entre as duas opções, mas ela também reforça que historicamente houve uma forte correlação entre as mulheres e a perspectiva do cuidado.

> **Carol Gilligan (1936)**
> Carol Gilligan é mais conhecida por sua importante obra *In a Different Voice* [Uma voz diferente] (1982). Em resposta a trabalhos anteriores de mensuração da maturidade moral das crianças, feitos com Lawrence Kohlberg, psicólogo do desenvolvimento, trabalho que não pôde explicar por que as meninas pontuavam consistentemente menos do que os meninos, Gilligan fez a sugestão radical de que isso poderia se dar porque o teste de Kohlberg era o problema, não uma imaturidade moral inerente às meninas. A autora notou que os traços do desenvolvimento moral no topo da escala kohlberguiana – raciocínio autônomo a partir de princípios morais – convergiam com os propósitos da socialização dos meninos, ao passo que as meninas tendiam a incorporar modos de deliberação mais contextualmente específicos em seus juízos morais. Gilligan afirmou que as meninas tendem a falar usando uma perspectiva da "ética do cuidado", a "voz diferente" que ela contrasta com a voz hegemônica da "ética da justiça" na teoria moral tradicional. Apesar de identificar correlações de gênero com essas vozes, Gilligan defendeu que isso se dava mais por conta da socialização do que da natureza, e que ambas as vozes estavam disponíveis para ambos os gêneros, bem como eram igualmente valorizáveis. Essas ideias foram consolidadas e desenvolvidas em uma série de trabalhos posteriores, incluindo *Mapping the Moral Domain* [Mapeando o domínio moral] (organizado com Janie Victoria Ward e Jill McLean Taylor, 1989), Women, Girls, and Psychotherapy [Mulheres, meninas, e psicoterapia] (organizado com Annie G. Rogers e Deborah L. Tolman, 1991), *Meeting at the Crossroads* [Encontrando-se nas encruzilhadas] (com Lyn Mikel Brown, 1992), *Between Voice and Silence* [Entre voz e silêncio] (com Jill McLean Taylor e Amy M. Sullivan, 1997), e *The Birth of Pleasure* [O nascimento do prazer] (2002). Ela também publicou um livro de ficção, *Kyra*, em 2008. O trabalho teórico de Gilligan, sobretudo sua noção de "ética do cuidado", teve forte influência para a reflexão feminina sobre ética, epistemologia e teoria jurídica, embora tenha sido criticado por seus pressupostos brancos, liberais e heteronormativos. Seu trabalho também

> foi enormemente influente em esferas não feministas (alguns afirmam que isso se dá por suas continuidades com as presunções culturais dominantes) e, em 1996, a revista *Time* a listou entre as 25 pessoas mais influentes nos Estados Unidos.

Com relação a essas duas perspectivas, porém, os pontos-chave relevantes são o seguinte: enquanto quem adota a visão dos direitos ou da justiça supõe que a personalidade seja mais como o agente autônomo tradicional desobrigado, quem adota a visão dos cuidados, por sua vez, supõe que a personalidade esteja primordialmente ligada ao envolvimento e à preocupação com os outros. Assim, para quem utiliza essa última perspectiva, relacionar-se cuidando de outros é algo intrínseco ao seu processo mesmo de tomada de decisão e, com efeito, a seu senso de personalidade como um todo. Ou seja, relações de cuidado com outros não são algo que as pessoas precisam deixar de lado quando devem tomar decisões que importam para elas. Entretanto, essa é uma questão controversa para as feministas, pois indica que a experiência de uma atuação baseada no cuidado – e o fato de ela estar mais correlacionada às mulheres do que aos homens – acaba se parecendo muito com os tipos de prática que foram tradicionalmente associados com a natureza supostamente inerente das mulheres e com os papéis sociais de submissão e dependência que se considera ser justificada por essa suposição: papéis e práticas que são vistas como prejuízos à possibilidade de atuação das mulheres. Certamente, Gilligan afirma que essas correlações de gênero são mais uma questão de socialização do que de natureza ou biologia (GILLIGAN, 1982, p. 7-8), uma afirmação que ela estabelece referindo-se à leitura psicanalítica de Chodorow sobre as socializações diferentes de meninos e meninas (previamente mencionada no cap. 2), mas sua discussão sobre a atuação centrada no cuidado desliza entre concebê-la como "feminina" e como "mais tipicamente feminina".

Seja como for – e desconsiderando os vários questionamentos direcionados tanto à pesquisa de Gilligan quanto à de Chodorow – a perspectiva do cuidado forneceu a muitas feministas uma base produtiva a partir da qual elas retrabalharam o entendimento tradicional de autonomia.

Atuação baseada no cuidado e autonomia relacional

Mais precisamente, se a preocupação primária de Gilligan era identificar as duas perspectivas – justiça e cuidado – e argumentar pela validade da segunda, muitas outras pensadoras feministas se utilizaram de suas ideias para defender a importância da interconectividade e das interações baseadas no cuidado com os outros. Nessa visão, é imperativo desenvolver um conceito de atuação que se relacione efetivamente com o contexto no qual seres humanos vivem, um contexto de dependência, socialização e envolvimento com outras pessoas. Afinal, seres humanos são intrinsecamente dependentes não apenas como seres sociais, mas também por precisar do cuidado de outros quando são crianças, quando são idosos e provavelmente em diversos momentos no período intermediário também, para não falar de quem precisa que outros cuidem de si durante toda sua vida. Desse modo, portanto, o pressuposto da perspectiva do cuidado, segundo o qual as relações significativas estão no núcleo da personalidade e devem, por isso, ser valorizadas ao se tomar decisões, é um ponto de partida apropriado. Nesse contexto, a atuação vem indicar tomadas de decisão que levam em conta a dependência humana, valorizam as relações sociais e respondem tanto a fatores sociais quanto a necessidades e desejos alheios muito específicos. Todavia, embora esse entendimento de atuação não necessariamente seja concebido como especificamente feminino, para muitas feministas, ele ainda parece desconfortavelmente próximo de espelhar o modo como as mulheres em muitas culturas foram historicamente socializadas para uma ética do altruísmo e do autossacrifício, em que as necessidades e desejos de outros – especialmente dos homens – são colocados na frente das suas próprias (e necessariamente egoístas) necessidades e desejos. Em outras palavras, aparentemente, é como se essa descrição de atuação supostamente neutra em termos de gênero terminasse afirmando e aumentado a participação das mulheres na sua própria opressão.

Resgatar a atuação baseada no cuidado de uma ética do autossacrifício que confirma o *status* dependente da mulher foi assim um dos principais problemas para essa tentativa de repensar conceitos de atuação autônoma, que resultou em uma série de diferentes sugestões. Algumas feministas defenderam, por exemplo, que o cuidado genuíno – que é tipicamente exemplificado pelo elo entre a pessoa maternal e a criança – simplesmente não equivale ao autossacrifício, dado que, primeiro, a pessoa cuidadora deseja principalmente assegurar os interesses da pessoa cuidada e, segundo, todo cuidado efetivo precisa incluir o autocuidado. (Sobre este último, presume-se que, sem o autocuidado, o cuidador eventualmente não conseguirá desempenhar bem suas funções em nenhuma relação.) Porém, mesmo se esses argumentos se sustentam, o conceito de atuação baseada no cuidado parece problemático por outros motivos. Por exemplo, há intelectuais que afirmam que essas ideias acabam tomando características femininas socializadas – altruísmo e envolvimento social, digamos – como se fossem naturalmente presentes entre as pessoas. (Isso é outro exemplo de como teorias baseadas em predicados assumidamente sociais ainda podem terminar atraindo a acusação de essencialismo.) Proponentes das relações e da atuação baseadas no cuidado, por sua vez, responderam que, embora a correlação entre o ato de cuidar e as pessoas (mulheres em particular) possa certamente ser mais do que o resultado da socialização, isso não nega a importância de compreender a atuação nos termos de um enraizamento constitutivo das pessoas em relações de cuidado. A sociedade pode se beneficiar, elas sugerem, caso socialize tanto homens quanto mulheres desse modo.

Há uma questão adicional aqui, porém. Basicamente, como sustentação da ideia de Gilligan segundo a qual a perspectiva do cuidado é um dentre os dois entendimentos comuns (ocidentais) do que significa estar moralmente engajado, note-se que a atuação baseada no cuidar é compreendida em termos morais. Ela apoia uma atuação moral relacional capaz de explicar e justificar obrigações para com outros vulneráveis e dependentes. O que isso não parece fazer, contudo, é prover algum modelo viável de atuação para os próprios vulneráveis e oprimidos. Ela também não parece ser capaz de questionar as expectativas, diferenciadas por gênero, determinando quem assume responsabilidade de cuidar e como a sociedade sustenta aqueles que se ocupam de fazer isso. (Lembremos aqui da falta de distinção nítida entre a experiência de atuações baseadas no cuidado e a de mulheres socializadas com características femininas altruístas tradicionais.) Afinal, é improvável aqueles que se beneficiam desses arranjos chegarem algum dia a ver o questionamento dessa situação como parte de suas obrigações de cuidar, ao menos que as pessoas carregando esse peso os levem a fazê-lo.

Uma resposta para esse problema pode ser encontrada no argumento contemporâneo em favor de uma "autonomia relacional", um termo guarda-chuva que se refere a uma gama de perspectivas correlatas, incluindo a de uma atuação baseada no cuidado, mas com um foco que se desloca de uma relacionalidade moralmente significante para uma noção mais neutra de relacionalidade como interdependência. Proponentes dessa perspectiva afirmam partilhar "uma convicção de que as pessoas são socialmente enraizadas, e de que a identidade dos agentes é formada dentro do contexto das relações sociais e moldada por um complexo de determinantes sociais interseccionais, como raça, classe, gênero e etnia" (MACKENZIE & STOLJAR, 2000, p. 4). Com efeito, quem propõe a autonomia relacional argumenta que o reconhecimento dessa complexidade resultará em uma concepção muito mais rica de atuação e de agentes, uma que reconheça e englobe a ideia de que as pessoas fazem suas escolhas e levam a cabo suas decisões com base em muito mais do que um sentimento desobrigado e descompromissado de si mesmo. A autonomia relacional, em outras palavras, é compreendida como uma tentativa de descrever o agente concreto, não o ideal, e de compreender como a atuação fica uma vez exposta a ilusão que é a noção de uma pessoa desengajada e desobrigada. Agora, embora tais descrições tenham sido assumidas ao longo de uma vasta gama de perspectivas e de domínios teóricos (incluindo a perspectiva do cuidado, de Gilligan) e de elas terem levado a diversas discussões sobre aqueles predicados dos agentes que haviam recebido pouca ou nenhuma atenção nas concepções de agente autônomo tradicional – predicados como "memória, imaginação, bem como disposição e atitudes emocionais" (MACKENZIE & STOLJAR, 2000, p. 21) – há uma característica apropriadamente típica nessas descrições.

Essa é mudança que deixa de ver a autonomia ou atuação em termos de capacidades e de práticas possíveis apenas para um tipo de personalidade – o conceito tradicional de personalidade desobrigada, digamos – para vê-la em termos de habilidades ou competências capazes de serem desenvolvidas por qualquer/cada personalidade, embora em graus variados dependendo do ambiente social em questão. Trata-se de um foco processual, pois o que importa aqui – ou seja, o que constitui a autonomia – é o exercício de um tipo particular de autorreflexão baseado no uso de habilidades e de competências específicas. (Como discutiremos mais detalhadamente adiante, a filósofa americana Diana Tietjens

Meyers, em particular, fala de "competências de autonomia".) Mais especificamente, a autonomia nesse sentido pode ser resumida como um composto de três conjuntos integrados de capacidades: primeiro, a posse de certas habilidades ou competências; segundo, a capacidade de refletir baseada nessas habilidades; e terceiro, a ativação ou exercício dessas habilidades. Também deve ser evidente que a distinção entre o segundo e o terceiro conjunto de capacidades é fundamental, por implicar a diferença entre ser capaz de decidir que atitude uma pessoa tomará em uma situação e ser capaz de agir com respeito a essa situação. Essa moldura é, assim, um desenvolvimento importante relativo às compreensões de autonomia, uma vez que marca o reconhecimento de que uma pessoa pode ser autônoma e questionar sua situação, ao menos em alguma medida, mesmo em uma situação de opressão. Nesse sentido, o exercício da autonomia é certamente mais fácil sob condições propícias a ela, mas a falta de tais condições não a torna impossível.

Competência de autonomia e atuação sob opressão

> Por mais horríveis que sejam, as estruturas sociais e econômicas – que afunilam os indivíduos em situações pré-ordenadas, arregimentam sua trajetória de vida e penalizam a inconformidade – não precisam derrotar a autonomia. Um ambiente econômico e social que constitui uma ampla gama de opções atraentes disponíveis para todos os indivíduos é uma condição propícia – mas não necessária – à autonomia (MEYERS, 2004, p. 14).

Como notado acima, Meyers expôs uma das descrições mais nítidas do que deve significar a competência de autonomia, junto com o que ela considera ser alguns dos modos e das causas da atuação autônoma sob condições opressivas. A leitura que ela faz da autonomia é tanto relacional quanto processual, e sublinha que, por isso, não pode haver um único modelo para viver uma vida autônoma. Mais especificamente, Meyers defende que a competência de autonomia é nada mais do que a capacidade de usar um "repertório bem desenvolvido e bem coordenado" de habilidades de "autodescobrimento, autodefinição e autodireção" (MEYERS, 2004, p. xvii) ao longo de uma série de situações tanto cotidianas quanto críticas. Ela acrescenta que essas situações podem, elas próprias, ou fomentar ou hostilizar o exercício da autonomia, mas sublinha que elas, por si mesmas, não determinam se é ou não possível ser autônomo (afinal, se esse fosse o caso, as pessoas vivendo em regimes opressivos, e as mulheres vivendo em sociedades sexistas, poderiam ser consideradas como despossuídas de toda autonomia, o que certamente não é o caso). Em outras palavras, Meyers propõe que, por ser baseada em habilidades que precisam ser aprendidas e desenvolvidas, a competência de autonomia não é, de modo nenhum, um "fenômeno tudo ou nada" (p. 8). Assim, junto com a possibilidade de que uma pessoa possa ter e viva de fato uma vida plenamente autônoma, ela defende "dever ser possível que uma vida contenha bolsos [...] e fios de autonomia" (p. 8). Isso tudo indicaria, então, que mesmo sob circunstâncias sociais opressoras (frequentemente concebidas como prejudiciais à autonomia), uma pessoa poderia ser capaz de exercer controle sobre a própria vida em situações episódicas particulares: a escolha de um objetivo em vez de outro, por exemplo. Ademais, ela sugere que o exercício da autonomia em situações até mesmo muito limitadas pode auxiliar o desenvolvimento de uma competência de autonomia maior.

Esse tipo de ideias se mostrou frutífero para muitas feministas, especialmente a noção de que a autonomia é o desenvolvimento e a prática de certo modo de competência no uso de habilidades de autodescobrimento, autodefinição e autodireção. Essa concepção de atuação autônoma foi particularmente útil para resistir ao que muitas pessoas chamam de feminismo "vitimista": a ideia de que a ação das mulheres é mais bem explicada por sua condição de vítimas da opressão. Exemplo disso seria quando cortes e outras instâncias usam o conceito de "síndrome da esposa agredida" para explicar a agressão ou assassinato cometido por uma mulher contra seu abusador. Essa explicação priva as mulheres da sua autonomia, pois suas ações são descritas por meio não de sua própria escolha ou intencionalidade, mas de uma socialização ou condição psicológica inquestionável (cf. MORRISSEY, 2003). Entretanto, esse tipo de foco na competência de autonomia – ou, com efeito, na autonomia relacional e baseada no cuidado – é ainda problemático para muitas feministas. Embora tais modelos sejam certamente cientes da relacionalidade, eles ainda não parecem capazes de prover recursos com os quais as mulheres poderiam questionar a opressão sistêmica. A principal questão aqui é o fato de esses modelos conceberem a autonomia em termos de competência *individual,* pensarem a atuação como uma questão de indivíduos separados, e não de individualidades como membros de um grupo, sendo esta última situação certamente necessária para enfrentar efetivamente um sistema opressivo.

Além desse ponto anterior, note-se que, embora a concepção feita por Meyer a respeito da competência de autonomia descreva como a atuação autônoma ainda pode ser praticada mesmo de maneiras muito limitadas dentro de condições circunscritas, resta ainda a pergunta sobre as escolhas feitas sob tais condições serem autônomas em um sentido significativo. Certamente, escolhas podem ser feitas com o exercício de habilidades relevantes, mas isso é realmente o suficiente para a autonomia? Seria possível que a atuação autônoma realmente equivalesse à realização de escolhas que são apenas o supostamente esperado com base na socialização de uma pessoa? Por exemplo, as mulheres que escolhem permanecer com parceiros violentos realmente agem autonomamente se elas foram socializadas para acreditar que não têm escolha?

(Não é "certo" abandonar um esposo, não há lugar seguro para ir.) Mais uma vez, o problema de enfrentar a opressão sistêmica se torna evidente.

Enfatizar a competência de autonomia, porém, é apenas uma das estratégias feministas exploradas por intelectuais para conceitualizar a possibilidade de atuação efetiva sob opressão. Outra tática foi desenvolver uma versão de atuação feminista capaz de questionar as desigualdades de poder que mantêm a submissão e dependência das mulheres em relação aos homens, considerando a ação das mulheres nos termos de sua capacidade de resistir a condições opressivas ou a qualquer cooptação em práticas de opressão. Nesse contexto, uma das estratégias recorrentes sugeridas por feministas da classe média ocidental tem sido demonstrar a atuação das mulheres por meio do engajamento em iniciativas separatistas. Como esboçado por Marilyn Frye, tais iniciativas podem tomar muitas formas, inclusive:

> Romper ou evitar relacionamentos íntimos ou de trabalho; proibir alguém de entrar na sua casa; excluir uma pessoa de sua companhia ou de seus encontros; abster-se de participar de algumas atividades ou instituições, ou evitar a participação; evitar a comunicação e a influência de certos círculos (não ouvir música com letras sexistas, não assistir à TV); recusar compromisso ou auxílio; rejeição e rispidez contra indivíduos detestáveis [...] Deixar de ser leal a algo ou alguém é uma separação (1997, p. 408).

Segundo Frye, tais iniciativas são vistas por muitas feministas como alguns dentre os poucos caminhos abertos para as mulheres desenvolverem algum senso de atuação e integridade que não é contingente em relação às presunções masculinistas escorando os conceitos tradicionais de autonomia e que também permanecem afinadas com a ideia de que uma noção efetiva de atuação autônoma, de uma perspectiva feminista, seria cautelosa em considerar escolhas socializadas como escolhas feitas com autonomia. Mais especificamente, tais iniciativas sugerem caminhos abertos para que mulheres pratiquem uma atuação contrassocializada em situações opressivas, dado que elas marcam o ponto onde rejeitam e preterem as práticas dominantes. Ademais, elas estimulam o exercício feminino da atuação em situações que podem aparentemente não ter nenhuma possibilidade real de ação ou de mudança. Exemplos como o das "resistentes ao casamento" do Sul da China no início do século XX testificam a história dessa forma de atuação centrada na mulher. A resistência ao casamento pode ter sido uma afronta escandalosa contra a tradição chinesa, mas mesmo o mais simples ato de "dizer não", como notou Frye, marca o início da aquisição de algum controle que pode levar à possibilidade de autodefinição, autodireção e autogoverno (p. 411-412).

Marilyn Frye (1941)

Filósofa americana feminista, Marilyn Frye é conhecida por sua visão radical de que a opressão das mulheres é resultado da instituição da heterossexualidade compulsória. Seus ensaios reunidos em *The Politics of Reality* [A política da realidade] (1983) são famosos por sua análise incisiva sobre opressão e sexismo. Frye argumenta que a realidade do patriarcado exclui sistematicamente as mulheres, especialmente as lésbicas, das possibilidades de produção de sentido na sociedade humana. Como classe sexual, a mulher é oprimida por uma rede de barreiras sociais entrelaçadas restringindo suas escolhas e obrigando-a a promover ideais heterossexuais de feminilidade que ao mesmo tempo a tornam subordinada ao homem. Frye diagnostica a cumplicidade das mulheres com sua própria subjugação como fator vital para manter essa realidade falocrática e urge-as a focar em seus próprios desejos e propósitos, em vez de priorizar o auxílio para que os homens conquistem seus objetivos. As lésbicas, em particular, são instadas a se separar dessa situação e recriar uma nova realidade baseada em uma sexualidade radicalmente reconstruída. A segunda coleção de ensaios de Frye, *Willful Virgin* [Intencionalmente virgem] (1992), trata das

> formas como presunções dominantes de branquitude se juntam ao sexismo e ao heterossexismo para instituir e reforçar as visões e práticas patriarcais. Seus trabalhos mais recentes expõem uma mudança de direção para uma abordagem feminista mais plural, que inclui diferenças de sexualidade, raça, classe, religião e assim por diante, evitando assim acusações de essencialismo sublinhadas em seus escritores anteriores, sem deixar de recorrer ainda à categoria de mulher.

Uma das mais controversas entre essas propostas separatistas é o chamado para o separatismo lésbico (tb. discutido no cap. 4), que emanou de feministas tanto lésbicas quanto radicais. Embora existam diferenças importantes entre esses dois grupos, eles partilham o pressuposto básico de que apenas quando as mulheres "começam a se desvincular de padrões de resposta definidos por homens" que elas podem "descobrir [sua] autonomia como seres humanos [femininos]" (RADICALESBIANS, 1997, p. 156). Em outras palavras, trata-se de argumentar que as mulheres só podem realmente exprimir sua atuação com efetividade em espaços e relações identificadas e direcionadas para elas, e que todos os espaços hétero são inerentemente opressivos. (Esse tipo de visão e a questão de saber se, como discutido no cap. 3, espaços identificados com as mulheres necessariamente incluem algum componente erótico levaram a certas tensões entre teoria lésbica e teorias feministas que reconhecem relações íntimas com homens como fator cultural, emocional e/ou economicamente importante.)

O trabalho de teóricas lésbicas americanas – como Sarah Hoagland e Claudia Card – fornece um argumento similar ao sugerir o lesbianismo como possível provedor de possibilidades construtivas para a concepção de uma atuação feminista que não é nem emoldurada pelos termos das presunções masculinas tradicionais nem bloqueada por ser cúmplice de contextos sociais opressivos. Hoagland, por exemplo, nota que a atuação (lésbica) deve sempre envolver "a habilidade de perseverar sob a opressão: continuar a fazer escolhas, a agir dentro das estruturas opressivas de nossa sociedade e a desafiar a opressão, criar sentido ao longo de nossa vida" (1988, p. 13). Assim, os tipos de atuação lésbica especificamente considerados por Hoagland e Card estão preocupados com os modos de reivindicação e conservação da integridade pessoal diante de condições opressivas. Isso pode implicar o que Card chama de "assumir a responsabilidade por si mesmo" – sustentar as próprias escolhas, ações, identidade e autodefinição – algo que, no contexto do lesbianismo, precisaria incluir "revelar-se" como lésbica (CARD, 1996, p. 141). Sustentar as próprias escolhas e definições, porém, é algo intrinsecamente arriscado, uma vez que as autodefinições de um indivíduo podem não corresponder às que são hegemônicas. Card nos lembra, por meio desse exemplo, que toda atuação é um exercício de aceitação de riscos e envolve o que ela chama de "sorte moral" (CARD, 1996, p. 150).

Tais ideias, embora possam ter alguma influência sobre feministas (lésbicas) de classe média no Ocidente, são talvez menos produtivas para as muitas mulheres em culturas mais opressivas ou em situações mais restritivas (trabalhadoras de subsistência, sob péssimas condições de trabalho, vítimas de tráfico sexual etc.). Nesses casos, tais escolhas podem restar ou para além do domínio de possibilidades ou restritas de algum outro modo (apesar de posições sobre autonomia como a de Meyer). Por exemplo, no contexto do Terceiro Mundo, como a feminista indiana Uma Narayan indica, a crítica feminista e a resistência às condições opressivas, com seu chamado à atuação feminina, podem ser lidas como falta de respeito pela cultura tradicional e por suas práticas. Em outras palavras, algumas pessoas podem considerar tais movimentos como deslealdade cultural baseada em uma ocidentalização inautêntica (NARAYAN, 1997, p. 397). A autora afirma que, para evitar tais acusações de ocidentalização e deslealdade cultural, qualquer estratégia feminista de resistência às práticas culturais tradicionais que subordinam as mulheres (p. ex., casamento de crianças, casamentos arranjados, assédio e morte relacionados a dote, uso de véus e *sati*) deve trabalhar a partir dessa cultura. Agir contra a opressão cultural nunca é fácil (como vimos acima) e se torna ainda mais complicado quando forças externas (ocidentalizantes) ameaçam fortemente tal cultura (no cap. 6 abordamos a tensão entre as leituras de feministas ocidentais e pós-coloniais a respeito de culturas não ocidentais no contexto das responsabilidades globais do feminismo).

A atuação e o problema da identidade essencializada

Um problema importante que emerge desses movimentos, porém, um que é nitidamente evidente dadas nossas discussões em capítulos anteriores, é que muitas das interpretações feministas sobre atuação e autonomia consideradas até aqui parecem terminar focando tais conceitos em um ou outro aspecto de uma identidade supostamente essencial. Por exemplo, acompanhamos argumentos em prol da atuação das mulheres baseados no fato de elas serem essencialmente sociais e relacionais, serem (mulheres) em condições opressivas, serem lésbicas, serem do "Terceiro Mundo". Subjacente a essas visões, também, é o pressuposto de que para ser agente autônomo é necessário possuir alguma integridade como pessoa e algum senso de que se é uma pessoa (para não mencionar ser reconhecido e tratado como uma). Ou seja, certamente não é possível tomar decisões autônomas – seja lá qual for o sentido dessa palavra – se não se vê tais decisões serem propriedade de alguém que as toma. (Isso, por certo, é parte do que Card queria dizer ao falar de "assumir responsabilidade por si mesmo".) Porém, embora as versões feministas de atuação não assumam (como faz o conceito tradicional de autonomia) a existência de uma pessoa independente, unitária e totalizada, também temos visto, especialmente nos três capítulos anteriores, que há um questionamento crescente da possibilidade de uma pessoa fazer legitimamente uma reivindicação de integridade ou coerência de identidade. Mais especificamente, se, no fim das contas, a personalidade for internamente fragmentada, ou pior, uma ilusão, o que isso significará para os conceitos de atuação, até mesmo os de agente relacional?

Muitas pensadoras feministas veem o reconhecimento da multidimensionalidade da pessoa como uma estratégia inicial para explorar essa questão. Trata-se simplesmente do reconhecimento de que é impossível descrever precisamente a personalidade social ou relacional como constituída de componentes ou dimensões pessoais e sociais nitidamente integradas. Não apenas a pessoa não é simplesmente a soma das várias relações de um indivíduo com outros e com a sociedade, mas "a experiência [das pessoas] não surge ordenadamente segmentada, de modo que fosse possível abstrair o que, na experiência de alguém, se deve ao fato de 'ser uma mulher' do que se deve ao fato de 'ser casada', 'ser de classe média' e assim por diante" (GRIMSHAW, 1986, p. 85). Portanto, pensadoras feministas vieram declarar que os muitos aspectos ou dimensões da personalidade interagem de modo altamente complexo, eventualmente conflitante, dependendo da situação em questão. Ou seja, a multidimensionalidade da pessoa é demonstrada não apenas pelo fato de ela habitar diferentes domínios – incluindo aqueles relacionados com classe, raça, etnia, orientação sexual e assim por diante –, mas também em razão da interação entre esses diferentes aspectos, numa dinâmica "às vezes de confluência dos efeitos uns dos outros, às vezes de criação de divisões e conflitos internos" (MEYERS, 2004, p. 15). Além disso, como Meyer sublinha, essas interações podem não ser nem completamente determinadas nem reconhecidas pela pessoa, dado que elas também são "fortemente influenciadas pelos sistemas sociais de dominação e subordinação" (p. 15). Por exemplo, como vimos no trabalho de Lorde e Lugones no capítulo 4, proponentes da multidimensionalidade ou daquilo que também se chama "identidade interseccional" argumentam que, embora classe, raça, etnia, orientação sexual e assim por diante possam todas impactar a pessoa, é quase impossível traçar os muitos efeitos de volta até suas respectivas causas. Isso aparentemente sugere que pessoas multidimensionais ou interseccionais podem achar difícil adquirir o autoconhecimento, autodefinição e autodireção necessárias para atuação efetiva, ao menos se a atuação for concebida como controle completo de si mesmo. Contudo, isso talvez seja desconsiderar muito rapidamente a possibilidade de atuação para a pessoa multidimensional. Meyers, por exemplo, defende que tal desconsideração se baseia em uma má compreensão tanto do que é pessoa quanto do que é atuação, uma vez que não há razão para conceber nenhuma das duas em termos do tipo "tudo ou nada". E, como diz Lugones, certamente é possível resistir efetivamente em algumas frentes, mesmo quando alguém é capturado por sistemas opressivos em outras.

Intelectuais atuantes na área da psicanálise, do pós-modernismo, do pós-estruturalismo e da desconstrução (cf., p. ex., nossa discussão sobre Kristeva no cap. 4) também levantaram questões semelhantes no que concerne à integralidade da pessoa. O ponto de partida para reflexões nesses campos é, evidentemente, a percepção freudiana segundo a qual aquilo que as pessoas geralmente chamam de "pessoa" é, no melhor dos casos, fragmentada, motivada por conflitos, frequentemente autoiludida e, portanto, constitutivamente incapaz de qualquer autoconhecimento real. A partir desse ponto – que, em si mesmo, coloca em questão todas as presunções tradicionais relativas ao sujeito autônomo unificado – diferentes intelectuais chegaram a defender algo que, à primeira vista, confunde o senso comum: a ideia de que a personalidade não é senão uma construção discursiva, de que ela não pode ser encontrada pura e independente sob os efeitos dos diferentes sistemas sociais. Para essa visão, como Foucault descreveu em particular, a pessoa é mais o efeito consolidado de todos os discursos e expectativas que a precedem. Isso, por sua vez, implica que ela é inextricável de seus contextos sociodiscursivos, e que não há sentido pré-cultural para nenhuma das categorias utilizadas para descrevê-la. Por exemplo, como discutimos em capítulos anteriores, categorias como "mulher" ou "feminino" têm sentido apenas nos termos de seu contexto discursivo. Tais reflexões têm sido, contudo, consideradas como extremamente problemáticas para as tentativas de teorizar a atuação das mulheres. Por exemplo, como a filósofa americana Linda Alcoff pergunta, "se a categoria de 'mulher' é fundamentalmente indecidível", então como ela pode ser utilizada para "reivindicar abortos legais, creches adequadas ou salários baseados em valor comparável"? (1997, p. 340). (Veremos esse problema emergir novamente no cap. 6 quando explorarmos questões sobre responsabilidade feminista.)

Porém, o que se vê como problemático aqui é talvez novamente uma questão de se esquecer que a rejeição do conceito tradicional de atuação autônoma não implica por si mesma a rejeição de todas as concepções de autonomia e atuação. Certamente é possível afirmar que as críticas pós-modernas e pós-estruturalistas a respeito da pessoa problematizam qualquer tentativa de desenvolver um sentido de atuação especificamente feminino (inclusive uma noção de atuação feminista efetiva que é consciente dos contextos de opressão das "mulheres"), mas é importante lembrar que nem todas as revisões do conceito de atuação caem nessa categoria. Como veremos em seguida, há intelectuais feministas que, com efeito, levaram essas críticas do conceito de pessoa em conta ao retrabalhar suas concepções de atuação.

Revisões da atuação inspiradas pelo pós-modernismo e pelo pós-estruturalismo

Uma concepção de atuação inspirada por críticas pós-modernas e pós-estruturalistas sobre o conceito de pessoa pode ser encontrada na obra de Butler, especificamente na sua noção de atuação ou "agência performativa" (outro exemplo pode ser visto na obra de Kristeva). Ora, como discutido nos capítulos 2 e 3, o foco de Butler foi repensar tanto a subjetividade quanto o gênero, concebendo-os não como algo que alguém é, mas como algo que alguém faz, reflexão de acordo com a qual ambos são mais bem compreendidos como efeitos de práticas socialmente reconhecidas que se repetem com o tempo. Em outras palavras, elas são "performativas", de modo que não se pretende afirmar existir algo como uma pessoa preexistente que só então escolhe se performar como tal pessoa (fazer escolhas, realizar ações, resistir a condições opressivas). Uma vez mais, essas ideias são bem difíceis, mas o ponto básico é o seguinte: são as atividades da pessoa que criam as personagens particulares que ela é, e não o contrário (essa é uma afirmação similar àquela feita anteriormente, segundo a qual as relações não são algo que o sujeito escolha; pelo contrário, o sujeito é sujeito apenas por causa de suas relações). Além disso, Butler sublinha que isso não acontece no vácuo, e afirma que tanto a subjetividade quanto o gênero (e o complexo gênero-sexo) só podem ser formados e performados nos termos das expectativas e dos discursos socioculturais disponíveis. Dados esses argumentos, então – de que a pessoa não preexiste a suas várias escolhas e ações, e de que talvez ela só é formada e performada com referência a práticas socioculturais existentes – o que tudo isso significa para o conceito de atuação? Ou seja, como seria uma atuação ou "agência performativa", dado que "atuação" aqui evidentemente não significa o exercício de uma noção tradicional de autonomia? (Que pressupõe uma pessoa preexistente.)

Embora possa parecer inicialmente que não haveria lugar para a atuação no pensamento de Butler, dado seu argumento pós-estruturalista acerca da subjetividade e da identidade de gênero, tal conclusão, na verdade, seria apressada demais. Com efeito, a própria Butler defende que a atuação ou agência – mas se trata de uma concepção revisada desse conceito – certamente existe para a pessoa. Como ela afirma em *Gender Trouble* [*Problemas de gênero*], ainda que a atuação não possa ser mais compreendida nos termos da escolha de um agente a respeito "do que repetir ou não", ela ainda pode ser concebível em termos de "como repetir". Ou seja, Butler nos lembra que realizar ações – mesmo do modo como elas são enquadradas pelas normas hegemônicas – sempre tem o potencial de "deslocar as próprias normas que permitem a própria repetição" (1990, p. 148; cf. tb. p. 141). A atuação, em outras palavras, apesar de ser o efeito de práticas socialmente determinadas, também reside na possibilidade de subversão e de paródia inventiva de tais práticas. Concebida desse modo, a atuação efetiva é aquilo que chama atenção para – ou desconstrói – os processos sociais que produzem expectativas normativas (opressivas) sobre indivíduos. Butler se refere à prática do *drag* como exemplo dessa noção de atuação. *Drag* é uma prática sempre e prontamente inextricável das normas de vestuário de gênero contestadas por ela, mas que ao mesmo tempo permite expô-las como um conjunto de restrições socialmente construído, que simultaneamente produz e define os limites das identidades de gênero.

Por certo, engajar-se com essas práticas sempre corre o risco de não ter seu efeito crítico reconhecido ou, mais significativamente, de trazer repercussões gravemente prejudiciais. Ser *drag*, por exemplo, pode chamar atenção para o código de vestimenta e para as concepções de gênero em algumas sociedades liberais, mas em sociedades mais opressivas pode ser uma frustração, por ser tão transgressivo demais e provocar punições severas. Podemos ver essa dinâmica se desdobrar em um contexto ocidental no caso, analisado pela teórica australiana Belinda Morrissey em *When Women Kill* [Quando mulheres matam] (2003), de Aileen Wuornos, uma americana, lésbica e prostituta, que matou sete homens (esse caso também foi tema do filme *Monster* [*Monster – Desejo assassino*]). A partir de concepções pós-estruturalistas de atuação, Morrissey afirma que a alegação de Wuornos – segundo a qual ela matava por autodefesa, quando os homens cujas necessidades sexuais ela estava satisfazendo a violentavam brutalmente – não poderia ser reconhecida pelas cortes, em parte porque era transgressivo demais em relação às expectativas heteronormativas para as lésbicas (mulheres que fazem sexo com outras mulheres, não com homens) e para as prostitutas (mulheres que são subservientes às necessidades de seus clientes). Concepções mais convencionais de atuação – aquelas oferecidas, por exemplo, pelo promotor que acusa Wuornos e pela defesa – interpretavam suas ações seja como a de um monstro de sangue frio, mas incompreensível, seja como uma vítima pura desprovida de qualquer autonomia. Como resultado, ela foi sentenciada à morte por assassinato. Contudo, o que a concepção pós-estruturalista de atuação feita por Butler percebe, aqui, é que não importa quão oprimido um indivíduo possa ser, sua implementação (repetição) das exigências feitas pelas normas que o constrangem carrega simultaneamente a possibilidade de chamar atenção para e de contestar os processos (opressivos) que produziram essas normas. A atuação efetiva, nesses termos, pode não ser capaz de trazer mudanças radicais – com efeito, como mostra o caso de Wuornos, transgressões radicais provavelmente sairão pela culatra – e, por essa razão, será possivelmente vista como efêmera e obscura. Mas tais revisões do conceito de atuação nos lembram que, embora nunca seja possível jogar fora as algemas de sistemas opressivos de uma vez (as ações de autodefesa de Wuornos não poderiam, por si só, derrubar as restrições discriminatórias contra o lesbianismo e a prostituição na América), mudanças incrementais podem se acumular para desmascarar as estruturas de opressão que moldam a vida das mulheres.

E a atuação coletiva?

Todavia, como temos visto até agora (e como prefaciado no cap. 4), essas revisões antiessencialistas da subjetividade inspiradas pelo pós-modernismo e pelo pós-estruturalismo ainda parecem terminar questionando a possibilidade mesma de uma atuação feminista e de uma ação sociopolítica efetivas, uma vez que elas questionam as próprias categorias de "pessoa" e de "mulher". Uma vez mais, como pergunta Alcoff, "o que podemos exigir em nome das mulheres se "mulheres" não existem e exigências em nome delas simplesmente reforçam o mito de sua existência?" (1997, p. 340). Assim, esses questionamentos a respeito da ideia de atuação parecem altamente problemáticos, dadas as várias pressões e restrições que precisam ser questionadas pelas mulheres. Ademais, parece evidente que as *performances* individuais paródicas e transgressivas são também em larga medida ineficazes quando se trata de desafiar os sistemas de opressão. Ou seja, elas podem ser úteis quando – e se – captam a situação, mas ainda assim podem ser reduzidas a um problema de estilo, mais do que de mudança política (considere-se, por exemplo, como os relatos sobre vestuário e práticas transgressivas apresentadas nas paradas *gays* e lésbicas no Ocidente geralmente falam delas em termos de cor e exposição, e não como reivindicações de mudança social e política). Por fim, também precisamos lembrar que as concepções de autonomia baseadas no cuidado, nas relações e na competência, exploradas anteriormente, também parecem incapazes de questionar efetivamente a opressão sistêmica.

Uma forma de compreender esse problema é reconhecer que, embora esses vários modos de reconceber a atuação possam ser cientes da relacionalidade – ou, no caso da atuação pós-estruturalista, ciente do contexto social da pessoa – eles ainda veem a atuação como propriedade de indivíduos, e não de indivíduos como membros de grupos ou de redes socialmente interconectadas de causa e de efeito. E isso é talvez o problema: a não ser que as mulheres se compreendam como membros de um grupo, elas falharão em ver os padrões de opressão, e falharão em ver que uma resistência coletiva ou estrutural é necessária para desafiar uma opressão também estrutural. Sem a possibilidade de tal resistência, elas considerarão sua falha em ganhar uma promoção, por exemplo, um problema pessoal, e não estrutural, consequentemente a opressão sistêmica permanecerá invisível. Afinal, como Marilyn Frye nos lembra, mesmo para "reconhecer uma pessoa como oprimida, deve-se ver esse indivíduo como pertencente a algum tipo de grupo" (1983, p. 8). Por conta disso, passamos agora a considerar como feministas têm tentado conceber uma forma de atuação capaz de questionar efetivamente a opressão coletiva ou estrutural. Mais especificamente, consideramos os problemas em torno das diferenças entre atuação individual e coletiva, as principais tentativas feministas de desenvolver concepções de atuação coletiva ou política, e o que tais esforços e noções significaram para os grupos minoritários ou contraculturais (tais pontos são também centrais para o cap. 6).

Primeiramente, porém, é importante lembrar que, em relação a essa luta para estabelecer modelos de atuação para as "mulheres" capazes de questionar a opressão sistêmica, o debate a respeito de existir ou não de fato uma categoria coerente não apenas de "mulher", mas de "mulheres", ainda é definitivamente pertinente. Certamente, como discutido em capítulos anteriores (e especialmente no cap. 4), muitos argumentos feministas iniciais assumiam que havia um grupo coerente de "mulheres", e que dentro desse grupo mulheres individuais enfrentavam restrições similares, tinham necessidades e interesses semelhantes (mesmo se desconhecidos ou não reconhecidos), desejando resultados parecidos no que diz respeito a questionar as condições opressivas existentes. Nessa visão, as mulheres eram construídas na luta por objetivos comuns – como exemplificado no movimento social *"women's liberation"* [libertação das mulheres] – e o nome do jogo era "solidariedade" ou "sororidade" – "Estivemos divididas por muito tempo, solidariedade entre irmãs é importante [...] isso significa sempre tomar o lado da mulher e não depreciar uma a outra" (YORK et al., 1991, p. 310). Nessa veia, exercícios iniciais para despertar as consciências eram concebidos para expandir a compreensão das mulheres de que muitos conflitos e problemas vividos individualmente por elas eram, com efeito, problemas comuns a outras mulheres, e que suas dificuldades não eram meramente questões pessoais, mas efeitos padronizados de opressão sistemática.

Tal visão sustentou todas as ações coletivas associadas com o movimento de libertação das mulheres. Embora não voltados diretamente à opressão de gênero, o Women's Peace Camp [Acampamento das Mulheres da Paz] realizado na base de Greenham na Grã-Bretanha entre 1981 e 2000 fornece um caso exemplar de união e empoderamento da atuação por meio da ação coletiva. Protestando contra as políticas nucleares dos Estados Unidos e da Otan dentro da Grã-Bretanha, tal ação mobilizou centenas de milhares de mulheres, tanto visitantes quanto campistas, e foi certamente uma tentativa de trazer à tona mudanças sociais. Greenham foi certamente um exercício de desenvolvimento da atuação em nível individual. Como relata Sasha Roseneil:

> A experiência de envolvimento em Greenham foi de empoderamento e transformação de si: donas de casa, mães e "vovós pela paz" se tornaram feministas e lés-

bicas; jovens lésbicas isoladas descobriram a comunidade; veteranas políticas de esquerda exaustas encontraram energia renovada e engajamento apaixonado (ROSENEIL, 1995, p. 2).

Greenham também marcou a construção (e a reconstrução) de uma identidade e atuação coletiva, uma vez que era também uma instância de protesto coletivo. Importa notar, contudo, que, embora Greenham, como ação coletiva, possa sugerir o desenvolvimento de uma identidade unificada e integralizada, isso está longe de ser o caso. Por exemplo, a própria estrutura do campo de paz – feita de oito campos separados – testemunha em sentido contrário, assim como o fato de mulheres individuais se verem envolvidas por uma miríade de razões, junto com o forte *ethos* de anti-hierarquia e respeito pela diversidade que sustentaram essa e outras ações coletivas (ROSENEIL, 1995, p. 2).

Apesar da natureza hesitante e nuançada de boa parte dessa alegada solidariedade (cf. SEGAL, 1999), como discutimos no capítulo 4, o mencionado movimento de libertação das mulheres foi fortemente criticado por suas presunções a respeito de uma identidade coletiva coerente. E o que foi de início concebido (por mulheres ocidentais, brancas, geralmente de classe média e heterossexuais) como base da ação coletiva – certo conceito sobre a opressão comum e a identidade comum feminina – passou inevitavelmente a ser visto como gravemente problemático. Nas palavras de bell hooks: "A ideia de 'opressão comum' era uma plataforma falsa e corrupta, que disfarçava e mistificava a verdadeira natureza da realidade diversificada e complexa das mulheres" (1997, p. 485). Com efeito, muitas feministas viram toda tentativa de conceber uma identidade coletiva para as mulheres como problemática, dado que a consideravam como um gesto essencializador, que presumia a partilha de um conjunto de atributos de gêneros entre todas as mulheres e sobrepujava toda diferença entre elas relativas à raça, classe, etnia, orientação sexual, deficiências e assim por diante. Embora tais presunções sejam certamente falsas, contra-argumentos baseados na diferença defendendo que as mulheres sejam compreendidas como um grupo estritamente heterogêneos também evidentemente se provaram problemáticos para as feministas interessadas na ação coletiva. Afinal, sem alguma noção coerente que dê às mulheres a posse de alguma identidade coletiva, a política feminista evapora tanto quanto ela já aparentemente evaporava diante de argumentos pós-estruturalistas. Ou seja, parece evidente que sublinhar aspectos comuns da experiência, e não tanto as diferenças, é fundamental para o desenvolvimento de uma consciência e de um engajamento político na prática e na atuação coletiva necessárias para a transformação social. Isso é um problema particularmente urgente para as mulheres mais marginalizadas e oprimidas: mulheres pobres, sexual, racial e etnicamente abusadas, deficientes e economicamente exploradas.

Política feminista e políticas de coalizão

No capítulo 4, nossa discussão de problemas surgidos do antiessencialismo feminista abordou a questão de como as mulheres podem trabalhar juntas em ação coletiva sem anular a importância política de sua especificidade e diversidade individual. Aqui, como lá, o ponto-chave é que, para ter realmente êxito sob condições de opressão, qualquer conceito de política feminista – de uma atuação coletiva feminista – precisa incluir o potencial para não apenas agir junto com outrem, mas também ter efetividade nessa ação. Isso não significa que as mulheres precisam ter experiências idênticas com demais integrantes do grupo, ou qualquer tipo de identidade partilhada, mas que devem ser capazes de conceber a si mesmas como agentes em concerto para alcançar um objetivo compartilhado. Elas devem, em outras palavras, ser mais do que apenas uma agregação de indivíduos. Com relação a tais requerimentos, esboçamos no capítulo 4 a estratégia de Lugones desenvolvida a partir da perspectiva do ativismo comunitário. Retomando a questão no contexto do problema da atuação coletiva tratado por este capítulo, uma possibilidade correlata é aquela desenvolvida por pensadoras inspiradas, ao menos em parte, por concepções pós-estruturalistas. Podemos resumir essa vertente como uma mudança da política de "identidade" para a política de "coalizão", dentro da qual a relacionalidade exprime talvez um meio de detectar padrões de opressão e de criar possibilidades de ação coletiva contra ela, mais do que ser simplesmente uma fonte de obrigações e responsabilidades.

Aqui, partindo do pressuposto de que é impossível haver integralidade essencial para qualquer reivindicação relativa à identidade – seja ela individual ou coletiva –, argumenta-se que categorias como "mulher" ainda podem fazer sentido e ser usadas quando são compreendidas como resultado de alianças ou coalizões estratégicas (cf. tb., p. ex., o resumo da concepção de Spivak acerca do "essencialismo estratégico" que fizemos no cap. 4). Ou seja, se certas reflexões "temem que a afirmação de uma coalizão política de *mulheres* arrisca presumir a existência necessária de uma classe natural de mulheres primeiro", elas a entenderam confusamente; pois se trata de uma "coalizão política que, acima de tudo, constrói a categoria de mulheres (e de homens)" (FUSS, 1989, p. 36). Vista desse modo, a categoria "mulher" constitui uma unidade ou aliança estratégica – uma relacionalidade – que de modo nenhum pressupõe alguma identidade essencial ou unificada. Esse é o tipo de visão proposta pela pensadora política Chantal Mouffe quando ela argumenta em defesa da reconcepção das ideias tanto de agente político quanto de luta política.

Especificamente, Mouffe defende que todo e qualquer agente social – feminino ou masculino – é irredutível a qualquer identidade essencial e única. Tal como as concepções de interseccionalidade, pessoas agentes são compreendidas como "constituídas por um conjunto de 'posições sujeito'", que torna suas identidades "sempre contingentes e precárias, fixadas temporariamente" (1995, p. 318). Porém, isso não significa que tais agentes são incapazes de tomar parte em projetos de ação coletiva voltados à realização de mudanças sociais (como os projetos políticos feministas, p. ex.). Afinal, como escreve Mouffe, "negar a existência de um elo necessário *a priori* entre posições sujeito [e sujeitos] não significa que não existam esforços constantes para estabelecer entre elas elos históricos, contingentes e variáveis" (MOUFFE, 1995, p. 319). Para essa visão, portanto, atuar coletivamente é uma questão de fazer e manter alianças estratégicas, o que Mouffe também chama de "articulações". Isso indicaria que todo sentido dessa atuação coletiva também é contingente, resultado de alianças históricas, e mostraria também que toda formação bem-sucedida de coletivos atuantes só pode buscar objetivos contextuais e estratégicos. Entretanto, Mouffe argumenta que esse é um modo muito mais efetivo de conceber a atuação feminista e todas as diferentes lutas que ela sustenta do que tentar encontrar alguma "forma 'verdadeira' de política feminista" (1995, p. 329).

Chantal Mouffe (1943)

Embora a pensadora política pós-marxista belga Chantal Mouffe seja mais conhecida por seu trabalho a respeito de democracia radical e teoria política pós-essencialista, suas concepções de pluralismo têm sido muito produtivas para o pensamento político feminista. Em particular, ela tem sido vista como colaboradora da vertente de filosofia política feminista dedicada a repensar a polêmica distinção "amigo-inimigo" (nós-eles) e a natureza conflitiva da política, com o objetivo de entender melhor a forma e a natureza das coalizões e das alianças estratégicas. Mouffe esboçou algumas dessas possibilidades em um célebre artigo, "Feminism, Citizenship, and Radical Democratic Politics" [Feminismo, cidadania e política democrática radical] (1995). Em geral, porém, o principal objetivo de Mouffe é propor e elaborar o que ela chama de modelo agonístico de democracia. Ela o concebe como uma alternativa frutífera às duas formas dominantes de democracia na teoria política corrente: a agregativa (onde as preferências são agregadas sem considerar suas justificativas) e a deliberativa (onde as preferências são sustentadas por razões). O desenvolvimento de uma alternativa é imperativo, segundo Mouffe, dado o modo como a insatisfação com as instituições democráticas no mundo hoje é demonstrada pelo crescente populismo de direita e pelas formas de terrorismo como o da Al-Qaeda. A autora afirma que nem o modelo agregativo nem o modelo deliberativo de democracia parecem capazes de responder à insatisfação efetivamente, por conta da prioridade que ambos dão ao consenso. O modelo agonístico de Mouffe, pelo contrário, aceita a dimensão plural e antagônica da política, e admite que o consenso sempre será margeado por dissenso. A filósofa tem elaborado essas ideias em uma série de livros, incluindo *Hegemony and Socialist Strategy* [Hegemonia e estratégia socialista] (com Ernesto Laclau, 1985), *The Return of the Political* [O regresso do político] (1993), *The Democratic Paradox* [O paradoxo democrático] (2000) e *On the Political* [Sobre o político] (2005). Ela também editou diversos textos em teoria política pós-essencialista, incluindo um voltado ao feminismo, *Feministische Perspektiven* [Perspectivas feministas] (com Jürgen Trinks, 2000).

O argumento de Mouffe diz que as feministas, se não tentarem encontrar ou preservar alguma "essência [supostamente] 'real' de feminilidade" (1995, p. 329) como base de sua política, então também não acabarão com estratégias presumindo um único molde para todas. Em outras palavras, ela sugere que, embora concepções de solidariedade e de ação coletiva necessitem de uma noção de identidade ou de causa comum, essa não precisa se basear na biologia, na metafísica ou mesmo na socialização. Nas suas palavras:

> Feminismo, para mim, é a luta pela igualdade das mulheres. Mas isso não deve ser compreendido como uma luta pela realização da igualdade de um grupo definível empiricamente portador de uma essência e de uma

identidade comum, as mulheres, mas sim como uma luta contra as múltiplas formas pelas quais a categoria "mulher" é construída em subordinação (p. 329).

Embora tal visão pareça responder às críticas relativas à solidariedade feitas por pensadoras como bell hooks, ainda há uma questão suplementar: uma política de coalizão pode realmente oferecer uma base suficiente para a política feminista? Mais precisamente, dado que Mouffe concebe efetivamente tal política de coalizão a partir da elaboração de alianças estratégicas, e que essas não necessariamente verão uma posição sujeito – de sexo ou gênero, por exemplo – como mais crucial do que outras, isso poderia ainda ser visto como uma política feminista? Parece não haver nada para diferenciar a ação política feminista dentre os múltiplos projetos democráticos, diferenciação que aparentemente importa para muitas pensadoras feministas. (Considere-se, p. ex., como algumas defendiam distinguir a política feminista das políticas *queer* ou lésbicas, manter os espaços da mulher para quem nasce naturalmente mulher. Considere-se também como feministas de diferentes etnias lidavam com a interseccionalidade entre questões de sexo e gênero e questões de raça, classe e etnia.) Apesar disso, Mouffe defende que todo "projeto de democracia radical e plural" tem potencial para abranger a "busca pelos objetivos e propósitos feministas" (MOUFFE, 1995, p. 328-329). (Esse argumento converge com aquele feito pela ativista e acadêmica americana Charlotte Bunch, que afirma em "Women's Rights as Human Rights" [Direitos das mulheres como direitos humanos] (1990) que o conceito de direitos humanos pode ser transformado para levar em conta as necessidades e esperanças específicas da mulher. Exploraremos essa questão no cap. 6.)

Isso nos traz para a última questão que gostaríamos de levantar neste capítulo, a respeito da efetividade ou não dessa política de coalizão em proteger os direitos e a atuação das mulheres em grupos minoritários e contraculturas. Isso tem sido, por certo, muito problemático para as feministas na medida em que a maioria de seus projetos e objetivos terminaram incluindo algumas pessoas e excluindo outras. Entretanto, para começar, parece evidente que qualquer política de coalizão dará certamente mais lugar à atuação de minorias e contraculturas do que concepções identitárias de ação coletiva. A feminista indiana-americana Chandra Talpade Mohanty, por exemplo, fala do modo como "um contexto comum de luta" empodera a constituição dinâmica de "mulheres de diferentes etnias" e de "mulheres do Terceiro Mundo" mais do que identidades raciais ou étnicas (MOHANTY, 1991a, p. 7). Por outro lado, embora a política de coalizão não presuma a pré-existência de alguma identidade, ela parece presumir a pré-existência da atuação individual (e o potencial para trabalhar de modo produtivo atravessando diferenças). Ou seja, a política de coalizão requer que indivíduos ou coletivos possuam e pratiquem algum grau de atuação – habilidade na negociação e no comprometimento, por exemplo – que não dependa simplesmente de seu pertencimento à coalizão ou identificação com ela. Todavia, como mostramos neste capítulo, isso é problemático. Não apenas há questões em torno dos critérios para indivíduos e agentes, mas também dificuldades na compreensão de como os grupos são constituídos, mantidos e se tornam socialmente efetivos. Essas dificuldades apontam para um dos paradoxos centrais dos projetos feministas: para se apresentar como portadores da possibilidade de atuação coletiva, eles precisam pressupor a existência daquilo que propõem – a atuação de todos os indivíduos que os constituem.

Resumo dos pontos-chave

- A atuação – o poder e a capacidade de se agir como quer – é central para o pensamento do feminismo. Todavia, feministas afirmam que as concepções tradicionais de agente autônomo não são possíveis de se realizar, devido aos processos de socialização e a interconexão entre as pessoas.

- A atuação baseada no cuidado e a autonomia relacional levam em consideração a interdependência humana e valorizam relações sociais ao tomar decisões. Elas também apoiam a concepção de atuação nos termos do desenvolvimento e do exercício de competências baseadas em habilidades, possibilitando que as pessoas efetivem sua atuação mesmo em condições opressivas.

- As releituras pós-estruturalistas sublinham o modo como a atuação é afetada por práticas socialmente determinadas. Para tais concepções, a pessoa não existe previamente às suas escolhas e ações sociais, mas pode ser capaz de exercer alguma atuação no modo como desempenha tais escolhas e ações.

- Contudo, feministas não têm visto essas releituras do conceito de atuação como efetivas no questionamento da opressão sistêmica contra as mulheres, dado que essas concebem a ação em termos mais individuais do que coletivos. A acusação de essencialismo se coloca geralmente diante de formas coletivas de atuação.

- Para evitar acusações de essencialismo, algumas feministas têm sugerido que a atuação coletiva do feminismo deve ser concebida mais em termos de coalizão do que de identidade.

6
Responsabilidade

Quais responsabilidades as feministas têm?

Os capítulos anteriores mostraram que compreender o feminismo implica compreender a variedade de campos multidimensionais de inquietação. Ademais, conforme a atenção dada a essas inquietações é refinada, diversificada e colocada em interação com outros movimentos de pensamento e contextos sociopolíticos em transformação, ela remodela as bases da inquietação e produz novas complexidades e dificuldades. Essa dinâmica de ideias mutáveis e de transformação contínua das concepções e práticas não é em lugar nenhum mais evidente do que no campo problemático que busca esmiuçar a natureza da responsabilidade feminista. À primeira vista, parece que tais responsabilidades derivam da compreensão dos fundamentos da opressão contra as mulheres e da oposição entre posturas e práticas que apoiam ou favorecem essa opressão. As feministas lutam para questionar o viés masculino das oportunidades socioeconômicas e nas concepções de corporificação, desejo, ato linguístico, produção do conhecimento e outras práticas conceituais. Mas, como vimos, o trabalho de compreender a opressão e suas expressões múltiplas, cambiantes e, por vezes, ambivalentes – junto com percepções complexas que tal compreensão traz à tona – está longe de ser algo simples e direto. A opressão contra as mulheres e as concepções do feminismo a respeito dela não delineiam um terreno nitidamente cercado, mas, sim, arrastam as feministas para uma rede emaranhada e dinâmica de relações interligadas de dominação e subordinação.

Complicando esse quadro, o desenvolvimento do pensamento feminista desde análises iniciais das estruturas binárias até um maior reconhecimento da instabilidade de certos conceitos e categorias dispersou e fraturou a confiança inicial em uma transformação social coletiva. Mulheres de diferentes etnias e de outros grupos minoritários – mulheres pobres, lésbicas, com alguma deficiência, idosas e assim por diante – desmascararam generalizações falhas. Tal desmascaramento e a suspeita pós-estruturalista a respeito de categorias, normas e identidades universais engendraram uma considerável desconfiança contra ideais de gênero, justiça e responsabilidade. Com efeito, para a frustração de muitas pensadoras e ativistas, os projetos políticos direcionais para a melhoria da situação material da mulher, dado que eles correm o risco de fazer generalizações injustas, acabaram frequentemente preteridos em favor de expressões individualizadas de resistência cultural.

Além disso, nada nunca fica parado: contextos sociais, políticos, econômicos, culturais – e ecológicos – em variação inevitavelmente afetam projetos feministas. Em parte, os feminismos são eles próprios responsáveis por moldar esse ambiente. Os ganhos (ao menos no Ocidente) nas oportunidades formais das mulheres em participar mais plenamente da educação, do local de trabalho e da política, bem como do controle reprodutivo e da expressão sexual trouxeram consigo resultados ambíguos e dissensões: o reconhecimento de que uma solução única não atende a todas, de que a libertação tem muitos significados diferentes. Mas outras mudanças no final do século XX e no início do século XXI – o crescimento da globalização e o avanço do capitalismo corporativo –

reforçaram o poder das hierarquias de relações racistas, imperialistas e patriarcais, que alimentam a exploração do consumo, dos subalternos raciais, étnicos e terceiro-mundistas e dos recursos ambientais, junto com a servidão doméstica e sexual da mulher. Como resultado, desigualdades e divisões entre as mulheres se aprofundaram em todos os lugares.

Quais responsabilidades as feministas têm à luz dessa complexidade? Como feministas responsáveis direcionam suas energias quando conceitos de feminilidade, gênero e sexo carecem de definições universais e, ainda assim, padrões comuns de discriminação contra as mulheres ocorrem local e globalmente? Como as feministas pensam e praticam a heterogeneidade, a multiplicidade e a diferença sem perder tenacidade política e crítica? Que responsabilidades elas têm quando relações opressivas de gênero também são flagradas nos sistemas de dominação que subordinam injustamente pessoas com base em sua raça, nacionalidade, etnia, classe, capacitismo, idade e assim por diante, e quando o mesmo conceito lógico ameaça as relações humanas com o ambiente natural que nos sustenta? E – talvez a pergunta mais importante em um livro escrito a partir do contexto do feminismo branco, de classe média, predominantemente anglo-americano (embora aqui também não haja muita homogeneidade!) – o que significa responsabilidade para aquelas feministas em situações mais privilegiadas, no que diz respeito a esse privilégio e a seus efeitos sobre aqueles que são mais vulneráveis?

Essas são as questões que moldam este capítulo. Elas surgem da convicção de que, apesar de sua luta contínua com uma complexidade sempre crescente, o pensamento feminista é um pensamento politicamente motivado que visa em última instância compreender e eliminar relações sociopolíticas opressivas. Portanto, propomos abordar o problema da responsabilidade como um problema de responsabilidade política e começamos por apreender a questão tal como ela emerge da tensão entre os compromissos feministas tanto com a multiplicidade e a diferença quanto com mudanças sociais abrangentes. A partir daí, passamos a considerar as respostas feministas para questões relativas às responsabilidades transnacionais, especialmente em razão das desigualdades crescentes entre países ocidentais e não ocidentais. As seções finais do capítulo consideram as conexões entre responsabilidades feministas e ecológicas e então retoma a reflexão sobre concepções feministas a respeito do próprio conceito de responsabilidade.

Responsabilidades pós-estruturalistas e pós-feministas

Ao longo deste livro, falamos sobre alguns dos efeitos que a desconstrução pós-estruturalista de categorias e normas universais tiveram sobre problemáticas feministas particulares. Por certo, o pós-estruturalismo é um movimento multifacetado e sua classificação vaga sob o termo "pós-modernismo" é um tanto confusa. Porém, são temas pós-estruturalistas relacionados à prioridade da diferença, ao parcial, ao contraditório, ao particular contra a ilusão de um universal e de uma identidade feminina unificada que são mais importantes para a questão da responsabilidade.

Como deve estar evidente agora, intelectuais feministas utilizaram essas ideias para chamar atenção para o problema das universalizações irrefletidas, as possibilidades complexas de identidades e relações sociais, as dificuldades da transformação sociopolítica. Críticas contra as "falsas certezas" das teorias da opressão e suas crenças em interesses partilhados pelas mulheres – seja na obtenção de igualdade com os homens ou no reconhecimento dos valores de sua diferença – ajudaram a desfazer o provincianismo das leituras que a classe média branca fazia a respeito do que o feminismo significa. O pós-estruturalismo, com sua rejeição de categorias estáveis e com sua ênfase em possibilidades múltiplas de significado, anulou também compreensões opressivas e naturalizadas de feminilidade e da experiência da mulher. Ao mesmo tempo, ele criou oportunidades para ocupar posições múltiplas, diversas, antipatriarcais, anti-heterossexistas, *queer* e entre-lugares. As mulheres são encorajadas a reimaginar suas possibilidades corporificadas e a resistir a discursos socioculturais totalizadores, assumindo a profusão de identidades e espaços, bem como explorando concepções transgressivas de feminilidade, sexualidade e resistência nos seus próprios termos. Mas quando "mulher", "gênero" e "sexo" não podem ser definidos universalmente, e os próprios sujeitos individuais são concebidos como internamente fragmentados, marginalizam-se as análises sobre exatamente onde e como as mulheres estariam mais bem posicionadas para resistir à autoridade e ao poder que os homens exercem sobre elas. Levantar-se em defesa da igualdade e da justiça social, em defesa de projetos políticos que se opõem às estruturas abrangentes da opressão, é visto com suspeita. A resistência organizada às relações de dominação se torna fortemente problemática: sempre suscetível de reproduzir o tipo de identidade e de concepção excludente que ela procura transcender. Não é surpresa que muitas feministas foram afetadas por essas conclusões e muitas vezes consideraram as questões pós-estruturalistas como criadoras de abismos intransponíveis entre teoria e política, expressão cultural e transformação material (cf., p. ex., BELL & KLEIN, 1996).

Não sou feminista, mas...

Assim, o ponto fundamental para muitas feministas (esp. aquelas que priorizam o ativismo) é que as questões pós-estruturalistas e pós-modernistas tiveram efeitos dúbios sobre noções de responsabilidade feminista, dentro do contexto cultural hegemônico (pelo menos no Ocidente). A celebração de particularidades em proliferação diferencial e da abertura de expressões de feminilidade foi então reforçada pelo entendimento de uma nova geração de mulheres (e de homens), para a qual o trabalho sociopolítico do feminismo estava terminado. Por exemplo, uma versão popular de pós-feminismo declara que, depois do acesso igualitário à educação, ao emprego e à autoridade sobre seus próprios assuntos, as mulheres podem ter tudo: elas não estão mais confinadas à esfera doméstica ou sobrecarregadas pelo elo entre sexualidade e reprodução. Assumir responsabilidades, nesse contexto de emancipação, significa então simplesmente assumir a responsabilidade sobre si mesma, jogando fora os grilhões das expectativas culturais normatizadoras (o cap. 3 apresenta uma discussão sobre essa questão, relacionada ao contexto do desejo e da sexualidade, em que a transgressão sexual e a pornografia podem exemplificar expressões de empoderamento individual que subvertem categorias ortodoxas de gênero). Por outro lado, esse tipo de concepção pós-feminista identifica os feminismos "da velha guarda" (segunda onda) com gestos nada sensuais, como a queima de sutiãs, atitudes estridentes e ódio aos homens. Elas muitas vezes veem o foco contínuo das feministas sobre violência contra as mulheres, assédio sexual, estupro, ação afirmativa e valoração comparável (salários iguais para trabalhos de valor comparável) como uma forma de vitimismo irresponsável: a pintura de um quadro no qual as mulheres são indefesas e incapazes de cuidar de si mesmas. Tome-se o discurso de Roiphe em *The Morning After* [A manhã seguinte] (1993) sobre "feminismos voltados a crises de estupro", que enganariam jovens mulheres, levando-as a acreditar que foram sexualmente exploradas por homens. O uso que Naomi Wolf faz dos termos contrastantes "feminismo de vítima" e "feminismo de poder" em *Fire with Fire* [Fogo com fogo] (1993) percorre um caminho similar. (Wolf atribui o "feminismo de vítima" em larga medida às acadêmicas feministas, que compreendem as mulheres como vítimas do patriarcado e das instituições patriarcais, ao passo que ela utiliza a ideia de "feminismo de poder" para se referir a uma prática feminista do mundo real, sem *nonsense*, que inspira as mulheres a assumir o controle de seu poder individual e usá-lo para conquistar tanto quanto os homens.) Alguns movimentos culturais hegemônicos, apesar de sua tendência de culpar os feminismos pelos mais variados problemas sociais – a ruptura da família, a delinquência juvenil, a sexualização da cultura e assim por diante – convergem como esse novo "feminismo de poder". Proponentes contra o "politicamente correto", por exemplo, acusam imediatamente as feministas de puritanas – e pudicas – no que diz respeito à linguagem, à igualdade, ao assédio sexual e à pornografia, enquanto críticos do Estado tutelar e do paternalismo defendem opiniões de que o feminismo é "muito radical", "quer muitas coisas" e "guarda rancor".

Fora o efeito de despolitização de conceitos individualistas de libertação e responsabilidade, a força dessas formulações está frequentemente em dispersar, fragmentar e/ou rejeitar inteiramente os feminismos (o conhecido "eu não sou feminista, mas..."). E quase não é nem necessário mencionar que a personalização – e sexualização – do empoderamento também se ajusta muito bem ao estilo de vida de consumismo desenfreado do capitalismo pós-industrial e de algumas vertentes de patriarcalismo (cf. tb. HOPKINS, 2002). Tais concepções não são exatamente uma base sólida para uma mudança radical. No geral, esse movimento popular teve muita eficiência em tirar atenção das estruturas sociais e da preocupação com a pobreza e com a marginalização de (outras) mulheres e de outros grupos oprimidos. Em vez disso, as pessoas são encorajadas a acreditar que sua marca de responsabilidade (feminista) está no seu modo individual, personalizado e possivelmente endossado pelo mercado de exprimir a heterogeneidade e as transgressões de sexo e gênero.

Populismos como esse são certamente uma caricatura do pensamento pós-estruturalista. Outra versão de pós-feminismo (às vezes também chamada de feminismo da "terceira onda") é descrita como resultado do "deslocamento dentro do pensamento feminista de debates sobre igualdade para um foco em debates sobre a diferença" (BROOKS, 1997, p. 4). Longe de um quadro de despolitização, nessa leitura, o pós-feminismo lida com questionamentos feitos à consciência política feminista elaborados pelas concepções interseccionais do pós-estruturalismo, do pós-modernismo e do pós-colonialismo. A partir da perspectiva das preocupações e do ativismo feminista em defesa da justiça de gênero, porém, não é surpresa que muitas veem esse enfoque na multiplicidade e na diferença como criador de lacunas imensas entre teoria e política, expressão cultural e transformação material. Como notamos em capítulos anteriores, muitas feministas (e não feministas) rejeitaram o pós-estruturalismo (e o pós-modernismo) por sua linguagem muitas vezes confusa e intratável, pelo escrutínio aparentemente obsessivo de generalizações e por sua aparente desconexão com a "realidade". Algumas pessoas também acreditam que o pensamento pós-estruturalista dá vazão a uma forma de relativismo e de indeterminação que prejudica ativamente qualquer projeto político; para elas, tal filosofia resulta num cenário onde "vale tudo" e "todas as perspectivas merecem o mesmo respeito". Ainda que essas críticas possam não estar justificadas (como discutimos no cap. 4), elas dialogam com uma tensão nos feminismos contemporâneos que é difícil de dissipar.

Conceitualmente, porém, concepções pós-estruturalistas são cruciais para projetos feministas. Esses precisam estar atentos ao modo como suas generalizações projetam perspectivas que produzem novas exclusões. Para uma posição ativista, as transgressões individuais e o ativismo micropolítico encorajados pelo pós-estruturalismo também podem ser úteis, especialmente quando são inovadores, para chamar atenção para relações opressivas e talvez até mesmo construir a via para movimentos políticos mais amplos. Mas, num mundo de desigualdade crescente, onde as mulheres ainda carregam o maior peso da criação dos filhos, da alimentação e do cuidado, ainda sofrem violência disseminada e constituem a maior proporção de pobres, as feministas também devem se envolver com a luta social contra as estruturas de opressão que mantêm essas injustiças. Como a feminista britânica Lynne Segal explicou dez anos atrás, "receosas de generalizações totalizadoras podemos ser, e cautelosas devemos ser", mas "a invocação de diferenças específicas pode servir amplamente a objetivos transformadores [...] apenas como parte de *algum projeto político mais abrangente*, que busca desmantelar essas estruturas básicas de dominação" (1999, p. 34-35). Essa visão ainda ressoa hoje.

Responsabilidades transnacionais

O efeito dessa(s) (aglomerações de) tensão(ões) no pensamento feminista – particular-universal, teórico-prático, cultural-material, individual-coletivo – é especialmente problemático no que diz respeito ao feminismo global. É uma reclamação comum a de que boa parte da teoria feminista não inclui as mulheres fora do Ocidente desenvolvido. Certamente, as questões e desenvolvimentos dos feminismos da segunda onda discutidos neste livro confirmam tal percepção. Seu enfoque (quase) exclusivamente ocidental é uma justificativa para as mulheres de países não ocidentais considerarem suas próprias inquietações como externas ao âmbito do feminismo. Isso não é terrivelmente surpreendente. As teorias e o ativismo das feministas ocidentais cumpriram o papel fundamental de colocar os feminismos no mapa, e é de se esperar que seu trabalho seja motivado (e restringido) por questões de gênero, classe e raça que estão perto de casa e/ou são compreendidas a partir de suas próprias perspectivas. Mas isso não é desculpa, por certo, segundo o ponto de vista das mulheres não ocidentais, que são as mais vulneráveis e empobrecidas no planeta.

A globalização, as redes de comunicação e a imigração crescentes no final do século XX e início do século XXI, junto com desigualdades econômicas e a sina inconstante das mulheres ao redor do mundo, tudo isso reforçou as inquietações das feministas ocidentais com as disparidades globais de bem-estar material, com as diferenças culturais e políticas e com as estruturas hierárquicas de opressão. A Década das Nações Unidas para a Mulher (1976-1985) ajudou a chamar atenção para o papel crucial das mulheres no desenvolvimento global econômico e social. Por volta de 2006, mais de 90% dos países-membros das Nações Unidas haviam assinado a "Convenção sobre a eliminação de todas as formas de discriminação contra a mulher", um compromisso de incorporar a igualdade entre mulheres e homens nos sistemas legais de cada nação signatária e de protegê-las contra a discriminação social, política e econômica. Contudo, apesar dos esforços para integrar a mulher nos objetivos das medidas políticas, ao redor do mundo, elas estão ainda mais pobres do que seus equivalentes homens. As mulheres possuem menos do que 1% das propriedades globais; 70% das pessoas pobres são mulheres; dois terços das pessoas analfabetas são mulheres; as mulheres recebem menos do que os homens em todos os países (BILLSON & FLUEHR-LOBBAN, 2005, p. 5-6). A violência contra as mulheres – assassinato, estupro, abuso sexual, tráfico, mutilação genital, casamento forçado, crimes de honra – continua sendo um obstáculo enorme à obtenção da igualdade.

Desigualdades de gênero na saúde, educação, emprego e renda em nações pobres e menos industrializadas são particularmente inquietantes e, consequentemente, muitas feministas ocidentais têm sido fortemente críticas da pobreza, das condições abusivas de trabalho, da violência, do tráfico sexual e do abuso sofridos por mulheres nesses países. Ademais, práticas culturais baseadas no gênero, como mutilação genital, crimes de honra, assassinatos motivados por dote e infanticídio feminino, junto com restrições mais visíveis, como o denso véu usado por mulheres em países como Arábia Saudita e Afeganistão, também aterrorizam muitas feministas (e não feministas).

A resposta feminista ocidental durante as décadas de 1970 e 1980 às injustiças sofridas por mulheres em países não ocidentais foi frequentemente influenciada por feministas radicais como Daly, que compreendiam o sofrimento das mulheres ao redor do mundo por meio do enfoque singular em uma opressão patriarcal comum. Essas feministas viam as mulheres nos países pobres como vítimas da dominação do patriarcado global, mesmo que de variadas formas, de acordo com as diferentes tradições culturais e religiosas. Sob o ideal mobilizador de que "a sororidade é global", libertar essas mulheres de seus sofrimentos era visto como uma tarefa de extensão das análises e das práticas políticas já desenvolvidas pelas feministas ocidentais. Porém, concepções assim caem naquilo que Kumari Jayawardena chamou de "visão eurocêntrica segundo a qual o movimento pela libertação das mulheres não é endógeno à Ásia ou à África, mas tem sido um fenômeno puramente europeu ocidental e norte-americano" (JAYAWARDENA, 1986, p. 2).

Outras feministas não ocidentais e pós-coloniais elaboraram críticas mais diretas e incisivas contra essas concepções, enxergando nelas a arrogância de que "o Ocidente salvará as outras gentes", atitude que foi um tema reincidente do imperialismo colonial, fator central para a opressão contra as mulheres em países mais pobres. Tais críticas produziram desafios difíceis para o entendimento que as feministas ocidentais contemporâneas têm de suas obrigações globais.

Posições pós-coloniais

De acordo com leituras feministas pós-coloniais, a tendência a isolar as práticas patriarcais como fonte da desigualdade de gênero negligencia o contexto do domínio imperialista que estabeleceu a masculinidade branca como norma hegemônica em países não ocidentais, moldando ao mesmo tempo diferenciações raciais, sexuais, culturais e nacionais para reforçar essa dominação.

> **Kumari Jayawardena (1931)**
> Ativista feminista e cientista política, Kumari Jayawardena foi a cronista das histórias e da complexidade dos movimentos pelos direitos da mulher e das lutas feministas em diversos países da Ásia e do Oriente-Médio. Seu livro, *Feminism and Nationalism in the Third World* [Feminismo e nacionalismo no Terceiro Mundo] (1986), traça o desenvolvimento desses movimentos no final do século XIX e início do século XX, como parte da resistência nacionalista ao imperialismo, bem como da resistência às ortodoxias patriarcais e religiosas. Apesar de as mulheres do Terceiro Mundo serem excluídas das relações de governança, o que as impede de exercer a igualdade e de assumir um papel ativo no desenvolvimento de suas nações, a luta singular que elas travam contra essas forças provê evidências de que o feminismo não foi uma importação do Ocidente. Em *The White Woman's Other Burden* [O outro fardo da mulher branca] (1995), Jayawardena abala noções homogêneas de mulher colonial, ao contar histórias de mulheres ocidentais que atravessaram as fronteiras das posições aceitas de gênero, raça e classe para a mulher branca nas colônias do Sul da Ásia durante o período da dominação britânica, mulheres que se levantaram contra o domínio colonial.

Análises como as que foram desenvolvidas por mulheres de diferentes etnias e pós-modernistas para tratar do problema das diferenças entre as mulheres (como discutido no cap. 4) vêm à tona uma vez mais aqui. As teóricas feministas pós-coloniais têm afirmado que a maioria dos compromissos do feminismo ocidental com mulheres de países menos desenvolvidos se basearam em generalizações essencialistas que não compreendem a complexidade das hierarquias de gênero, raça, colonialismo e cultura dentro das quais se situa a vida delas. Definições de feminilidade feitas a partir dos valores da classe média branca não serão significativos para mulheres cujas identidades são complicadas por lutas contra múltiplas barreiras.

Algumas dessas teóricas criticam feminismos universalistas por sua imposição global de um conceito abstrato de gênero que não é sensível aos diferentes modos como contextos locais o compreendem. Muitas mulheres, por exemplo, suspeitam de ideias que as colocam contra os homens em contextos onde ambos são dependentes um do outro para sobreviver. Outras críticas se inquietam com o modo como algumas feministas ocidentais defensoras da "diferença" identificam em termos essencialistas as distinções entre mulheres ocidentais e não ocidentais. Por exemplo, Chandra Talpade Mohanty, uma feminista pós-colonial indiana-americana, afirma que a confiança em pressupostos ostensivamente generalizados acerca das mulheres do "Terceiro Mundo" criou mais um binarismo dentro do pensamento feminista, cujo feito político é privilegiar a mulher do Ocidente como ponto de referência para representar e compreender a vida das mulheres não ocidentais mais pobres. "A mulher mediana do Terceiro Mundo" é representada como "ignorante, pobre, com déficit educacional, presa às tradições, doméstica, guiada pela família, vitimizada", em contraste com a apresentação que as mulheres ocidentais fazem de si mesmas como "educadas, modernas, possuidoras do controle sobre seus corpos e sexualidades, e da liberdade para tomar suas próprias decisões" (MOHANTY, 1991b, p. 56). Por sua vez, no seu célebre ensaio "Can the Subaltern Speak?" [Pode o subalterno falar?], Spivak identifica contextos nos quais discussões a respeito da "subalterna de gênero" (a mulher cujas perspectivas permanecem fora das concepções dominantes – feministas e não feministas) utilizam-na como um veículo para a representação de posições feministas e anti-imperialistas, sem jamais permitir que a própria voz dela venha à tona. Mesmo o trabalho de feministas antiessencialistas podem demonstrar involuntariamente esse tipo de descuido, como Spivak (1987) mostra ao discutir o livro de Kristeva sobre as *Chinesas* (para mais detalhes da contribuição do pós-estruturalismo dessa autora ao antiessencialismo, cf. cap. 4). Essas mulheres da China, que são o objeto da discussão da filósofa francesa, nunca são ouvidas apresentando seu próprio entendimento acerca da situação que vivem.

Práticas opressivas relacionais – que são hoje tão familiares graças ao trabalho de críticas feministas iniciais à dominação masculina e aos questionamentos que mulheres de diferentes etnias fizeram aos feminismos brancos: ausência, silêncio, tokenismo, vitimismo, apropriação – são desmascaradas por críticas pós-coloniais à tentativa feminista de tratar dos problemas das mulheres em países menos desenvolvidos. Como sempre, há algumas exceções a essas práticas e as críticas, em alguns casos, podem, por sua vez, homogeneizar excessivamente "a feminista ocidental média". Porém, é indiscutível a tendência dos feminismos do Ocidente a usar concepções seja de identidade seja de diferença para escorar suas próprias perspectivas sobre o mundo, em vez de empoderar a vida de mulheres cuja experiência não é simplesmente a "outra", a não ocidental.

Uma das questões centrais complicadoras dessa lógica de dominação, no caso das relações entre o feminismo ocidental e as mulheres em países pós-coloniais, diz respeito à falha das feministas do Ocidente em compreender os efeitos do imperialismo e do capitalismo, assim como a implicação delas nessa realidade, que moldou a vida das mulheres pós-coloniais. Pessoas no mundo ocidental frequentemente atribuem as restrições, violência e submissão sofridas por mulheres em países mais pobres às práticas culturais e religiosas específicas dessas nações. Por exemplo, elas veem os véus e os crimes de honra como um problema islâmico, a prática de *sati* (a autoimolação de uma viúva sobre a pira funerária de seu marido) e os assassinatos motivados por dote como injustiças de gênero inerentes ao hinduísmo. Se, por um lado, sem dúvida, há violações pesadas contra a vida da mulher cometidas em nome de crenças religiosas ou culturais particulares, por outro, o que quase sempre se deixa de lado é o fato de as comparações entre culturas ocidentais e não ocidentais, onde geralmente a última é rebaixada, entendem mal as complexidades internas dessas diferentes práticas culturais e as interconexões entre elas forjadas pelo colonialismo.

Por exemplo, algumas práticas culturais frequentemente criticadas por ocidentais foram retomadas com vigor renovado por praticantes não ocidentais justamente para apoiar sua identidade nacional ou religiosa contra a intrusão muitas vezes presunçosa de sistemas imperialistas ocidentalizados (p. ex., mutilação genital, véu). Outras práticas têm um sentido para quem as pratica que simplesmente confunde a (má) compreensão ocidental e colonialista a respeito delas (p. ex., véu – de novo! – usado como gesto de privacidade, devoção ou segregação). Outras ainda adquirem proporções exageradas em representações deturpadas feitas pelo colonialismo, apesar de sua ocorrência extremamente limitada (p. ex., *sati*). Ademais, muitas injustiças sofridas por mulheres em países pobres resultam largamente do trabalho para atender as demandas dos herdeiros do privilégio colonial (como o trabalho em situações degradantes, na China, ou tráfico sexual na Tailândia). Também é significativo o fato de pessoas ocidentais, em sua pressa para condenar outras culturas, frequentemente esquecerem ou subestimarem as práticas sexistas disseminadas impostas ao corpo feminino em suas próprias culturas: violência doméstica contra a mulher e a sexualização de jovens meninas, por exemplo. Em todos esses casos, podemos ver o modo como pessoas do Ocidente, sob o feito contínuo das representações e práticas colonialistas, tem se equivocado, estereotipado e depreciado as culturas, tradições e identidades não ocidentais. Tais análises clamam por uma compreensão mais abrangente das múltiplas relações de opressão, uma compreensão colaborativa sempre atenta às armadilhas de conceitos totalizadores e reificados como "ocidental", "Terceiro Mundo", "cultura", "identidade" e "tradição", bem como à incompreensão oriunda de posições abstratas e universalizadas.

Universalismo liberal feminista

Apesar disso, algumas feministas liberais (focadas na igualdade) permanecem temerosas de que a reivindicação de um entendimento mais refinado e transcultural das particularidades da configuração de culturas específicas (antiessencialismo pós-colonial feminista) resultará em uma forma de relativismo cultural que, politicamente, equivalerá a pouco mais do que aceitar o *status quo* para as mulheres globalmente em pior situação. Quando há muito empobrecimento, violência, exploração sexual e de força de trabalho, apelos a mais sensibilidade e compreensão cultural são difíceis para que algumas feministas e não feministas ocidentais aceitem. Okin ficou célebre por afirmar que "os problemas de outras mulheres são 'similares aos nossos, porém mais ainda'" (1994, p. 8). "Problemas [...] similares aos nossos", aqui, se refere aos desafios econômicos e sociais de que Okin tratou ao falar das estruturas familiares tradicionais típicas de sua cultura de classe média americana. Ela vê as situações restritas e empobrecidas de mulheres não ocidentais como resultado de práticas desiguais domésticas e econômicas de tipo similar àquelas sendo desmanteladas por feministas ocidentais em seus países. Nussbaum também é conhecida por estender as compreensões liberais acerca do pluralismo e do respeito para um humanismo transcultural baseado em uma leitura universal das capacidades humanas (p. ex., 1999a). Mas então como é possível explicar os protestos de feministas do Terceiro Mundo contra a insensibilidade e os estereótipos culturais? Para liberais como Okin e Nussbaum, tais protestos subestimam as similaridades entre as injustiças de gênero sofridas pelas mulheres em países em desenvolvimento e em países ocidentais ("porém, mais ainda"). E, embora concordem que pode ser útil conversar com mulheres em nações mais pobres a respeito do que essas querem, também é importante reconhecer que elas inconscientemente aceitaram as desvantagens de sua situação cultural como normais ou naturais, e ao fazer isso prejudicaram a concepção e o autoempoderamento universalmente necessários para causar transformações (OKIN, 1994). Feministas ocidentais (e não ocidentais) estão, portanto, encarregadas da responsabilidade de condenar essas injustiças culturais, e não de se envolver com o que as liberais consideram ser uma concepção cultural complacente e politicamente passiva.

A continuidade entre as análises feministas liberais e as posições ocidentais não feministas no que concerne à justiça global fizeram muito para ajudar a valorização e a legitimação das inquietações com as injustiças e com a falta de autonomia sofridas especificamente por mulheres em países não ocidentais. Entretanto, apesar de suas melhores intenções, elas também contribuíram com as (e se desdobraram a partir das) longevas tradições de dominação, presunção e incompreensão do Ocidente em relação a outras culturas. Considere-se o modo como a *burkha* se tornou, no mundo ocidental, um símbolo da opressão de gênero e um gatilho para as ofensas culturais (e uma desculpa para a invasão do Afeganistão). Quando o feminismo é associado com esse tipo de resposta, ele prontamente evoca a resistência antifeminista daquelas que seriam auxiliadas por ele.

Há respostas para as injustiças urgentes sofridas por mulheres em países não ocidentais que possam evitar essa dicotomia limitadora, ou seja, que se reveste seja com um relativismo cultural politicamente quietista, seja com uma insensibilidade ocidentalizada intrometida e alienante? As dificuldades aqui se relacionam com uma articulação e efetivação das responsabilidades feministas em modos que sejam tão abertos às diferenças quanto críticos às diferenças injustas, modos que estão também atentos tanto à natureza politicamente contestável de discursos, categorias e conceitos quanto às lutas materiais por sobrevivência vividas pelos povos mais explorados do mundo.

Os direitos das mulheres são direitos humanos

Uma resposta prática que busca manter juntos esses imperativos frequentemente conflitantes veio de movimentos pelos direitos humanos das mulheres. Há intelectuais que criticam a abordagem à injustiça global pautada em tais direitos, considerando-a um produto ilegítimo de ocidentalização. Porém, como diz Bunch, o conceito de direitos humanos "tange cordas profundas de reação em muitas pessoas", o que faz de sua promoção "uma plataforma útil para buscar reparação por abusos de gênero" (1990, p. 486-487). O diálogo transcultural disseminado entre feministas ocidentais e não ocidentais relativo a abusos como violência contra mulheres, tráfico e escravidão sexual permitiu que essa plataforma universalista fosse utilizada para direcionar atenção à injustiça de gênero em todas as suas variadas formas, mostrando-a como uma "realidade politicamente construída, mantida por interesses, ideologias e instituições patriarcais", e não como "inevitável ou natural" (BUNCH, 1990, p. 491). (Esse diálogo, por certo, também integra aquilo que, no cap. 5, vimos Mouffe promover.) Mais especificamente, o discurso dos direitos humanos, originalmente escrito a partir da perspectiva de colonizadores ocidentais, é reformulado a partir da perspectiva dos corpos femininos em toda sua diversidade e com suas necessidades efetivas de comida, moradia, educação e liberdade, livrando-se de estupros, guerras, violência e gestações indesejadas. A conexão ativa com mulheres de países ao redor do mundo cria um coletivo feminista internacional, ao mesmo tempo que condena as relações imperialistas globais, racistas, classistas e etnocêntricas de dominação e submissão. Em vez de se tornar uma vigilância ocidentalizada de direitos ou de reduzir o feminismo a um tema isolado, o movimento trabalha em múltiplos frontes, auxiliando os esforços que diferentes culturas fazem elas mesmas para se aprimorar de modo a reforçar a igualdade. Nessa visão, portanto, o foco da internacionalização do feminismo não é fazer propostas baseadas em concepções abstratas, mas perguntar a ativistas feministas e da classe trabalhadora no Egito, no Afeganistão ou na Venezuela, por exemplo, como elas concebem o papel dos direitos em meio à conturbada acomodação e aos compromissos que isso implica. Ao mesmo tempo, o enfoque global sobre a opressão de gênero abre a possibilidade de transformar o conceito de direitos humanos de modo que ele possa responder mais efetivamente à experiência das mulheres. Como resultado, torna-se objetivo de feministas politicamente responsáveis desentranhar e questionar contextos específicos de relações de poder interseccionais que conservam compreensões tradicionais do que é ou não apropriado para a mulher.

Charlotte Bunch (1942)
Charlotte Bunch se envolveu com o ativismo pela libertação das mulheres nos Estados Unidos no final da década de 1960. Contra ideias que concebiam as questões da mulher como subcategorias de outros movimentos progressistas, Bunch defendeu um feminismo concebido como uma perspectiva distinta sobre a sociedade como um todo. Ao mesmo tempo, ela entendia a oposição ao racismo, ao imperialismo, às desigualdades de classe e ao heterossexismo como dimensões inevitáveis – embora muitas vezes conflitantes – da política feminista e como bases das coalizões e redes orientadas à mudança estrutural necessária. Bunch é mais conhecida por seu trabalho sobre o movimento feminista global, particularmente por

> suas conexões contra o tráfico de escravas sexuais e sua liderança em direitos humanos femininos. Seu artigo "Women's Rights as Humans Rights: Toward a Re-Vision of Human Rights" [Direitos das mulheres como direitos humanos: por uma re-visão dos direitos humanos] (1990) explica como abusos relacionados a gênero contra a humanidade das mulheres – em particular a discriminação sexual e as múltiplas formas de violência contra a mulher – são as transgressões mais negligenciadas contra direitos humanos, o que exige uma transformação feminista completa desses direitos, que incorpore a diferença de gênero no núcleo de sua concepção e aplicação. Outros escritos incluem numerosos artigos, panfletos e livros, bem como sua coleção de ensaios escritos entre 1968 e 1986, *Passionate Politics* [Política passional] (1987).

O movimento pelos direitos humanos da mulher, por certo, não surgiu do nada. Ele se baseia (parcialmente) em concepções derivadas das críticas feitas aos feminismos brancos por mulheres de diferentes etnias nos anos de 1970 e de 1980 (cf. cap. 4). Mulheres oprimidas étnica e racialmente dentro do Ocidente – indígenas, imigrantes, trabalhadoras endividadas e escravizadas – entenderam há muito tempo as consequências fatídicas das análises feministas eurocêntricas e as exigências para construir solidariedades para além de fronteiras de raça e nacionalidade, Norte e Sul, Ocidente e Oriente. O compromisso para compreender e incluir a voz de todas as mulheres em seus próprios termos também implica pluralizar temas associados aos feminismos pós-modernos e pós-estruturalistas. Ao mesmo tempo, ele nunca perde de vista o fato de ser um problema mundial contínuo o enraizamento da visão de que a mulher teria menos valor do que o homem.

Questionamentos à ordem político-econômica internacional

Algumas respostas feministas ocidentais alternativas, atentas aos meandros dessa exigência, afirmam que a cumplicidade do Ocidente com as injustiças vividas por mulheres em países mais pobres deve ser o alvo das responsabilidades globais das feministas do mundo ocidental. Evitando assumir esse problema da responsabilidade como um dilema do tipo "interferência colonialista" *versus* "indiferença inerte" (JAGGAR, 2005, p. 186) – ou "perseguir a opressão ao redor do mundo" (p. 189) ou protestar pela necessidade de atenção às complexidades de contextos socioculturais – a filósofa feminista americana Alison Jaggar argumenta, em seu artigo "Global Responsability and Western Feminism" [Responsabilidade global e feminismo ocidental] que as feministas do Ocidente devem "esmiuçar nosso próprio poder e cumplicidade" (p. 195). O capitalismo e o imperialismo ocidental estão, afinal, implicados em muitos níveis na criação e na conservação das desigualdades e na opressão contra as mulheres em países mais pobres. Por exemplo, como nós já mencionamos, o legado do colonialismo distorce as compreensões ocidentais de outras culturas e, em alguns casos, revigora práticas como mutilação genital e uso do véu, como formas de resistência nacional. Jaggar cita casos em que poderes ocidentais ativamente apoiaram ou mesmo impuseram "alguns dos regimes mais iliberais e conservadores do mundo em termos de gênero" (p. ex., Arábia Saudita e atualmente Afeganistão e Iraque), junto com o impacto das forças globais de desenvolvimento econômico e dos princípios neoliberais de "livre-comércio" – revogação de responsabilidades sociais do governo, abandono das regulações econômicas no emprego e na proteção ambiental – sobre o sustento da mulher em países não ocidentais (JAGGAR, 2005, p. 190-193). Como resultado dessas medidas, muitas mulheres perderam suas fontes tradicionais de renda em atividades industriais e agrícolas locais de pequena escala. Ademais, sob as forças do capitalismo global:

> As mulheres se tornaram o novo proletariado industrial de trabalho de indústrias intensivas localizadas em zonas de processamento de exportações ao redor

do mundo. Especialmente em boa parte da Ásia, governos frequentemente atraem investimentos de corporações multinacionais com estereótipos de trabalhadoras asiáticas que as retratam como dóceis, dedicadas, habilidosas – e sensuais (JAGGAR, 2005, p. 192).

Embora possa ser dito que o trabalho precário fornece a essas mulheres novas oportunidades e possibilidades de autonomia, as condições árduas sob as quais elas labutam geralmente equivale a pouco mais do que trocar a servidão à família patriarcal pela servidão às corporações estrangeiras. De acordo com essa visão, a responsabilidade das feministas ocidentais se finca na luta contra os efeitos insidiosos, sistemáticos e globalmente destrutivos da ordem política e econômica que sustentam esses poderes e privilégios. Isso não significa aceitar práticas culturais que oprimam as mulheres ou ficar cego a quem, nas culturas não ocidentais, justificam a continuação ou a adoção de práticas opressivas em nome da resistência contra a ocidentalização. Trata-se, em vez disso, de reconhecer que as feministas precisam estar ativas em muitas frentes e que feminismos diferentemente situados têm diferentes oportunidades e capacidades para exercer suas responsabilidades.

Responsabilidades ecológicas

Uma das frentes que foi particularmente importante para as feministas desde 1970 é o meio ambiente. À primeira vista, isso pode parecer um pouco surpreendente. A degradação ambiental pode ser uma inquietação para todos, mas por que ela seria uma questão especificamente feminista? O feminismo já não tem problemas suficientes, ao lidar com todos os múltiplos efeitos das hierarquias de gênero sobre a vida das mulheres e com as especificidades de outras relações hierárquicas – imperialistas, raciais, econômicas, culturais e assim por diante – que não se reduzem simplesmente ao gênero? Ademais, discutimos anteriormente neste livro (cf. cap. 1 e 2) a respeito de algumas implicações negativas das conexões conceituais entre a mulher e a natureza. Como então foi notado, a identificação entre as mulheres e seu corpo, especificamente com as limitações de seu corpo, levou frequentemente a excluí-las da vida pública. Não seria melhor, portanto, declarar que as feministas devem ficar longe de tais associações?

Contudo, nas décadas de 1970 e 1980, algumas ecofeministas ocidentais defenderam uma afinidade positiva entre as mulheres e a natureza. A crítica que elas faziam à dominação do masculino sobre o feminino via as mulheres mantendo uma atitude mais benigna e protetora em relação ao mundo natural, em comparação com o caráter mais agressivo e controlador dos homens. Outras defenderam uma conexão espiritual entre elas e a natureza, muitas vezes com base em espiritualidades pré-históricas centradas na terra, que oferecem inspiração para o empoderamento das mulheres e da vida natural. Outras ainda afirmaram que a divisão de gênero no trabalho, em particular a labuta da mulher na reprodução, na alimentação e no cuidado, concede-lhe uma percepção especial dos círculos e da interconexão dos fenômenos naturais. (Consideramos muitas dessas posições em capítulos precedentes, sobretudo os cap. 2 e 5.) Para essa visão, a emancipação das mulheres aparentemente se torna uma condição para um relacionamento sustentável com o meio ambiente. Por certo, tais concepções fazem do feminismo uma questão ecológica, e não o contrário; portanto, é apenas indiretamente que elas convocam as feministas para agir em defesa do meio ambiente. Contudo, elas também incorrem em problemas tão logo suas concepções de mulher como portadoras de uma natureza essencialista são postas em questão. A afinidade das mulheres com a natureza, vista como algo ou biologicamente determinado ou socialmente construído, constitui uma perspectiva que se arrisca a essencializar e a naturalizar as questões tanto da mulher quanto do meio ambiente, limitando possibilidades femininas e, ao mesmo tempo, ignorando as diferenças e desigualdades entre as mulheres. Algumas feministas ambientais até mesmo rejeitaram o termo "ecofeminismo" à luz desses problemas.

Como as feministas podem sustentar que o meio ambiente é uma questão do feminismo e ainda assim evitar o vínculo com o estereótipo de que "as mulheres estão mais próximas da natureza"? Uma resposta no núcleo de muitas posições feministas surge da ideia de que há uma profunda conexão (histórica, material, conceitual) entre elos interseccionais da dominação patriarcal, imperialista, racial, econômica e cultural, que são fundamentais para as análises feministas, e as relações de dominação do ser humano com o meio ambiente. A preocupação ecológica se torna uma questão feminista porque as ideologias que sustentam a opressão contra as mulheres estão profundamente emaranhadas com aquelas que sustentam a dominação da natureza. (As metáforas sexuais utilizadas pelo filósofo da ciência britânico Francis Bacon no começo do século XVII são especialmente notáveis aqui. Bacon celebremente identificou a natureza com uma mulher e defendeu que ela devia ser "'obrigada a servir' e transformada em uma 'escrava', posta 'em amarras' e 'moldadas'" pelo "novo homem da ciência" [MERCHANT, 1980, p. 169].) Em seu livro *Ecofeminist Philosophy* [Filosofia ecofeminista] (2000), a filósofa americana Karen Warren define essa preocupação com um argumento ecofeminista em prol de uma reconcepção do feminismo:

> (1) O feminismo é, no mínimo, um movimento para acabar com o sexismo.
>
> Mas (2) o sexismo é conceitualmente ligado ao naturismo [dominação injustificada da natureza não humana].
>
> Logo, (3) o feminismo é (também) um movimento para acabar com o naturismo (2000, p. 56).

Warren continua e explica que não importa como o viés masculino ou o sexismo e o naturismo (a dominação injustificada da natureza) são concebidos em qualquer que seja seu local ou expressão específica, não importa o que sua eliminação exige, ou mesmo o que deveriam ser seus substitutos feministas, a ligação conceitual entre as duas formas de opressão obriga as filósofas feministas a estender o âmbito de sua responsabilidade para a eliminação dos enviesamentos contra a natureza (WARREN, 2000, p. 63). Em outras palavras, qualquer posição feminista que não se amplie para problematizar o domínio humano da natureza é inadequada.

Nesse tipo de argumento, muito depende da demonstração do elo entre a opressão patriarcal e a subjugação da natureza. Não é surpresa que o feminismo tenha desenvolvido diversas posições a respeito do problema. Filósofas ecofeministas como Warren e a australiana Val Plumwood focam em plataformas conceituais orientadoras. A primeira sublinha o que ela vê como um arcabouço patriarcal opressivo comum, com uma "lógica de dominação" que justifica o poder e o privilégio de dualismos hierárquicos de gênero e de natureza (homem-mulher, humano-natureza), em convergência com "o emaranhamento histórico profundo dos conceitos de mulher e de natureza" no Ocidente, que permeia e reforça "comportamentos, políticas, teorias e instituições" (WARREN, 2000, p. 57-58) injustas. Essa "lógica de dominação" também concede aprovação moral para os atributos agora familiares do pensamento dualista, que permitem e normalizam o emprego injustificado do poder e do privilégio dos grupos dominantes sobre seus subordinados. Com suas múltiplas relações interseccionais, porém, "outros" humanos e não humanos são diferentemente afetados: não há sujeito universal da opressão. Por sua vez, Plumwood (1993) fala da "lógica da colonização" e vê a privação da "razão" como aquilo que comumente marca a distinção entre os grupos dominados e a "identidade do senhor" na cultura ocidental. A colonização e a "inferiorização" sexual, racial, étnica e ambiental são autorizadas pela associação dos dominados com os atributos corporais não racionais. Contudo, aqui, é o senhorio, mais do que a masculinidade, que está no núcleo desses processos que sistematicamente negam as dependências entre os grupos e desvalorizam, excluem, instrumentalizam e homogeneizam aqueles que, em relação à identidade do senhor, são os "outros". Com isso, Plumwood sublinha que respostas feministas a essa lógica buscando a inclusão das mulheres na categoria dos integralmente humanos pactuam com a identidade do dominador, com o senhorio, e não conseguem compreender que seres humanos não são nem escravos nem senhores da natureza. Inversamente, ela defende que as mulheres (e os homens) deveriam questionar todos os "ismos" hierárquicos injustos (não apenas os "ismos" de gênero) e afirmar as diferenças não hierárquicas com suas interdependências. As lógicas dualistas – homem-mulher, razão-natureza, ocidental-não ocidental e assim por diante – são disfarces distorcidos das relações de dependência e da interconexão das diferenças que eles identificam.

Respostas mais materialmente orientadas concebem as ligações entre sexismo e naturismo por meio da interconexão intrínseca do corpo humano vivo com seu ambiente natural. Segundo tais visões, os sistemas patriarcais impõem obrigações pelas necessidades da corporificação humana, que devem ser assumidas dentro do ambiente natural diretamente pelas mulheres. Como resultado, danos ao meio ambiente afetam-nas desproporcionalmente. As responsabilidades específicas impostas às mulheres variam, por certo, conforme o contexto. No Ocidente, por exemplo, tais obrigações estão principalmente vinculadas à gestação e à criação dos filhos, provisão de comida, nutrição corporal, saúde, segurança e cuidado; em países menos desenvolvidos, as tarefas da mulher incluem, junto com a maternidade e a nutrição, a agricultura, recolhimento de madeira, busca de água e assim por diante, tarefas que são mais diretamente relacionadas ao meio ambiente. A realidade material das carências corporais ecologicamente integradas e os impactos diferenciados da ordem social de gênero sobre os papéis de mulheres e homens no que diz respeito a essa realidade, porém, atravessa essas variações. O sexismo e o naturismo – enviesamentos injustificados contra a mulher e contra a natureza – estão interligados, pois ambos não compreendem o mundo natural e a importância da corporificação humana.

As feministas que refletem a partir da perspectiva de mulheres em países mais pobres e envolvidas em atividades de subsistência forneceram evidências especialmente tangíveis de que esses sistemas de dominação estão vinculados entre si. Como acabamos de mencionar, nessa situação, a sobrevivência imediata das mulheres e das famílias que elas sustentam depende diretamente da sustentabilidade ambiental de seu trabalho. Projetos de desenvolvimento em larga escala destruindo florestas, represando rios e industrializando a agricultura afetam e deslocam o papel de autorrenovação do trabalho da mulher na cadeia alimentar. A ecofeminista indiana Vandana Shiva e sua colaboradora alemã Maria Mies afirmaram que, sob a dominação do imperialismo patriarcal, com seu sistema capitalista de produção e de desenvolvimento, tanto as mulheres – com seus corpos e seu trabalho – como a natureza foram simultaneamente exploradas (pensemos no trabalho de situação precária e nas sementes suicidas). Segundo Shiva, a história do desenvolvimento da agricultura ocidental na Índia é uma história do "mau desenvolvimento", na qual a ideologia de gênero e pressupostos econômicos orientados exclusivamente para o lucro "subjugaram as suposições mais humanas da economia, como a provisão de sustento, para construir uma crise de pobreza enraizada na devastação ecológica" (SHIVA, 1988, p. xviii). Tanto o trabalho orgânico e vitalmente autorrenovável da natureza quanto o trabalho das mulheres na sustentação das necessidades vitais de suas famílias são vistos como improdutivos e irrelevantes por sistemas científico-tecnológicos redutores voltados à produção lucrativa de *commodities*.

A análise de Shiva é fortemente influenciada pelo trabalho de Mies, que vincula concepções acerca do elo ser humano-ambiente com leituras marxistas feministas do capitalismo. A economia capitalista, insiste Mies, pressupõe que os efeitos sistemáticos de colonialismo, gênero e naturismo alimentem a dominação ocidental, a divisão do trabalho baseada no gênero e os recursos naturais para criar a riqueza da classe de homens dominadores. A exploração das mulheres, da natureza e dos países menos desenvolvidos é, portanto, parte de uma estrutura de acumulação capitalista e patriarcal global.

Vandana Shiva (1952)

Originalmente formada em física, Vandana Shiva é uma líder ambientalista e colaboradora de críticas feministas ao desenvolvimento nos países do Terceiro Mundo. Ela se tornou famosa por seu ativismo com mulheres do movimento Chipko contra a destruição de árvores em sua Índia natal. Depois disso, tem sido particularmente crítica à forma como modelos redutores do desenvolvimento da ciência ocidental e do capitalismo patriarcal foram utilizados para explorar as mulheres e a natureza. Seus escritos prolíficos, incluindo *Staying Alive* [Sobrevivendo] (1988), *Ecofeminism* [Ecofeminismo] (com Maria Mies, 1993), *Biopolitics* [Biopolítica] (organizado com Ingunn Moser, 1995) e *Earth Democracy* [Democracia da Terra] (2005), chamam atenção para as práticas desenvolvimentistas – por exemplo, biotecnologia, engenharia genética, privatização da água, regimes de direitos de propriedade intelectual – que degradam sistemas ecológicos e empobrecem as mulheres e suas comunidades. Shiva argumenta que o trabalho de reprodução das mulheres na alimentação de suas comunidades e na biodiversidade de seus ambientes representa um princípio feminino de parceira na vida da força da natureza, cujo reconhecimento é necessário para superar os sistemas de gênero destrutivos.

Nessa leitura, a natureza é uma questão feminista mais basicamente porque as mulheres estão desproporcionalmente em risco por conta da destruição ambiental e porque seu trabalho no sustento doméstico se conecta fortemente com problemas ecológicos. As responsabilidades feministas são responsabilidades ecofeministas, anti-imperialistas, antirracistas e anticlassistas, que visam lutar contra as forças destrutivas do "capitalismo patriarcal do homem branco" com seus sistemas aliados científicos, tecnológicos, industriais e militaristas, em defesa de economias alternativas de subsistência, não exploradoras, sustentáveis e baseadas na mulher.

Análises filosóficas como a de Warren e Plumwood articulam elos conceituais nas múltiplas relações de poder dentro das quais a vida desigual das mulheres estão situadas. Por mais importantes que sejam essas leituras, porém, ainda há muitos quebra-cabeças quando o assunto é a mudança adequada. Certamente, em sociedades contemporâneas pré-feministas, geralmente não há uma ação ecofeminista perfeita diante das relações interseccionais de dominação, que pressionam em múltiplas direções: quando a sobrevivência de uma mulher, por exemplo, é obtida às custas de afirmar uma cultura sexista ou homofóbica e/ou práticas ecologicamente destrutivas. Mas também é difícil saber como causar essas mudanças. Contra as estruturas emaranhadas de subjugação, a compreensão (ou atuação) individual não é suficiente sozinha. Uma vez mais, o foco na heterogeneidade e na não generalidade das posições individuais prejudica bastante a fundação para uma ação coletiva. Por outro lado, podemos também perguntar se a leitura de Mies e de Shiva a respeito das causas interligadas da opressão contra as mulheres e contra a natureza também não é algo generalizador. A narrativa que elas fazem da exploração negligencia os imperativos de lutas feministas mais contextualmente específicas? Mies e Shiva respondem que "as atividades daquelas mulheres que se tornaram vítimas do processo de desenvolvimento e que lutam para conservar sua base de subsistência" não estão enraizadas em um discurso abstrato universalista. Pelo contrário, elas estão engajadas na tarefa de manter "as redes e os processos de sustentação da vida" necessários para a satisfação das necessidades humanas comuns (MIES & SHIVA, 1993, p. 12-13). Entretanto, podemos perguntar (novamente): não seria muito apertado esse nó entre mulheres e natureza aqui? Estariam todas as mulheres amarradas nessa conexão, quer elas o saibam e a pratiquem ou não? Como as feministas podem manter reunidas suas responsabilidades com a sustentabilidade ecológica e com um mundo que seria um lugar melhor para todas as mulheres (e homens) em todas as suas diferenças?

Repensando as responsabilidades feministas

Então para onde nos levaram todos esses quebra-cabeças e problemáticas da responsabilidade? Aparentemente, é como se todas essas diferentes respostas para a questão da responsabilidade feminista continuassem girando em círculos, em um esforço sem fim que busca trazer algum tipo de coerência e justiça para um emaranhado cada vez mais complexo de imperativos diferentes e mutáveis.

Apesar dessas complexidades, entretanto, podemos resumir muitos temas cruciais destacados por concepções feministas ao longo de seu autoescrutínio contínuo. Primeiramente, tentativas conceituais e discursivas de superar a desigualdade, a injustiça e a dominação ambiental exigem um ponto de referência para medir a igualdade, a justiça e a sustentabilidade. Isso necessariamente envolve generalizações sobre o ser humano e o meio ambiente, bem como valores que tendam a se espalhar sutilmente pelos meandros e complicações de seu terreno. Esse processo também não pode ocorrer fora das relações de poder, elos de inclusão e de exclusão que provavelmente privilegiarão algumas pessoas em detrimento de outras: mulheres brancas em detrimento de mulheres racialmente oprimidas, mulheres ocidentais em detrimento de mulheres do Terceiro Mundo, agricultura industrial em detrimento de agricultura de subsistência (ou vice-versa), por exemplo. Tentativas de compreender a complexidade e a importância de contextos e diferenças particulares, no intuito de desfazer as injustiças de generalizações homogeneizantes e deturpadoras, tendem a perder a possibilidade crítica de identificar diferenças injustificadas, desempoderando identidades e adaptações contextuais destrutivas. Enroscadas nessas problemáticas estão as tensões entre esses imperativos discursivos e as lutas materiais pela vida cotidiana vividas pelos povos mais explorados do mundo. Nenhum desses fios emaranhados – igualdade, diferença, discurso, materialidade – é independente um do outro. Compreender as responsabilidades feministas de um modo que favoreça alguns desses fios tem o potencial de subestimar ou distorcer os outros, o que requer, portanto, autovigilância constante – junto com humildade diante da inevitável parcialidade – e abertura para aprender com os outros.

Em segundo lugar, compreender a opressão envolve trazer à tona as interconexões entre as diferentes formas de dominação, as diferentes estruturas de poder e seus efeitos. Gênero, raça, classe, heteronormatividade, capacitismo e naturismo não formam uma hierarquia de repressões, mas se interseccionam e se entremeiam umas às outras. Cada forma de opressão envolve todas as outras, mas cada uma opera diferentemente, tendo efeitos diferentes e às vezes conflitantes. É problemático tratar a responsabilidade feminista como algo isolado da responsabilidade antirracista, anti-imperialista ou ecológica, por exemplo, pois não é uma forma genérica de opressão machista que oprime as mulheres. Dado que elas são oprimidas de múltiplas maneiras, como mulheres específicas, a responsabilidade feminista está necessariamente ligada a outras responsabilidades. Mas isso não dilui a gravidade das hierarquias de gênero. O poder ininterrupto do machismo exercido contra seres femininos exige que as feministas continuem a expor os múltiplos efeitos da dominação masculina na vida cotidiana das mulheres, ao mesmo tempo em que se certificam de não reduzir a particularidade dessas experiências femininas aos efeitos de gênero. Maximizar as chances de transformação, portanto, implica ampliar a base daquelas que desejam a transformação e podem ver como ela é relevante para suas vidas, construindo alianças com outros movimentos progressistas contra as hierarquias arraigadas de poder racial, étnico, heteronormativo, capacitista, naturista e outros.

Terceiro ponto, abertura e inclusão, estabelecer alianças e construir solidariedades são gestos repletos de ambiguidade e tensão. Apelos revigorantes para assumir responsabilidades através das fronteiras – branco/negro, Primeiro Mundo/Terceiro Mundo, colono/nativo, sem/com deficiência, idoso/jovem, trabalho profissional/doméstico, cientista/acadêmico/ativista – com intuito de se engajar em diálogos colaborativos e transculturais são um refrão familiar aos feminismos contemporâneos. Mas é difícil superestimar o trabalho intrincado do compromisso e da negociação. Como vimos, são abundantes na história do pensamento feminista os exemplos de dificuldades e fracassos ao fazer conexões sem se envolver com uma tomada de poder da multiplicidade de perspectivas, interesses e valores em jogo. Esse é o cerne das críticas múltiplas e variadas apontando que "humano", na verdade, quer dizer "homem", que se diz "feminismo" em vez de feminismo da classe média branca, que o universalismo feminista passa por cima de concepções pós-coloniais e assim por diante. A pluralidade deve estar escrita nas estruturas da teoria e da prática. Mas com ela vem o potencial para tensões e ambiguidades, para questões táticas e estratégicas sobre quem abre mão do quê, e por qual motivo, e para a exigência de reavaliações constantes. Não há fórmulas prontas aqui, mas o feminismo nos permite reconhecer os imperativos dessa pluralidade e seus riscos.

Em quarto lugar, a responsabilidade feminista é tanto individual quanto coletiva. Um dos temas mais importantes do pensamento feminista é seu enfoque na complexa interconexão entre as pessoas. A identidade dos indivíduos não apenas é o produto das relações sociais com as quais ela está envolvida, mas também é dependente de outras para sua sobrevivência, cuidado e nutrição. Em outras palavras, embora todas as pessoas sejam indivíduos únicos, cada uma delas também está fundamentalmente inter-relacionada com outras. Seções anteriores deste capítulo discutiram a importância e os problemas da responsabilidade feminista concebida como algo necessariamente individual. Como vimos então, o foco na resistência individual destaca a importância das práticas transgressivas em demonstrar as restrições da ortodoxia de gênero, ao mesmo tempo em que escapam dos perigos de posições essencialistas. Por outro lado, os riscos de despolitizar o problema são muitos. Na prática, é um equívoco reduzir a política ao pessoal ou esperar por transformações sociais efetivas sem algum movimento político mais abrangente contra as estruturas da dominação. Nesse sentido, a responsabilidade coletiva exorta as feministas a trabalhar juntas em direção a um objetivo partilhado. Para uma percepção mais sutil, porém, é a interconexão entre as pessoas que fundamenta essa missão comum. A participação delas no processo social, criando oportunidades tanto como injustiças, é o que abastece seus compromissos e suas reações. A responsabilidade é coletiva não apenas porque os indivíduos não podem causar mudanças por si mesmos, mas também porque as pessoas estão diversamente implicadas em práticas sociais partilhadas.

Por fim, indivíduos diferentemente situados têm responsabilidades individuais e coletivas diferentes. Essa afirmação quase não precisa de mais elaboração. É evidente agora que, embora cada pessoa seja sustentada por relações com outros, tanto como opressores quanto como oprimidos, elas estão diferentemente posicionadas em relação ao poder e ao privilégio, tendo, assim, diferentes tipos e níveis de responsabilidade. Há algumas lições penosas e desconfortáveis a serem aprendidas aqui, especialmente para as feministas ocidentais, de classe média, heterossexuais. Padrões profundamente enraizados da hierarquia de classes, racismo, imperialismo, heterossexismo e naturismo, junto com desigualdades crescentes e a degradação ambiental, entram em fricção com sua posição relativamente poderosa nas estruturas de opressão. As condições de seu "privilégio" operam simultaneamente para desempoderar sistematicamente outros grupos. Assumir responsabilidades nessa situação pode ser assustador, pois envolve trabalhar contra processos favorecidos que cumprem expectativas individual e socialmente apreciadas a respeito do que é viver bem; implica também deixar de lado referências normativas e confortáveis. Isso é "uma travessia de fronteiras, que sai do círculo de segurança e vai para uma região agreste [...] para o perigo", como escreve a teórica do direito afro-americana Patricia Williams em *The Alchemy of Race and Rights* [A alquimia de raça e direitos] (1991, p. 129). Trata-se de desenvolver novos hábitos e de resistir às tentações de retorno aos lugares fáceis. Nada disso alivia a situação de mulheres mais pobres e menos empoderadas, mas – uma vez mais – destaca a dinâmica constante do pensamento e da luta feminista. Compreensões duramente construídas em um dado momento se tornam a base para novas questões e novos problemas.

Todas essas análises apontam para a imensa complexidade dos feminismos contemporâneos e para a impossibilidade de aglutinar o pensamento feminista de modo ordenado e unitário (sobretudo porque os feminismos da Contemporaneidade, por definição, não conseguem parar de responder às diversas questões que as mulheres [e os homens] acreditam ser urgentes e socialmente importantes). Isso, por certo, torna o feminismo alvo fácil para quem quiser tomar qualquer uma de suas vertentes, caricaturá-lo e rejeitá-lo de todo. Mas também mostra que compreender o feminismo envolve compreender um dos movimentos mais diversos, criativos e autorreflexivos do pensamento moderno.

Resumo dos pontos-chave

- Críticas pós-estruturalistas relativas à generalização feita por feminismos hegemônicos, se, por um lado, estimulam um maior reconhecimento de diferenças, por outro deslocam o foco do pensamento feminista ocidental de uma responsabilidade coletiva (desmantelar estruturas de opressão) para uma responsabilidade individual (assumir o empoderamento de si).

- Disparidades globais e opressão contínua das mulheres em países menos desenvolvidos atraíram críticas de feministas ocidentais. Por sua vez, feministas pós-coloniais criticaram os feminismos ocidentais por sua tendência a essencializar esses problemas em termos patriarcais, deixando de analisar o papel de fatores imperialistas e culturais.

- Algumas feministas ocidentais se inquietam com o risco de o apelo à sensibilidade cultural ser obtido às custas do tratamento dos problemas bem reais enfrentados pelas mulheres em países não ocidentais. Essas feministas se valeram do movimento por direitos humanos das mulheres como um meio de compensar os desequilíbrios de gênero.

- Algumas feministas defendem que os feminismos devem abranger responsabilidades ecológicas. Algumas reconhecem uma afinidade positiva entre as mulheres e a natureza, ao passo que outras afirmam que a opressão contra a mulher e a opressão contra a natureza compartilham estruturas comuns.

- Concepções materialmente fundadas focam na relação entre o bem-estar das mulheres e a sustentabilidade ambiental.
- A responsabilidade feminista requer o reconhecimento das tensões entre respostas práticas e teóricas, entre a necessidade de pluralidade e os riscos que ela envolve. Também deve reconhecer interconexões entre todas as hierarquias de dominação, não apenas as que são baseadas em gênero, e deve ser simultaneamente individual e coletiva, bem como contextual.

Questões para discussão e revisão

1 Opressão

1) Qual a importância que a divisão entre o público e o privado tem para muitas feministas? Quais são as vantagens e desvantagens que a mulher tem possuindo o mesmo acesso dos homens à esfera pública?

2) Explique as distinções entre as posições de feminismos da igualdade e de feminismos da diferença. Qual dessas posições você prefere e por quê?

3) Explique a dimensão epistemológica da opressão contra a mulher. Por que essa dimensão tem sido tão difícil para as feministas enfrentarem efetivamente?

4) Por que muitas feministas diagnosticaram que a linguagem é um dos meios primários de conservação da opressão e da exploração das mulheres?

2 Corporificação

1) O que são os modos dualistas e binários de pensamento e de que modos eles contribuíram para a subordinação das mulheres no que diz respeito à corporificação feminina?

2) O que certas feministas acham de soluções como a de Beauvoir para o problema das restrições corporais perceptíveis da mulher? Você concorda que essas proposições para transcender o corpo são insustentáveis?

3) Explique alguns dos problemas presentes nas concepções psicanaliticamente inspiradas a respeito da corporificação feminina. Você acredita que as estratégias utilizadas pelas pós-estruturalistas para superar essas dificuldades são bem-sucedidas?

4) Explique a contenciosa afirmação feminista de que as normas e discursos sociais, culturais e legais relativas à aparência e ao comportamento da mulher trabalham para possibilitar e conservar o *status* inferior das mulheres. Você concorda com essa análise?

3 Sexualidade e desejo

1) O que "economia sexual patriarcal" e "heterossexualidade compulsória" significam? O que, de acordo com muitas feministas, essas presunções significaram para a compreensão das mulheres a respeito de si mesmas?

2) Explique a distinção entre "sexo" e "gênero", e o papel que tal distinção cumpriu no pensamento feminista.

3) Por que certas questões elaboradas por intelectuais *queer*, intersexuais e transgêneros inquietaram algumas feministas?

4 Diferenças entre as mulheres e dentro delas

1) Por que tantas feministas afirmaram que os termos "mulher" e "mulheres" nunca conseguem representar precisamente a experiência vivida pelas mulheres e suas subjetividades?

2) O que o termo "interseccionalidade" significa, e como ele opera como uma resposta para o problema da questão anterior?

3) Explique o significado do termo "antiessencialismo" e elucide as vantagens e desvantagens do antiessencialismo para os projetos feministas.

5 Atuação

1) Qual é a base do argumento feminista de que a concepção tradicional de indivíduo autônomo é um mito?

2) Por que muitas das tentativas de desenvolver uma concepção femininamente compatível de autonomia ainda não foram efetivas no que concerne ao enfrentamento de situações de opressão sistêmica contra as mulheres?

3) Você acha que as feministas precisam ser capazes de entrar em acordo sobre a categoria de "mulher" à qual se referir para efetivamente argumentar e enfrentar a opressão sistemática contra as mulheres?

6 Responsabilidade

1) Por que é problemático analisar o suplício das mulheres ao redor do mundo simplesmente nos termos de uma presumida opressão patriarcal comum?

2) Com que base algumas feministas do Terceiro Mundo afirmaram que feministas ocidentais estão implicadas no imperialismo e no capitalismo que moldaram a vida das mulheres pós-coloniais?

3) Quais razões as feministas deram para a ideia de que a preocupação com o meio ambiente é uma responsabilidade do feminismo? Você concorda com essas análises?

4) Explique a tensão entre formas individuais e coletivas de responsabilidade feminista. Como você acha que se deve lidar com essa tensão e essa responsabilidade?

Leituras complementares

O pensamento feminista é um campo vasto e controverso, com novos trabalhos e novas interpretações das obras existentes em ocorrência contínua. Também é um campo em que os teóricos constantemente reinterpretam o que diz respeito à sua história, suas trajetórias futuras e suas relações com uma enorme gama de ideias, disciplinas, políticas e projetos práticos, sem mencionar que, como sublinhado ao longo deste livro, os feminismos são múltiplos e conflitantes, não há um só programa feminista. Por isso, a recém-chegada é passível de se sentir perplexa diante da profusa quantidade e variedade do material que é absorvido pelo rótulo feminismo. A lista que se segue é um guia limitado para essa variedade, consistindo em livros que estão prontamente disponíveis e que possivelmente serão úteis para principiantes em busca de compreender a complexidade dos problemas correlatos, das tentativas de resposta e das trajetórias pretéritas e futuras comuns aos feminismos. Muitos desses livros, como este também, possuem sua própria bibliografia, que direcionará o leitor para mais livros adicionais e mais especializados.

Obras gerais sobre feminismo

O livro de Margaret Walter *Feminism: A Very Short Introduction* [Feminismo: uma brevíssima introdução] (Oxford: Oxford University Press, 2006), como o título sugere, é uma introdução resumida para a história do feminismo, que olha para suas primeiras raízes junto à ascensão do secularismo no Ocidente, examina questões-chave durante a campanha pelo direito ao voto e a liberação da década de 1960, e analisa a situação atual das mulheres na Europa, nos Estados Unidos e ao redor do mundo. Para uma introdução mais abrangente, veja o livro de Rosemarie Putnam Tong, apropriadamente intitulado *Feminist Thought: A More Comprehensive Introduction* [Pensamento feminista: uma introdução mais abrangente] (3. ed. Boulder: Westview, 2008), que fornece exames críticos elucidativos a respeito das maiores escolas do feminismo, incluindo as vertentes liberal, radical, socialista-marxista, psicanalítica, focada no cuidado, pós-colonial, ecofeminista, pós-moderna e o feminismo da terceira onda. Outros dois textos úteis são *Introducing Contemporary Feminist Thought* [Introduzindo o pensamento feminista contemporâneo] (Cambridge: Polity, 2003), de Mary Evans, e *Feminism: Issues and Arguments* [Feminismo: questões e argumentos] (Oxford: Oxford University Press, 2003), de Jennifer Mather Saul. Essas obras introduzem quem as lê ao impacto do pensamento da segunda onda feminista, com Evans considerando seus efeitos sobre disciplinas acadêmicas (entre os anos de 1970 e 1990) dentro de um contexto formado não pelo foco nas várias escolas do feminismo, mas pela distinção feminista fundamental entre o público e o privado. O trabalho de Saul, por sua vez, aborda respostas do feminismo a tópicos centrais como pornografia, aborto, assédio sexual, aparência feminina e a política do trabalho e da família. No que concerne à compreensão da filosofia feminista, um guia abrangente e valioso pode ser encontrado no livro de Alison Stone, *An Introduction to Feminist Philosophy*

[Uma introdução à filosofia feminista] (Cambridge: Polity, 2007), que explora as implicações filosóficas dos conceitos e debates que surgiram a partir do pensamento feminista, incluindo as relativas a sexo, gênero e corpo; ao elo entre gênero, sexualidade e diferença sexual; à questão de haver ou não algo que todas as mulheres tenham em comum; e à natureza do nascimento e sua centralidade para a existência humana. Um último texto introdutório proveitoso é *Full Frontal Feminism: A Young Woman's Guide to Why Feminism Matters* [Feminismo totalmente frontal – Guia de uma mulher jovem aos motivos pelos quais o feminismo importa] (Berkeley: Seal, 2007), livro de Jessica Valenti que, ao abordar tópicos como cultura *pop*, saúde, direitos reprodutivos, violência, educação e relacionamentos, produz uma argumentação voltada a mulheres jovens a respeito dos motivos pelos quais o feminismo deve ser uma parte integral de suas vidas.

Dada a variedade e escopo dos feminismos, há inumeráveis textos primários. Logo, antologias de escritos feministas são um meio prático para obter uma visão geral do campo. Citamos a seguir algumas antologias úteis. *The Second Wave: A Reader in Feminist Theory* [A segunda onda: uma antologia sobre teoria feminista] (Londres: Routledge, 1997), organizada por Linda Nicholson, é uma coleção historicamente organizada de muitos dos ensaios que deram contribuições fundamentais para a teoria da segunda onda feminista e que geraram longas discussões. A coletânea apresenta a relação complexa entre feminismo e marxismo, o "giro ginocêntrico" da segunda onda, a elaboração teórica das diferenças entre as mulheres e o debate sobre essencialismo. Outra coleção boa, organizada não de modo histórico, mas transdisciplinar, é *Theorizing Feminisms: A Reader* [Teorizando feminismos: uma antologia] (Oxford: Oxford University Press, 2006), preparada por Elizabeth Hackett e Sally Haslanger. Alicerçada pelas questões "O que é a opressão sexista?" e "O que deve ser feito a respeito dela?", essa coleção inclui seções que tratam de abordagens ao pensamento feminista (política da similaridade, da diferença, da dominação, pós-moderna, identitária) e seus aliados potenciais (teoria pós--colonial, neomaterialista, *queer*). A coletânea inclui ensaios teóricos e aplicações práticas e/ou políticas. *Feminist Theory Reader: Local and Global Perspectives* [Antologia de teoria feminista: perspectivas locais e globais] (Londres: Routledge, 2002), organizada por Carole R. McCann e Seung-Kyunk Kim, incorpora a voz das mulheres de diferentes etnias e acadêmicas pós-coloniais ao lado de obras clássicas da teoria feminista ocidental. Mais do que os textos mencionados anteriormente, essa coleção inclui conversas entre mulheres pós-coloniais e mulheres de diferentes etnias acerca de questões de gênero, raça, colonialismo e sexualidade, como elemento primordial para compreender as questões do feminismo.

Obras sobre concepções feministas de opressão

Women's Rights: The Public/Private Dichotomy [Direitos da mulher: a dicotomia público/privado] (Nova York: International Debate Education Association, 2005), organizada por Jurate Motiejunaite, é uma proveitosa coleção de ensaios que exploram o impacto da divisão público-privado sobre as mulheres (e sobre os direitos da mulher) ao longo da história e ao redor do mundo. Uma boa introdução às ideias do debate sobre igualdade e diferença é *Beyond Equality and Difference: Citizenship, Feminist Politics and Subjectivity* [Além da igualdade e da diferença: cidadania, política feminista e subjetividade] (Londres: Routledge, 1992), organizado por Gisela Bock e Susan James. Os ensaios dessa coleção lidam com o sentido e o emprego desses conceitos em uma série de contextos, incluindo cidadania, maternidade, justiça e linguagem. Uma introdução abrangente às questões centrais da epistemologia feminista – com capítulos explorando tópicos como objetividade, racionalidade, poder e sujeito – pode ser encontrado no livro de Alessandra Tanesini, intitulado apropriadamente de *An Introduction to Feminist Epistemologies* [Uma introdução às epistemologias feministas] (Oxford: Blackwell, 1999). Discussões variadas a respeito das inquietações feministas com a linguagem podem ser encontradas em *Language and Liberation: Feminism, Philosophy and Language* [Linguagem e libertação: feminismo, filosofia e linguagem] (Nova York: Suny, 1999), organizado por Christina Hendricks e Kelly Oliver.

Obras sobre concepções feministas de corporificação

Feminist Theory and the Body: A Reader [Teoria feminista e corpo: uma antologia] (Londres: Routledge, 1999) é uma coleção abrangente que explora desenvolvimentos históricos e controvérsias atuais do pensamento feminista no que diz respeito ao corpo. Com obras de teóricos centrais deste campo, o texto aborda uma variedade de questões em torno do corpo, relativas a beleza, raça, ciberespaço, transexualidade, tecnologias reprodutivas, doenças, cirurgia plástica e deficiências. Outras coleções úteis incluem *Writing on the Body: Female Embodiments and Feminist Theory* [Escrevendo sobre o corpo: corporificações femininas e teoria feminista] (Nova York: Columbia University Press, 1997), organizado por Katie Conboy, Nadia Medina e Sarah Stanbury, e *The Politics of Women's Bodies: Sexuality, Appearance, and Behaviour* [A política das mulheres: sexualidade, aparência e comportamento] (2. ed. Oxford: Oxford University Press, 2002), organizado por Rose Weitz. Essas duas antologias exploram as tensões entre a experiência corporalmente vivida pelas mulheres e os significados culturais inscritos sobre o corpo feminino.

Obras sobre concepções feministas de sexualidade e desejo

O livro de Veronique Mottier *Sexuality: A Very Short Introduction* (Oxford: Oxford University Press, 2008 [*Sexualidade*: uma brevíssima introdução. Lisboa: Texto Editores, 2010]) fornece uma introdução geral acerca de alguns dos pressupostos e debates relativos à sexualidade no mundo moderno. Embora não seja um texto explicitamente feminista, ele contém um capítulo que esboça as principais críticas feministas acerca da sexualidade. A antologia *Feminism and Sexuality: A Reader* [Feminismo e sexualidade: uma antologia] (Nova York: Columbia University Press, 1996), organizada por Stevi Jackson e Sue Scott, provê um excelente panorama dos debates feministas sobre sexualidade e desejo. Esse texto introduz quem o lê aos principais ensaios e debates sobre questões como heterossexualidade e lesbianismo, violência sexual, pornografia e prostituição, comércio e turismo sexual, Aids e cibersexo. Com um foco mais específico, um panorama amplo dos debates feministas a respeito de pornografia – que envolve seus consumidores, luta contra ela e trabalha de dentro dela – é fornecido por *Feminism and Pornography* [Feminismo e pornografia] (Oxford: Oxford University Press, 2000), organizado por Drucilla Cornell.

Obras sobre concepções feministas de diferença

Para uma boa introdução ao debate feminista a respeito do essencialismo, o livro de Diana Fuss, *Essentially Speaking: Feminism, Nature and Difference* [Essencialmente falando: feminismo, natureza e diferença] (Londres: Routledge, 1990) é particularmente proveitoso. Lidando tanto com os argumentos essencialistas quanto com os argumentos do construtivismo social, Fuss mostra a importância de ambos no que concerne à melhor compreensão de questões de gênero, raça e etnia, expondo as armadilhas de manter uma oposição essencialismo-construtivismo excessivamente rígida. Outra boa discussão sobre as posições essencialista e antiessencialista na teoria feminista é o livro de Cressida J. Heyes *Line Drawings: Defining Women through Feminist Practice* [Contornos de linha: definindo as mulheres pela prática feminista] (Ithaca: Cornell University Press, 2000). Como Fuss, Heyes nota a esterilidade de boa parte do debate entre essencialismo e construtivismo social, e se dedica a encontrar um caminho pelo qual se deslocar para além dessa discussão.

Sobre a compreensão da crítica ao viés branco, de classe média, heterossexual e capacitista em boa parte do feminismo da segunda onda, os seguintes textos podem ser úteis. Uma boa coleção de ensaios estabelecendo muitas das interconexões entre "raça", racismo, etnia e feminismo é o livro *Feminism and "Race"* [Feminismo e "Raça"] (Oxford: Oxford University Press, 2001), organizado por Kum-Kum Bhavnani. Outro texto proveitoso é *Re-orienting Western Feminisms: Women's Diversity in a Postcolonial World* [Re-orientando os feminismos ocidentais: a diversidade das mulheres em um mundo pós-colonial] (Cambridge: Cambridge University Press, 1997), de Chilla Bulbeck, que questiona a hegemonia do feminismo branco ocidental por meio de uma exploração abrangente da experiência vivida por "mulheres de diferentes etnias". *Feminism Meets Queer Theory* [O feminismo encontra a teoria queer] (Bloomington: Indiana University Press, 1997), organizado por Elizabeth Weed e Naomi Schor, é uma prestativa coleção de ensaios e entrevistas detalhando a interseccionalidade das teorias feminista e *queer*. O livro de Susan Wendell *The Rejected Body: Feminist Philosophical Reflections on Disability* [O corpo rejeitado: reflexões filosóficas feministas sobre deficiência] (Londres: Routledge, 1996) delineia como a teorização do feminismo geralmente foi enviesada em favor da experiência não deficiente, e defende que o conhecimento de pessoas com deficiência deve ser integrado ao pensamento feminista. Por fim, *Gendering Disability* [Gênero na deficiência] (Piscataway: Rutgers University Press, 2004), organizado por Bonnie G. Smith e Beth Hutchison, é uma coleção excelente de ensaios, que explora as intersecções entre gênero e deficiência (e idade, raça, intersexo/*queer*) e a necessidade por um diálogo mais profundo.

Obras sobre concepções feministas de autonomia e atuação

Embora nem todos os textos sejam focados no feminismo, *Relational Autonomy: Feminist Perspectives on Autonomy, Agency and the Social Self* [Autonomia relacional: perspectivas feministas sobre autonomia, atuação e o ego social] (Oxford: Oxford University Press, 2000), organizado por Catriona Mackenzie e Natalie Stoljar, contém numerosos ensaios proveitosos sobre as possíveis dimensões sociais e relacionais da autonomia individual. A introdução é particularmente boa em delinear as principais discordâncias feministas contra as concepções tradicionais de autonomia. Uma defesa interessante do conceito de autonomia feita a partir de um ponto de vista feminista é fornecida pela filósofa feminista Marilyn Friedman em seu livro *Autonomy, Gender, Politics* [Autonomia, gênero, política] (Oxford: Oxford University Press, 2003). O livro de Martha Fineman *The Autonomy Myth: a Theory of Dependency* [O mito da autonomia: uma teoria da dependência] (Nova York: New Press, 2004), por outro lado, desconstrói o mito da autonomia, afirmando que, por sermos inevitavelmente dependentes em muitos pontos de nossa vida, nossas políticas públicas deveriam refletir essa condição. Uma introdução elucidativa à ética feminista do cuidado pode ser encontrada no livro de Grace Clement *Care, Autonomy, and Justice: Feminism and the Ethic of Care* [Cuidado, autonomia, e justiça: feminismo e a ética do cuidado] (Boulder: Westview, 1996).

Obras sobre concepções feministas de responsabilidade

Uma boa introdução à questão da responsabilidade feminista é o livro de bell hooks *Feminism is for Everybody: Passionate Politics* (Cambridge, Massachusetts: South End, 2000 [*Feminismo é para todo mundo*: políticas arrebatadoras. Trad. de Ana Luiza Libânio. Rio de Janeiro: Rosa dos Tempos, 2019]). Nele, hooks apela por uma política genuinamente feminista capaz de permanecer livre de barreiras divisoras e de se conectar com todos que estão comprometidos com a igualdade, o respeito mútuo e a justiça. *Decentering the Center: Philosophy for a Multicultural, Postcolonial and Feminist World* [Descentrando o centro: filosofia para um mundo multicultural, pós-colonial e feminista] (Bloomington: Indiana University Press, 2000), organizado por Uma Narayan e Sandra Harding, analisa as consequências de percepções multiculturais, globais e pós-coloniais para as pesquisas feministas. Há ensaios que exploram questões em torno de direitos da família, antirracismo, ciência, experiência, progresso e modernidade. Dois textos que delineiam algumas das lutas enfrentadas por feministas de diferentes etnias, no que diz respeito ao avanço de concepções e ideais feministas em um mundo pós-colonial, são *Dislocating Cultures: Identities, Traditions and Third World Feminism* [Deslocando culturas: identidades, tradições e feminismo do Terceiro Mundo] (Londres: Routledge, 1997), de Uma Narayan, e *Colonize This! Young Women of Color on Today's Feminism* [Colonize isso! jovens mulheres de diferentes etnias no feminismo de hoje] (Berkeley, California: Seal, 2002), organizado por Daisy Hernández e Bushra Rehman. Finalmente, uma série abrangente de ensaios que lidam com perspectivas interdisciplinares e multiculturais e também consideram implicações filosóficas e a importância acadêmica e científica do ecofeminismo está no livro *Ecofeminism: Women, Culture, Nature* [Ecofeminismo, mulheres, cultura, natureza]

(Bloomington: Indiana University Press), organizado por Karen J. Warren e Nisvan Erkel.

Referências

ALCOFF, L. (1997). "Cultural Feminism versus Post-Structuralism: The Identity Crisis in Feminist Theory". In: NICHOLSON, L. (org.). *The Second Wave*: A Reader in Feminist Theory. Nova York: Routledge, p. 330-355.

ALLENDE, I. (2008). Elders Part 3 – Isabel Allende. *Enough Rope with Andrew Denton*. Austrália: ABC 1, 30/jun. [Disponível em: www.abc.net.au/tv/enoughrope/transcripts/s2289911.htm – Acesso: fev./2009].

ANTONY, L. & CHARLOTTE, W. (orgs.) (1993). *A Mind of One's Own*: Feminist Essays on Reason and Objectivity. Boulder: Westview.

ANZALDÚA, G. (1991). "To(o) Queer the Writer: Loca, Escrita Y Chicana". In: WARLAND, B. (org.). *InVersions*: Writings by Dykes, Queers and Lesbians. Vancouver: Press Gang, p. 249-263.

ATWOOD, M. (1986). *The Handmaid's Tale*. Boston: Houghton Mifflin.

BAIER, A. (1985). "Cartesian Persons". In: BAIER, A. *Postures of the Mind*: Essays on Mind and Morals. Mineápolis: University of Minnesota Press, p. 74-92.

BARTKY, S.L. (1990). *Femininity and Domination*: Studies in the Phenomenology of Oppression. Nova York: Routledge.

BARTKY, S.L. (2000). "Body Politics". In: JAGGAR, A.M. & YOUNG, I.M. (orgs.). *A Companion to Feminist Philosophy*. Oxford: Blackwell, p. 321-329.

BEAUVOIR, S. ([1949] 1997). *The Second Sex*. Londres: Vintage [*O segundo sexo*. Trad. de Sérgio Milliet. São Paulo: Difusão Europeia do Livro, 1967].

BELL, D. & KLEIN, R. (orgs.) (1996). *Radically Speaking*: Feminism Reclaimed. Melbourne: Spinifex.

BERRY, B. (2007). *Beauty Bias*: Discrimination and Social Power. Westport: Praeger.

BILLSON, J.M. & FLUEHR-LOBBAN, C. (orgs.) (2005). *Female Well-Being*: Toward a Global Theory of Social Change. Londres: Zed.

BORDO, S. (1997). "The Body and the Reproduction of Femininity". In: CONBOY, K.; MEDINA, N. & STANBURY, S. (orgs.). *Writing on the Body*: Female Embodiment and Feminist Theory. Nova York: Columbia University Press, p. 90-110.

_____ (1993). *Unbearable Weight*: Feminism, Western Culture and the Body. Los Angeles: University of California Press.

BORNSTEIN, K. (1994). *Gender Outlaw*: On Men, Women and the Rest of Us. Nova York: Routledge.

BOSTON WOMEN'S HEALTH BOOK COLLECTIVE (1973). *Our Bodies, Ourselves*: A Book by and for Women. Nova York: Simon & Schuster.

BOUVARD, M.G. (1994). *Revolutionizing Motherhood*: The Mothers of the Plaza de Mayo. Lanham: Rowman & Littlefield.

BROOKS, A. (1997). *Postfeminisms*: Feminism, Cultural Theory and Cultural Forms. Londres: Routledge.

BROWNMILLER, S. (1975). *Against Our Will*: Men, Women, and Rape. Nova York: Simon & Schuster.

BUNCH, C. (1990). Women's Rights as Human Rights: Toward a Re-Vision of Human Rights. *Human Rights Quarterly* 12, p. 486-498.

BUTLER, J. (1994). Against Proper Objects. *Differences*: A Journal of Feminist Cultural Studies 6 (2), p. 1-26.

_____ (1993). *Bodies that Matter*. Nova York: Routledge.

_____ (1992). "Contingent Foundations: Feminism and the Question of 'Postmodernism'". In: BUTLER, J. & SCOTT, J.W. (orgs.). *Feminists Theorize the Political*. Nova York: Routledge, p. 3-21.

_____ (1990). *Gender Trouble*: Feminism and the Subversion of Identity. Nova York: Routledge [*Problemas de gênero*: feminismo e subversão da identidade. Trad. de Renato Aguiar. Rio de Janeiro: Civilização Brasileira, 2003].

CAMERON, D. (1992). *Feminism and Linguistic Theory*. 2. ed. Londres: Macmillan.

CARD, C. (1996). "What Lesbians Do". In: CARD, C. *The Unnatural Lottery*: Character and Moral Luck. Filadélfia: Temple University Press, p. 140-162.

CHODOROW, N. (1978). *The Reproduction of Mothering*: Psychoanalysis and the Sociology of Gender. Berkeley: University of California Press.

CIXOUS, H. (1986). "Sorties". In: CIXOUS, H. & CLÉMENT, C. (orgs.). *The Newly Born Woman*. Mineápolis: University of Minnesota Press, p. 63-132 [orig. fr.: "Sorties". In: *Le Rire de la Méduse et autres ironies*. Paris: Galilée, 2010].

_____ (1981). "The Laugh of the Medusa". In: MARKS, E. & COURTIVRON, I. (orgs.). *New French Feminisms*: An Anthology. Nova York: Schocken, p. 245-264.

CODE, L. (1998). "Epistemology". In: JAGGAR, A.M. & YOUNG, I.M. (orgs.). *A Companion to Feminist Philosophy*. Oxford: Blackwell, p. 173-184.

_____ (1993). "Taking Subjectivity into Account". In: ALCOFF, L. & POTTER, E. (orgs.). *Feminist Epistemologies*. Nova York: Routledge, p. 15-48.

COHEN, C. (1997). Punks, Bulldaggers, and Welfare Queens. *GLQ*: A Journal of Lesbian and Gay Studies 3, p. 437-465.

COLAPINTO, J. (2000). *As Nature Made Him*: The Boy who was Raised as a Girl. Nova York: HarperCollins.

COLEBROOK, C. (1999). "A Grammar of Becoming: Strategy, Subjectivism, and Style". In: GROSZ, E. (org.). *Becomings*: Explorations in Time, Memory and Futures. Ithaca: Cornell University Press, p. 117-140.

COLLINS, P.H. (1990). *Black Feminist Thought*: Knowledge, Consciousness, and the Politics of Empowerment. Londres: Unwin Hyman.

COMBAHEE RIVER COLLECTIVE (1977). "Combahee River Collective Statement". In: SMITH, B. (org.). *Home Girls*: A Black Feminist Anthology. Nova York: Kitchen Table, p. 272-282.

CONNELLY, M. (2008). *Fatal Misconception*: The Struggle to Control World Population. Cambridge: Belknap Press of Harvard University Press.

CORREA, S. & PETCHESKY, R. (2003). "Reproductive and Sexual Rights: A Feminist Perspective". In: McCANN, C.R. & KIM, S.-K. (orgs.). *Feminist Theory Reader*: Local and Global Perspectives. Nova York: Routledge, p. 88-102.

CRENSHAW, K. (1989). "Demarginalizing the Intersection of Race and Sex: A Black Feminist Critique of Antidiscrimination Doctrine, Feminist Theory and Antiracist Politics". In: *University of Chicago Legal Forum*. Vol. 1989: Feminism in the Law: Theory, Practice and Criticism, p. 139-168.

DALY, M. & CAPUTI, J. (1987). *Webster's First Intergalactic Wickedary of the English Language*. Boston: Beacon.

DALY, M. (1978). *Gyn/Ecology*: The Metaethics of Radical Feminism. Boston: Beacon.

DELPHY, C. (2003). "Rethinking Sex and Gender". In: McCANN, C.R. & KIM, S.-K. (orgs.). *Feminist Theory Reader*: Local and Global Perspectives. Nova York: Routledge, p. 57-67.

DUGGAN, L. & HUNTER, N. (1995). *Sex Wars*: Sexual Dissent and Political Culture. Londres: Routledge.

FALUDI, S. (1991). *Backlash*: The Undeclared War Against American Women. Nova York: Doubleday.

FAUSTO-STERLING, A. (1985). *Myths of Gender*. Nova York: Basic Books.

FEMENIA, N.A. (1987). Argentina's Mothers of Plaza de Mayo: The Mourning Process from Junta to Democracy. *Feminist Studies* 13 (10), p. 9-18.

FERGUSON, A. (1984). Sex War: The Debate between Radical and Libertarian Feminists. *Signs* 10 (1), p. 106-112.

FLAX, J. (1990). *Thinking Fragments*: Psychoanalysis, Feminism, and Postmodernism in the Contemporary West. Los Angeles: University of California Press.

FRASER, N. (1997). "After the Family Wage: A Postindustrial Thought Experiment". In: FRASER, N. *Justus Interruptus*: Critical Reflections on the "Postsocialist" Condition. Nova York: Routledge, p. 41-66.

FRIEDAN, B. ([1963] 2001). *The Feminine Mystique*. Nova York: Norton [*A mística feminina*. Trad. de Áurea B. Weissenberg. Petrópolis: Vozes, 1971].

FRYE, M. (1997). "Some Reflections on Separatism and Power". In: MEYERS, D.T. (org.). *Feminist Social Thought*. Nova York: Routledge, p. 407-414.

_____ (1983). *The Politics of Reality*: Essays in Feminist Theory. Trumansburg: The Crossing Press.

FUNK, R.E. (2004). "What does Pornography say about Me(n)?: How I Became an Anti-Pornography Activist". In: STARK, C. & WHISNANT, R. (orgs.). *Not For Sale*: Feminists Resisting Prostitution and Pornography. Melbourne: Spinifex, p. 331-351.

FUSS, D. (1989). *Essentially Speaking*. Nova York: Routledge.

GARFINKEL, H. (1967). *Studies in Ethnomethodology*. Cambridge: Polity.

GATENS, M. (1991). *Feminism and Philosophy*: Perspectives on Difference and Equality. Cambridge: Polity.

GILBERT, M.A. "Miqqi Alicia" (2001). "A Sometime Woman: Gender Choice and Cross-Socialization". In: HAYNES, F. & McKENNA, T. (orgs.). *Unseen Genders*: Beyond the Binaries. Nova York: Peter Lang, p. 41-50.

GILLIGAN, C. (1982). *In a Different Voice*: Psychological Theory and Women's Development. Cambridge: Harvard University Press [*Uma voz diferente*. Rio de Janeiro: Rosa dos Tempos, 1982].

GOULD, C. (org.) (1984). *Beyond Domination*. Totowa: Rowman & Allan Held.

GRIMSHAW, J. (1986). *Philosophy and Feminist Thinking*. Mineápolis: University of Minnesota Press.

GROSZ, E. (1994). *Volatile Bodies*: Toward a Corporeal Feminism. Saint Leonard: Allen & Unwin.

HALPERIN, D. (1995). *Saint Foucault*: Towards a Gay Hagiography. Oxford: Oxford University Press.

HARAWAY, D. (2004). "A Manifesto for Cyborgs: Science, Technology, and Socialist Feminism in the 1980s". In: HARAWAY, D. *The Haraway Reader*. Nova York: Routledge, p. 7-45 ["Manifesto ciborgue: ciência, tecnologia e feminismo socialista no final do século XX". Trad. de Tomaz Tadeu. In: HARAWAY, D.; KUNZRU, H. & TADEU, T. (orgs.). *Antropologia do ciborgue*: as vertigens do pós-humano. Belo Horizonte: Autêntica, 2009, p. 33-118].

_____ (1991a). *Simians, Cyborgs and Women*: The Reinvention of Nature. Nova York: Routledge.

_____ (1991b). "Situated Knowledges". In: HARAWAY, D. *Simians, Cyborgs and Women*: The Reinvention of Nature. Nova York: Routledge, p. 183-201 [Saberes Localizados: a questão da ciência para o feminismo e o privilégio da perspectiva parcial. Trad. de Mariza Corrêa. *Cadernos Pagu*, 5, 2009, p. 7-41].

HARDING, S. (1993). "Rethinking Standpoint Epistemology: 'What is Strong Objectivity?'" In: ALCOFF, L. & POTTER, E. (orgs.). *Feminist Epistemologies*. Nova York: Routledge, p. 49-82.

_____ (1986). *The Science Question in Feminism*. Ithaca: Cornell University Press.

HARTMANN, B. (1987). *Reproductive Rights and Wrongs*: The Global Politics of Population Control and Contraceptive Choice. Nova York: Harper & Row.

HARTSOCK, N. (1983). "The Feminist Standpoint: Developing the Ground for a Specifically Feminist Historical Materialism". In: HARDING, S. & HINTIKKA, M.B. (orgs.). *Discovering Reality*: Feminist Perspectives on Epistemology, Metaphysics, Methodology, and Philosophy of Science. Dordrecht: Riedel, p. 283-310.

HEDLEY, J. (1992). Surviving to Speak New Language: Mary Daly and Adrienne Rich. *Hypatia* 7 (2), p. 40-62.

HELD, V. (1997). "Feminism and Moral Theory". In: MEYERS, M.T. (org.). *Feminist Social Thought*. Nova York: Routledge, p. 631-645.

_____ (1993). "Non-contractual Society: The Postpatriarchal Family as Model". In: HELD, V. *Feminist Morality*: Transforming Culture, Society and Politics. Chicago: University of Chicago Press, p. 192-214.

HIRD, M. (2000). Gender's Nature: Intersexuality, Transsexualism and the "Sex"/"Gender" Binary. *Feminist Theory* 1 (3), p. 347-364.

HOAGLAND, S.L. (1988). *Lesbian Ethics*: Toward New Values. Palo Alto: Institute of Lesbian Studies.

HOCHSCHILD, A. (1989). *The Second Shift*. Nova York: Penguin.

HOOKS, B. (1997). "Sisterhood: Political Solidarity Between Women". In: MEYERS, M.T. (org.). *Feminist Social Thought*. Nova York: Routledge, p. 485-500.

_____ (1984). *Feminist Theory*: From Margin to Center. Boston: South End Press [*Teoria feminista: da margem ao centro*. Trad. de Rainer Patriota. São Paulo: Perspectiva, 2019].

_____ (1981). *Ain't I a Woman*: Black Women and Feminism. Boston: South End Press [*E não sou eu uma mulher?* Mulheres negras e feminismo. Trad. de Bhuvi Libanio. Rio de Janeiro: Rosa dos Tempos, 2019].

HOPKINS, S. (2002). *Girl Heroes*: The New Force in Popular Culture. Londres: Pluto.

INTERNATIONAL LABOUR OFFICE (2000). *Gender!* A Partnership of Equals. Genebra: International Labour Office.

IRELAND, M.S. (1993). *Reconceiving Women*: Separating Motherhood from Female Identity. Nova York: Guilford.

IRIGARAY, L. (1985a). *Speculum of the Other Woman*. Ithaca: Cornell University Press.

_____ (1985b). *This Sex Which is Not One*. Ithaca: Cornell University Press [*Esse sexo que não é só um sexo*: sexualidade e *status* social da mulher. São Paulo: Senac, 2017].

_____ (1977). Women's Exile. *Ideology and Consciousness* 1, p. 62-67.

JAGGAR, A. (2005). "Global Responsibility and Western Feminism". In: ANDREW, B.S.; KELLER, J. & SCHWARTZMAN, L.H. (orgs.). *Feminist Interventions in Ethics and Politics*: Feminist Ethics and Social Theory. Lanham: Rowman & Littlefield, p. 185-200.

JAYAWARDENA, K. (1986). *Feminism and Nationalism in the Third World*. Londres: Zed.

JEFFREYS, S. (1990). *Anticlimax*: A Feminist Perspective on the Sexual Revolution. Londres: Women's Press.

JENSEN, R. (2004). "Blow Bangs and Cluster Bombs: The Cruelty of Men and Americans". In: STARK, C. & WHISNANT, R. (orgs.).

Not For Sale: Feminists Resisting Prostitution and Pornography. Melbourne: Spinifex, p. 28-37.

KAW, E. (2003). "Medicalization of Racial Features: Asian-American Women and Cosmetic Surgery". In: WEITZ, R. (org.). *The Politics of Women's Bodies*: Sexuality, Appearance, and Behaviour. Nova York: Oxford University Press, p. 184-200.

KRISTEVA, J. (1997). "Women's Time". In: OLIVER, K. (orgs.). *The Portable Kristeva*. Nova York: Columbia University Press, p. 349-369.

_____ (1996). "Woman is Never What We Say". In: GUBERMAN, R.M. (org.). *Julia Kristeva Interviews*. Nova York: Columbia University Press, p. 95-102.

_____ (1982). *Desire in Language*: A Semiotic Approach to Literature and Art. Nova York: Columbia University Press.

_____ (1977). *About Chinese Women*. Londres: Boyars.

LLOYD, G. (1984). *The Man of Reason*: "Male" and "Female" in Western Philosophy. Mineápolis: University of Minnesota Press.

LORDE, A. (1984a). "Age, Race, Class, and Sex: Women Redefining Difference". In: LORDE, A. *Sister Outsider*: Essays and Speeches by Audre Lorde. Freedom: Crossing Press, p. 114-123 ["Idade, raça, classe e sexo: mulheres redefinem a diferença". In: *Irmã outsider*. Trad. de Stephanie Borges. São Paulo: Autêntica, 2019].

_____ (1984b). "An Open Letter to Mary Daly". In: LORDE, A. *Sister Outsider*: Essays and Speeches by Audre Lorde. Freedom: Crossing Press, p. 66-71 ["Carta Aberta para Mary Daly". In: *Irmã outsider*. Trad. de Stephanie Borges. São Paulo: Autêntica, 2019].

LUGONES, M. (2003a). *Pilgrimages/Peregrinajes*: Theorizing Coalition Against Multiple Oppressions. Lanham: Rowman & Littlefield.

_____ (2003b). "Purity, Impurity, and Separation". In: LUGONES, M. *Pilgrimages/Peregrinajes*: Theorizing Coalition Against Multiple Oppressions. Lanham: Rowman & Littlefield, p. 121-148.

MACKENZIE, C. & STOLJAR, N. (2000). "Introduction: Autonomy Refigured". In: MACKENZIE, C. & STOLJAR, N. *Relational Autonomy*: Feminist Perspectives on Autonomy, Agency, and the Social Self. Nova York: Oxford University Press, p. 3-31.

MacKINNON, C. (1997). "Sexuality". In: NICHOLSON, L. (org.). *The Second Wave*: A Reader in Feminist Theory. Nova York: Routledge, p. 158-180.

_____ (1993). "Reflections on Sex Equality Under Law". In: KAUFFMAN, L. (org.). *American Feminist Thought at Century's End*: A Reader. Oxford: Blackwell, p. 367-424.

MARKOVIC, M. (1976). "Women's Liberation and Human Emancipation". In: GOULD, C. & WARTOFSKY, M. (orgs.). *Women and Philosophy*: Toward a Theory of Liberation. Nova York: Capricorn, p. 145-167.

MERCHANT, C. (1980). *The Death of Nature*: Women, Ecology and the Scientific Revolution. San Francisco: Harper & Row.

MEYERS, D.T. (2004). *Being Yourself*: Essays on Identity, Action and Social Life. Lanham: Rowman & Littlefield.

MIES, M. & SHIVA, V. (1993). *Ecofeminism*. Melbourne: Spinifex.

MILL, J.S. ([1869] 1970). "The Subjection of Women". In: MILL, J.S. & MILL, H.T. *Essays on Sex Equality*. Chicago: University of Chicago Press, p. 125-242 [edição de Alice S. Rossi] [A sujeição das mulheres. Trad. de Leila de Souza Mendes Pereira. *Niterói*, v. 6, n. 2; v. 7, n. 1, 2006, p. 181-202].

MILLER, C. & SWIFT, K. (1980). *The Handbook of Nonsexist Writing*. Nova York: Lippincott & Crowell.

MILLETT, K. (1969). *Sexual Politics*. Nova York: Doubleday.

MOHANTY, C.T. (1991a). "Cartographies of Struggle: Third World Women and the Politics of Feminism". In: MOHANTY, C.T.; RUSSO, A. & TORRES, L. (orgs.). *Third World Women and the Politics of Feminism*. Bloomington: Indiana University Press, p. 1-47.

_____ (1991b). "Under Western Eyes: Feminist Scholarship and Colonial Discourses". In: MOHANTY, C.T.; RUSSO, A. & TORRES, L. (orgs.). *Third World Women and the Politics of Feminism*. Bloomington: Indiana University Press, p. 51-80.

MOI, T. (1985). *Sexual/Textual Politics*: Feminist Literary Theory. Londres: Routledge.

MONRO, S. (2001). "Gender Love and Gender Freedom". In: HAYNES, F. & McKENNA, T. (orgs.). *Unseen Genders: Beyond the Binaries*. Nova York: Peter Lang, p. 157-165.

MORGAN, R. (1993). *The Word of a Woman*: Selected Prose 1968-1992. Londres: Virago.

MORRIS, J. (1991). *Pride Against Prejudice*: Transforming Attitudes to Disability. Londres: Women's Press.

MORRIS, M. (1982). A-mazing Grace: Notes on Mary Daly's Poetics. *Intervention* 16, p. 70-92.

MORRISSEY, B. (2003). *When Women Kill*: Questions of Agency and Subjectivity. Londres: Routledge.

MOUFFE, C. (1995). "Feminism, Citizenship, and Radical Democratic Politics". In: NICHOLSON, L. & SEIDMAN, S. (orgs.). *Social Postmodernism*: Beyond Identity Politics. Cambridge: Cambridge University Press, p. 315-331 ["Feminismo, cidadania e política democrática radical". In: *Debate feminista – Cidadania e feminismo*. São Paulo: Melhoramentos, 1999, p. 29-47].

NARAYAN, U. (1997). "Contesting Cultures: 'Westernization', Respect for Cultures, and Third-World Feminists". In: NICHOLSON, L. *The Second Wave*: A Reader in Feminist Theory. Nova York: Routledge, p. 396-414.

NATAF, Z. (1998). Whatever I Feel... *New Internationalist* 300 (abr.), p. 22-25.

NILSEN, A.P. (1984). "Winning the Great He/She Battle". *College English* 46, p. 151-157.

NUSSBAUM, M. (1999a). *Sex and Social Justice*. Nova York: Oxford University Press.

_____ (1999b). The Professor of Parody. *The New Republic* 220 (8), p. 37-45.

NYE, A. (1988). *Feminist Theory and the Philosophies of Man*. Nova York: Routledge.

OAKLEY, A. (1985). *Sex, Gender and Society*. Aldershot: Gower.

OKIN, S.M. (1998). "Feminism and Political Theory". In: KOURANY, J.A. (org.). *Philosophy in a Feminist Voice*: Critiques and Reconstructions. Princeton: Princeton University Press, p. 116-144.

_____ (1994). Gender Inequality and Cultural Differences. *Political Theory* 22 (1), p. 5-24.

_____ (1989a). "Humanist Liberalism". In: ROSENBLUM, N. (org.). *Liberalism and the Moral Life*. Cambridge: Harvard University Press, p. 39-53.

_____ (1989b). *Justice, Gender and the Family*. Nova York: Basic Books.

PATEMAN, C. (1989). "Feminist Critiques of the Public/Private Dichotomy". In: PATEMAN, C. *The Disorder of Women*. Palo Alto: Stanford University Press, p. 118-140.

PLATÃO (1997a). *Apology*. Indianápolis: Hackett.

_____ (1997b). *Republic*. Indianápolis: Hackett.

PLUMWOOD, V. (1993). *Feminism and the Mastery of Nature*. Londres: Routledge.

QUESTIONS FÉMINISTES COLLECTIVE (1981). "Variations on Common Themes". In: MARKS, E. & COURTIVRON, I. (orgs.). *New French Feminisms*. Brighton: Harvester, p. 212-230.

RADICALESBIANS (1997). "The Woman Identified Woman". In: NICHOLSON, L. (org.). *The Second Wave*: A Reader in Feminist Theory. Nova York: Routledge, p. 153-157.

RAYMOND, J. (1979). *The Transsexual Empire*: The Making of the She-male. Boston: Beacon.

REILLY, T. (2008). Students Turn to Sex Work to Help Pay for University. *The Sunday Age*, 2/mar. [Disponível em: www.theage.com.au/news/national/students-turn-to-sexwork-to-help-pay-for-university/2008/03/01/1204227055215.html – Acesso: mar./2009].

RICH, A. (1984). "Compulsory Heterosexuality and Lesbian Existence". In: SNITOW, A.; STANSELL, C. & THOMPSON, S. (orgs.). *Desire*: The Politics of Sexuality. Londres: Virago, p. 212-241 ["Heterossexualidade compulsória e existência lésbica". Trad. de Carlos Guilherme do Vale. In: *Bagoas – Estudos gays*: gêneros e sexualidades, v. 4, n. 05, 2012, p. 17-44].

_____ (1977). *Of Woman Born*: Motherhood as Experience and Institution. Londres: Virago.

ROIPHE, K. (1993). *The Morning After*: Sex, Fear and Feminism on Campus. Boston: Little Brown.

ROSENEIL, S. (1995). *Disarming Patriarchy*: Feminism and Political Action at Greenham. Buckingham: Open University Press.

ROUSSEAU, J.-J. ([1762] 1911). *Émile*. Londres: Dent.

ROWBOTHAM, S. (1992). *Women in Movement*: Feminism and Social Action. Nova York: Routledge.

ROWLAND, R. (1996). "Politics of Intimacy: Heterosexuality, Love and Power". In: BELL, D. & KLEIN, R. (orgs.). *Radically Speaking*: Feminism Reclaimed. Melbourne: Spinifex, p. 77-86.

RUDDICK, S. (1989). *Maternal Thinking*: Toward a Politics of Peace. Boston: Beacon.

SAUSSURE, F. (1966). *Course in General Linguistics*. Nova York: McGraw-Hill.

SEGAL, L. (1999). *Why Feminism?* Gender, Psychology, Politics. Cambridge: Polity.

SHILDRICK, M. (1996). Posthumanism and the Monstrous Body. *Body and Society* 2 (1), p. 1-15.

SHIVA, V. (1988). *Staying Alive*: Women, Ecology and Survival in India. Nova Delhi: Kali for Women.

SNITOW, A.; STANSELL, C. & THOMPSON, S. (orgs.) (1984). *Desire*: The Politics of Sexuality. Londres: Virago.

SPELMAN, E. (1988). *Inessential Woman*: Problems of Exclusion in Feminist Thought. Boston: Beacon.

SPENDER, D. (1980). *Man Made Language*. Londres: Routledge & Kegan Paul.

SPIVAK, G.C. (1990). "Criticism, Feminism and the Institution". In: HARASYM, S. (org.). *The Post-Colonial Critic*: Interviews, Strategies, Dialogues. Nova York: Routledge, p. 1-16.

_____ (1988). "Can the Subaltern Speak?". In: NELSON, C. & GROSSBERG, L. (orgs.). *Marxist Interpretations of Culture*. Basingstoke: Macmillan, p. 271-313.

_____ (1987). "French Feminism in an International Frame". In: SPIVAK, G.C. *In Other Worlds*: Essays in Cultural Politics. Nova York: Methuen, p. 134-153.

STARK, C. (2004). "Girls to Boys: Sex Radical Women Promoting Prostitution, Pornography, and Sadomasochism". In: STARK, C. & WHISNANT, R. (orgs.). *Not For Sale*: Feminists Resisting Prostitution and Pornography. Melbourne: Spinifex, p. 278-291.

STOLTENBERG, J. (2004). "Pornography and International Human Rights". In: STARK, C. & WHISNANT, R. (orgs.). *Not For Sale*: Feminists Resisting Prostitution and Pornography. Melbourne: Spinifex, p. 400-409.

STONE, A. (2004). Essentialism and Anti-essentialism in Feminist Philosophy. *Journal of Moral Philosophy* 1 (2), p. 135-153.

SUMMERS, A. (2003). *The End of Equality*: Work, Babies and Women's Choices in 21st Century Australia. Milsons Point: Random House Australia.

THORNE, B. & HENLEY, N. (orgs.) (1975). *Language and Sex*: Difference and Dominance. Rowley: Newbury House.

THORNE, B.; KRAMERAE, C. & HENLEY, N. (orgs.) (1983). *Language, Gender and Society*. Rowley: Newbury House.

VANCE, C.S. (org.) (1984). *Pleasure and Danger*: Exploring Female Sexuality. Londres: Routledge & Kegan Paul.

WARING, M. (1990). *If Women Counted*: A New Feminist Economics. Nova York: HarperCollins.

WARREN, K.J. (2000). *Ecofeminist Philosophy*: A Western Perspective on What it is and Why it Matters. Lanham: Rowman & Littlefield.

WENDELL, S. (1996). *The Rejected Body*: Feminist Philosophical Reflections on Disability. Nova York: Routledge.

WILLIAMS, J. (2000). *Unbending Gender*: Why Family and Work Conflict and What to Do About it. Oxford: Oxford University Press.

WILLIAMS, P. (1991). *The Alchemy of Race and Rights*: Diary of a Law Professor. Cambridge: Harvard University Press.

WILLIAMS, W. (1997). "The Equality Crisis: Some Reflections of Culture, Courts, and Feminism". In: NICHOLSON, L. (org.). *The Second Wave*: A Reader in Feminist Theory. Nova York: Routledge, p. 71-91.

WITTIG, M. (1992). "One is not Born a Woman". In: WITTIG, M. *The Straight Mind and Other Essays*. Boston: Beacon, p. 9-20.

WOLF, N. (1993). *Fire With Fire*: The New Female Power and How it will Change the 21st Century. Nova York: Random House.

_____ (1990). *The Beauty Myth*. Londres: Chatto & Windus.

WOLLSTONECRAFT, M. ([1792] 1967). *A Vindication of the Rights of Woman*. Nova York: Norton [edição de Charles H. Hagelman] [*Reivindicação dos direitos da mulher*. Trad. de Ivania Pocinho Motta. São Paulo: Boitempo, 2015].

WOOLF, V. (1929). *A Room of One's Own*. Londres: Hogarth Press [*Um quarto só seu*. Trad. de Denise Bottmann. São Paulo: L&PM Pocket, 2019].

YORK, J.; LEONARD, D.; LIENSOL, C. et al. (1991). "We are the Feminists that Women Warned Us About". In: GUNEW, S. (org.). *A Reader in Feminist Knowledge*. Londres: Routledge, p. 308-311.

YOUNG, I.M. (2005). "Lived Body vs. Gender: Reflections on Social Structure and Subjectivity". In: YOUNG, I.M. *On Female Body Experience*: "Throwing Like a Girl" and Other Essays. Oxford: Oxford University Press, p. 12-26.

_____ (1990). "Humanism, Gynocentrism, and Feminist Politics". In: YOUNG, I.M. *Throwing Like a Girl and Other Essays in Feminist Philosophy and Social Theory*. Bloomington: Indiana University Press, p. 73-91.

ZACK, N. (2005). *Inclusive Feminism*: A Third Wave Theory of Women's Commonality. Lanham: Rowman & Littlefield.

Índice analítico

Acampamento das Mulheres da Paz de Greenham; cf. Greenham Women's Peace Camp

Ação coletiva 144, 168, 181, 185, 217-224, 254
    cf. tb. Atuação, coletiva; Política de coalizão

Alcoff, L. 211, 215

Allende, I. 110

Androcentrismo 44, 47, 52, 58

Androginia 34, 59, 61, 93, 129, 138

Anticlassismo 175, 229, 237, 254
    cf. tb. Marxismo; Feminismos socialistas

Antiessencialismo 91-94, 96, 133, 144, 176-179, 185, 188, 215, 219, 239, 241
    cf. tb. Essencialismo

Antirracismo 14, 168, 174s., 236s., 254
    cf. tb. Feminismos negros; Feminismos pós-coloniais; Feminismos de Terceiro Mundo; Mulheres de diferentes etnias

Anzaldúa, G. 141s., 158, 162

Atuação 186-190, 197-199, 224s.
    baseada no cuidado 194-200, 203, 215, 225; cf. tb. ética do

cuidado
 coletiva 215-221, 224s.; cf. tb. Política de coalizão;
 Responsabilidade, política, coletiva
 e identidade 208-213, 219-224
 feminista 23, 187, 192-194, 204, 206-208, 211, 215, 221-224
 lésbica 205-208
 pós-estruturalista 211-216, 220, 225
 sob opressão 193, 198, 201-208, 218s.

Atwood, M. 101

Autonomia 87, 99, 101, 186s., 203-208, 211, 214, 247
 competências 201-204, 215
 relacional 197, 199s., 203, 215, 225
 tradicional 187-197, 208, 212

Bacon, F. 249

Baier, A. 191

Bartky, S.L. 109s.

Beauvoir, S. 16-18, 42, 78s., 157, 173, 175, 186

Binômios 65, 77, 93-95, 111, 114, 135-139, 141, 145, 148, 150, 238
 binômio homem-mulher 44, 57, 90, 133
 lógica binária 66, 70, 159, 227
 cf. tb. Dualismos

Bordo, S. 75, 105-107

Bornstein, K. 132

Boston Women's Health Book Collective [Coletivo do Livro sobre Saúde das Mulheres de Boston] 84

Brownmiller, S. 121

Bunch, C. 223, 243s.

Butler, J. 19, 93, 96, 130s., 134s., 170, 178, 180, 212-214

Capacitismo 72, 78, 100, 160
cf. tb. Teorias da deficiência

Capitalismo 30, 109s., 127, 227, 232, 246, 253

Card, C. 206-208

Ceticismo 55, 178

Chodorow, N. 87, 175, 196s.

Ciborgues 94s., 97, 129

Cixous, H. 65-67, 77, 88, 91

Classes (hierarquia/preconceito/opressão de) 23, 28-30, 51, 153, 155s.
Cf. tb. Marxismo; Feminismos socialistas

Coalizão; cf. política de coalizão

Code, L. 43, 50s.

Coletiva 258, 260s.
cf. tb. Atuação, coletiva

Collins, P.H. 78, 158

Colonização, lógica de; cf. Lógica de colonização

Combahee River, Coletivo 155, 165, 168

Conhecimento objetivo 45-56, 70
cf. tb. Epistemologia; Produção do conhecimento; Objetividade forte

Construtivismo social 114, 129, 134, 143, 150
cf. tb. Sexo-gênero, distinção

Convenção sobre a eliminação de todas as formas de discriminação contra a mulher 235

Corpos
    em gravidez 71s., 75, 99, 102s.
    femininos 71s., 74, 77, 92, 98, 103s., 111s., 160, 243
    representações jurídicas dos 71s., 98-103, 111
    representações sociais dos 71s., 82, 103-111
    revalorizando os das mulheres 72, 80-85, 88, 91, 103, 111
    transcendência dos 22, 23-75, 77, 79

Crenshaw, K. 164

Cultural, feminismo; cf. Feminismo cultural

Daly, M. 37s., 44, 61-63, 81, 158, 236

Década das Nações Unidas para a Mulher 235

Deficiência, teorias da 100, 160
    cf. tb. Capacitismo

Derrida, J. 88, 93

Desconstrução 210, 213

Desejo sexual; cf. Sexual, desejo

Determinismo biológico 13, 15, 46, 76, 92, 115, 147, 173, 248
    cf. tb. Essencialismo

Diferença, feminismos da; cf. Feminismos da diferença

Diferenças
    culturais 172, 183
    entre mulheres e homens 13, 36, 40s., 49, 59, 74-76, 80, 86s., 129
    feminismos da; cf. Feminismos da diferença
    sexuais; cf. Sexual, diferença

Direitos
   das mulheres 9-11, 99, 124, 237
   humanos 99, 129, 243-245, 260
   humanos das mulheres 124, 223, 243-245, 260
   reprodutivos 101s.

Divisão do trabalho; cf. Sexual, divisão do trabalho

Dominação da natureza; cf. Natureza, dominação da

Dominação, lógica da; cf. Lógica da dominação

Dualismos 72-75, 79, 94s., 111, 250s.
   mente-corpo 44, 65, 73-81, 85, 90, 93s., 111
   cf. tb. Binômios; Corpos, Transcendência dos

Duggan, L. 126

Dworkin, A. 121-124, 126

Ecofeminismos 248-250, 252-254
   cf. tb. Feminismos ecológicos

Ecológica; cf. Feminismos ecológicos

Ecológicos, feminismos; cf. Feminismos ecológicos

Écriture féminine 66s., 90s.
   cf. tb. Feminismos da diferença; Linguístico; Escrita feminina;
   Linguagem, abordagens feministas da

Édipo, complexo de 14-16, 86s., 118
   cf. tb. Psicossexual, desenvolvimento

Empirismos feministas 46-49, 54

Epistemologia 42-45, 48-55, 59, 62
   cf. tb. Produção do conhecimento; relativismo, epistemológico

Escritura feminina 66-68, 70
cf. tb. *Écriture féminine*; Linguagem, abordagens feministas da

Essencialismo 24, 67, 91-94, 111, 115, 140, 154, 173-176, 185, 198, 208, 225, 238
estratégico 180, 220
cf. tb. Antiessencialismo; Determinismo biológico

Estruturalismo linguístico 64s., 88, 169, 182

Estupro; cf. Violência contra as mulheres, sexual

Ética do cuidado 194-197
cf. tb. Atuação baseada no cuidado

Etnias, mulheres de diferentes; cf. Mulheres de diferentes etnias

Faludi, S. 108

Feminilidade, construções de 18, 33, 38, 60, 88, 105, 128, 145, 182, 192, 198, 205s.

Feminismo cultural; cf. Feminismos da diferença

Feminismos
da igualdade 10-13, 26, 29s., 32, 34s., 37, 39s., 67, 69s., 79s., 241; cf. tb. Feminismos liberais; Feminismos libertários
linguística 56-63
da diferença 36s., 39s., 62, 66s., 69s., 80s., 91-93, 153
linguística 60-63; cf. tb. *Écriture féminine*
da primeira onda 176
da segunda onda 9, 12, 16, 21, 25, 27, 56, 176, 231, 234
da terceira onda 176, 233; cf. tb. Pós-feminismo
de vítima 231
do poder 231s.
do Terceiro Mundo 14, 141, 155, 187, 207, 223, 237s., 241; cf. tb. Antirracismo; Feminismos pós-coloniais; Racismo; Mulheres de diferentes etnias
ecológicos 227, 229, 247-255, 260; cf. tb. Ecofeminismos

globais; cf. responsabilidade, política, transnacional
liberais 29s., 32s., 35, 80, 91, 163, 187, 241s.; cf. tb.
Feminismos da igualdade
libertários 114, 124; cf. tb. Feminismos da igualdade
negros 31, 78, 93, 120s., 152-156, 158, 161s., 166; cf. tb.
Antirracismo; Racismo; Mulheres de diferentes etnias
pós-coloniais 14, 153, 208, 233, 236-241, 260; cf. tb.
Antirracismo; feminismos negros; racismo; feminismos do
Terceiro Mundo
radicais 37s., 109, 111, 114, 117, 121, 123-127, 141, 158, 187, 205s., 236
socialistas 14, 154s., 187; cf. tb. Anticlassismo; Classes
transnacionais; cf. Responsabilidade, política, transnacional

Ferguson, A. 127

Flax, J. 86

Foucault, M. 105, 211

Fraser, N. 39

Freud, S. 14s., 85-88, 118, 210

Friedan, B. 25, 27-30, 35, 42, 58, 154

Frye, M. 204s., 216

Funk, R.E. 122

Garfinkel, H. 137

Generalizações falsas 153-158, 161, 176, 179, 185, 227, 241
   cf. tb. Posições universalistas

Gênero
   divisão de trabalho por; cf. Sexual, divisão de trabalho
   identidade de 96, 129-133, 135, 137s., 143
   transição de 132s., 213s., 237; cf. tb. Transgênero

Gilligan, C. 87, 190, 194-197, 199s.

Ginocentrismo; cf. Feminismos da diferença

Gould, C. 188

Gravidez; cf. Corpos, em gravidez

Greenham, Women's Peace Camp (Acampamento das Mulheres da Paz de) 217s.

Grosz, E. 93, 100

Guerras do sexo 127, 148

Haraway, D. 45, 48s., 54s., 93-96

Harding, S. 4s., 51s., 54s.

Hartsock, N. 38s., 51, 87s.

Hedley, J. 59, 61

Held, V. 193

Hermafroditas 66, 93, 136

Heteronormatividade 135, 182, 214
    cf. tb. Heterossexualidade compulsória; Heterossexualismo

Heteropatriarcado 145-147
    cf. tb. Patriarcado, definição de

Heterossexualidade compulsória 96, 117s., 212, 135, 144-151, 157, 205
    cf. tb. Heterossexualismo; Heteronormatividade

Heterossexualismo 28, 83, 114, 117-119, 123, 126, 141, 144-149, 155, 157s., 173
    cf. tb. Heterossexualidade compulsória; Heteronormatividade; Patriarcado, definição de

Hoagland, S. 193, 206s.

hooks, bell 28, 31, 93, 152, 155 158, 218, 223

Hunter, N. 126

Identidade coletiva 216, 218-220

Identitária, política de; cf. Política identitária

Igualdade, feminismos da; cf. Feminismos da igualdade

Igualdade-diferença, debate 26, 40s., 57, 63, 67, 69, 80

Individual 232, 254, 258-261

Interseccionalidade 23, 92, 97, 156, 161-165, 176, 184s., 200, 210, 221, 223, 254, 256

Intersexualidade 59, 114, 136-139, 141, 148-150

Ireland, M. 104

Irigaray, L. 65-67, 88-91, 141, 170

Jaggar, A. 246s.

Jayawardena, K. 236s+

Jeffreys, S. 140

Jouissance 90s.

Junta miçangas, abordagem 164, 167, 185

Kristeva, J. 65-67, 90s., 170-172, 181, 210, 212, 239

Lacan, J. 15s., 88, 93

Lesbianismo 83, 127, 141, 146s., 206s., 215

Lésbicas, teorias 109, 146, 154s., 157, 166s., 206
cf. tb. *Queer*, teorias; Separatismo

Lésbico, *continuum* 83, 144

Liberal, feminismo; cf. Feminismos liberais

Libertários, feminismos; cf. Feminismos libertários

Linguagem, abordagens feministas da 26, 38, 56-70, 89-91
cf. tb. *Écriture féminine*; Escrita feminina; Pós-estruturalismo e linguagem; Sexista, linguagem

Lloyd, G. 44, 77

Lógica da colonização 250

Lógica da dominação 183, 239, 250

Lorde, A. 63, 93, 158s., 161s., 174, 210

Lugones, M. 158, 182-184, 210, 220

MacKinnon, C. 100, 103, 121-124, 126

Mães da Plaza de Mayo 84

Markovic, M. 109

Marxismo 14, 38, 154s., 221, 253
cf. tb. Anticlassismo; Classes

Maternidade 72, 84s., 104, 116, 153, 193, 198, 251

Mente-corpo, dualismo; cf. Dualismos, mente-corpo

Mesmo sexo, desejo pelo; cf. Sexual, desejo

Meyers, D.T. 46, 192, 200-202, 209s.

Mies, M. 252-255

Mill, J.S. 11-13, 27, 79

Millett, K. 116-118

Mística feminina 25, 27

Mohanty, C.T. 224, 238

Morago, C. 158

Morris, J. 100

Morrissey, B. 203, 214

Mouffe, C. 220-223, 243

Mulheres de diferentes etnias 92s., 141, 153s., 158-160, 182s., 223s., 237, 239, 245; cf. tb. Antirracismo; Feminismos negros; Feminismos pós-coloniais; Racismo; Feminismos do Terceiro Mundo
violência contra 72, 120s., 169, 173, 208, 235s., 239; cf. tb. Violência contra mulheres

Mulheres, direitos humanos das; cf. Direitos, humanos das mulheres

Narayan, U. 207

Natureza, dominação da 249-254

Naturismo; cf. Natureza, dominação da

Negros, feminismos; cf. Feminismos negros

Nussbaum, M. 178, 241s.

Oakley, A. 128

Objetividade forte 51s., 54s.

Okin, S.M. 34, 40, 42, 241s.

Pateman, C. 32-34

Patriarcado, definições de 32s., 115-119, 122, 150, 156, 205s., 236s., 250, 252s., 260
cf. tb. Heteropatriarcado; Heterossexualismo

Performatividade 132-135, 150, 212
cf. tb. Subjetividade

Platão 73-75

Plaza de Mayo, Mães da; cf. Mães da Plaza de Mayo

Plumwood, V. 250s., 254

Política de coalizão 181-185, 219-224

Política identitária 165-168, 220

Politicamente correto 57, 63, 65, 232

Pornografia 22, 100, 105, 113s., 120-127, 150, 231

Pós-coloniais, feminismos; cf. Feminismos pós-coloniais

Pós-estruturalismo 22, 24, 67, 85, 93s., 96-98, 111, 135, 154, 168-173, 180, 185, 210
  e atuação; cf. Atuação, pós-estruturalista
  e linguagem 65-69, 168s.
  e responsabilidade política 229s., 233s., 260

Pós-feminismo 176, 187, 231, 233
  cf. tb. Feminismos da terceira onda

Posições universalistas 39, 156, 173, 238, 241-243
  cf. tb. Generalizações falsas

Pós-modernismo 53-55, 94, 210-212, 229, 233, 237

Primeira onda, feminismos da; cf. Feminismos da primeira onda

Privada, participação da mulher na esfera 26s., 30, 32s., 35-37, 41s., 58
  cf. tb. Público-privado, dicotomia

Produção de conhecimento42-45, 47s., 50-53; cf. tb.
  Epistemologia
  mulheres e 26, 42-49, 70; cf. tb. Conhecimento objetivo;
  Saberes localizados
  subjetividade na 50-53, 55, 60

Prostituição 22, 113s., 120-127, 150, 215

Psicanálise 15, 65, 67, 85, 88, 96, 111, 118, 171, 196, 210

Psicossexual, desenvolvimento 14s., 87, 92, 137
  cf. tb. Édipo, complexo de

Pública, participação da mulher na esfera 26-28, 30-37, 41s., 101, 109, 153, 189
  cf. tb. Público-privado, dicotomia

Público-privado, dicotomia 10, 32-35, 39, 41, 69, 163
  cf. tb. Sexual, divisão do trabalho; Trabalho, mulheres e

Queer, teorias 22, 114, 131-136, 138-142, 148-150, 162
  cf. tb. Lésbicas, teorias

Questions Féministes, coletivo 149

Racismo 28, 30, 76, 78, 103, 107, 120, 152-156, 228, 237
  cf. tb. Feminismos negros; Feminismos pós-coloniais;
  Feminismos do Terceiro Mundo; Mulheres de diferentes etnias

Radicais, feminismos; cf. Feminismos radicais

Radicalesbians 146, 166, 206

Raymond, J. 140

Relacional, autonomia; cf. autonomia, relacional

Relativismo 50s., 55, 177, 233
  cultural 241s.
  epistemológico 50-53; cf. tb. Epistemologia

Responsabilidade política 228s.
  cf. tb. Pós-estruturalismo, e responsabilidade política

Rich, A. 61, 81-83, 117s., 144

Roiphe, K. 231

Rousseau, J.-J. 11, 76

Rowbotham, S. 9

Saberes localizados 54s.
  cf. tb. Epistemologia; Produção do conhecimento

Saussure, F. 64

Segal, L. 218, 234

Segunda onda, feminismos da; cf. Feminismos da segunda onda

Separatismo 165-168, 185, 204, 206
cf. tb. Lésbicas, teorias

Sexista, linguagem 57, 59-61, 153
cf. tb. Linguagem, abordagens feministas da

Sexo-gênero, distinção 22, 114, 128s., 133s., 143-145, 174s.
cf. tb. Construtivismo social

Sexual
assédio 58, 72, 119, 124, 231; cf. tb. Violência contra as mulheres
desejo 14s., 21, 110, 113-118, 124, 144-148, 150s.
diferença 13-15, 22s., 46, 58s., 89-91, 99, 115, 128, 134s., 150
divisão do trabalho 33, 35, 39, 46s., 69, 115, 182, 248, 253;
cf. tb. Público-privado, dicotomia; trabalho, mulheres e
tráfico 100, 120, 235s., 240, 243, 245; cf. tb. Violência contra as mulheres
violência; cf. Violência contra as mulheres, sexual

Sexualização de meninas 107, 240

Shildrick, M. 139

Shiva, V. 252-255

Socialistas, feminismos; cf. Feminismos socialistas

Spelman, E. 164, 175s., 182

Spender, D. 60, 64

Spivak, G. 180, 220, 238s.

Sprinkle, A. 125

Stoltenberg, J. 119

Stone, A. 182

Subjetividade 14, 16, 23, 88, 129-135, 161, 170-172, 212s., 215
cf. tb. Performatividade

Subjetivismo, epistemológico; cf. Relativismo, epistemológico

Teoria da perspectiva feminista 38s., 47, 51s., 54s.

Terceira onda, feminismos; cf. Feminismos da terceira onda

Terceiro Mundo, feminismos do; cf. Feminismos do Terceiro Mundo

Trabalho, mulheres e 26- 37, 41s., 48s., 99, 154, 231, 234, 236, 246s., 252s.
    cf. tb. Público-privado, dicotomia; Sexual, divisão do trabalho

Transcendência do corpo; cf. Corpos, transcendência dos

Transgênero 115, 131s., 136-140, 143, 148-150
    cf. tb. Gênero, transição de

Transnacionais, feminismos; cf. Feminismos transnacionais

Transnacional 208s., 229, 234-236, 240-247

Violência contra as mulheres 97s., 101, 119-124, 208, 231, 234-236, 239s., 243-245; cf. tb. Sexual, tráfico; Sexual, assédio; Mulheres de diferentes etnias, violência contra
doméstica 46, 125, 167, 169, 240
sexual 22, 46, 56, 97, 100, 113, 121-124, 167, 181, 231

Vítima, feminismo de; cf. Feminismos de vítima

Warren, K. 249s., 254

Wendell, S. 160

Williams, J. 36

Williams, P. 158, 259

Williams, W. 98

Wittig, M. 157s., 173

Wolf, N. 108s., 231

Wollstonecraft, M. 10-13, 27, 76, 79, 186

Woolf, V. 44

Wuornos, A. 214

Young, I.M. 36, 68, 69, 182

Zack, N. 182

Série Pensamento Moderno

Esta série provê introduções curtas, acessíveis e interessantes às principais escolas, movimentos e tradições da filosofia e da história das ideias, desde o início do Iluminismo. Todos os livros da série são escritos para que alunos de graduação tenham contato com o assunto pela primeira vez.

Títulos

Hermenêutica
Lawrence Schmidt

Fenomenologia
David Cerbone

Utilitarismo
Tim Mulgan

Existencialismo
Jack Reynolds

Naturalismo
Jack Ritchie

Pós-estruturalismo
James Williams

Racionalismo
Charlie Huenemann

Idealismo alemão
Will Dudley

Ética da virtude
Stan van Hooft

Marxismo
Geoff Boucher

Nietzscheanismo
Ashley Woodward

Empirismo
Robert G. Meyers

Hegelianismo
Robert Sinnerbrink

Feminismo
Peta Bowden e Jane Mummery

CULTURAL

Administração
Antropologia
Biografias
Comunicação
Dinâmicas e Jogos
Ecologia e Meio Ambiente
Educação e Pedagogia
Filosofia
História
Letras e Literatura
Obras de referência
Política
Psicologia
Saúde e Nutrição
Serviço Social e Trabalho
Sociologia

CATEQUÉTICO PASTORAL

Catequese
 Geral
 Crisma
 Primeira Eucaristia

 Pastoral
  Geral
  Sacramental
  Familiar
  Social
  Ensino Religioso Escolar

TEOLÓGICO ESPIRITUAL

Biografias
Devocionários
Espiritualidade e Mística
Espiritualidade Mariana
Franciscanismo
Autoconhecimento
Liturgia
Obras de referência
Sagrada Escritura e Livros Apócrifos

Teologia
 Bíblica
 Histórica
 Prática
 Sistemática

VOZES NOBILIS

Uma linha editorial especial, com importantes autores, alto valor agregado e qualidade superior.

REVISTAS

Concilium
Estudos Bíblicos
Grande Sinal
REB (Revista Eclesiástica Brasileira)

VOZES DE BOLSO

Obras clássicas de Ciências Humanas em formato de bolso.

PRODUTOS SAZONAIS

Folhinha do Sagrado Coração de Jesus
Calendário de mesa do Sagrado Coração de Jesus
Agenda do Sagrado Coração de Jesus
Almanaque Santo Antônio
Agendinha
Diário Vozes
Meditações para o dia a dia
Encontro diário com Deus
Guia Litúrgico

CADASTRE-SE
www.vozes.com.br

EDITORA VOZES LTDA.
Rua Frei Luís, 100 – Centro – Cep 25689-900 – Petrópolis, RJ
Tel.: (24) 2233-9000 – Fax: (24) 2231-4676 – E-mail: vendas@vozes.com.br

UNIDADES NO BRASIL: Belo Horizonte, MG – Brasília, DF – Campinas, SP – Cuiabá, MT
Curitiba, PR – Fortaleza, CE – Goiânia, GO – Juiz de Fora, MG
Manaus, AM – Petrópolis, RJ – Porto Alegre, RS – Recife, PE – Rio de Janeiro, RJ
Salvador, BA – São Paulo, SP